THOMAS BICKHARDT

Windstärke 15

THOMAS BICKHARDT

Windstärke 15

Wo die Freiheit wohnt –
Mein Leben im Leuchtturm
am Ende der Welt

MIT MIRKO KUSSIN

LUDWIG

Cradle to Cradle Certified® ist eine eingetragene Marke des Cradle to Cradle Products Innovation Institute. Das Etikett ist kein Bestandteil der erlangten Cradle to Cradle Zertifizierung bei GGP Media.

Penguin Random House Verlagsgruppe FSC® N001967

5. Auflage
Originalausgabe 4/2024

Redaktion: boos for books, Evelyn Boos-Körner
Umschlaggestaltung: Martina Eisele
unter Verwendung eines Fotos von Thomas Bickhardt
Bilder im Buch: Copyright © Thomas Bickhardt
Satz: satz-bau Leingärtner, Nabburg
Druck und Bindung: GGP Media GmbH, Pößneck
Printed in Germany
ISBN: 978-3-453-28171-4

www.Ludwig-Verlag.de

Inhalt

I

Prolog

Sittin' on the dock of the bay

In meinem Kopf summt Otis Redding leise seinen Soulklassiker. Ich sitze auf einem Poller am Hamburger Hafen und schaue auf die Schiffe. Langsam pflügen sie durch das trübe Wasser, ziehen ein paar Möwen und weiße, langsam im Grau verschwindende Wellenlinien hinter sich her. Die roten Ausleger der Lastkräne stehen zur Ausfahrt stolz Spalier.

Watching the ships roll in

Ich mag es, den langsam dahingleitenden Schiffen auf dem Wasser zuzuschauen, während hier an Land alles viel lauter und schneller erscheint. Irgendwo bei den Kränen schlägt in unregelmäßigen Abständen mit lautem Dröhnen Stahl auf Stahl. Ich höre die ruppigen Rufe einiger Hafenarbeiter auf der anderen Seite der Elbe. Fußgänger und Fahrradfahrer rauschen an mir vorbei, ein paar Werftarbeiter kommen in ihren Blaumännern von der Schicht. Aus der Fischbude ein paar Meter weiter plärren aus einem Radio Schlager auf die Straße. Ich rieche Fritten und altes Öl. Jeder um mich herum scheint möglichst schnell von A nach B zu wollen. Nur die dicken Pötte am Horizont kriechen millimeterweise durch die Szene.

Ich mag diese Gegensätzlichkeit, denn ich kenne sie ganz genau aus meinem Inneren. Und irgendwo zwischen der Langsamkeit da hinten und der Hektik um mich herum sitze ich auf dem Poller hier und bin glücklich und im Reinen mit meiner Entscheidung. Stand jetzt.

I'm just sittin' on the dock of the bay wastin' time

Nach erlebnisreichen dreißig Jahren an Norwegens stürmischer Westküste bin ich erneut ausgewandert. Oder besser: zurückgewandert nach Deutschland. Und anders als in den wilden Jahren in Norwegen kann ich jetzt meine Zeit auch mal verschwenden. An mich, an meine Freunde und die Familie. Und ich genieße jetzt das Zusammensein mit ihnen und das trubelige Leben unter Menschen. Die Jahre in Skandinavien waren … anders. Mit viel weniger Menschen und einer Lebendigkeit, die ihren Ursprung vor allen Dingen in der Natur, dem unberechenbaren, sich ständig ändernden Meer hatte.

Während ich weiter meinen Gedanken nachhänge, stakst eine Möwe mit forderndem Blick an mir vorbei und fixiert mich kurz mit den typischen, immer etwas griesgrämig dreinblickenden Augen. Als sie bemerkt, dass es bei mir weder Eiswaffeltüte noch Fischbrötchen zu holen gibt, zieht sie missmutig weiter, um sich einen anderen unfreiwilligen Brötchengeber zu suchen.

Look like nothin's gonna change

Ich habe viel zu tun: Meine Therapie gegen Seekrankheit ist hier in Deutschland stark nachgefragt, viel mehr als all die Jahre in Norwegen. Wahrscheinlich, weil mein Ansatz nach meiner Zeit an der wilden Westküste so ganz anders ist als das, was in Deutschland praktiziert wird. Auch die Geschichte über mich, den Leuchtturm und die Auswanderung findet immer wieder in Vorträgen ihr Publikum und stößt auf großes Medieninteresse. Ich bin als beratender Psychologe gefragt, auch hier scheint die

Klarheit, die das Leben in der Einsamkeit am Meer in mir erzeugt hat, für viele Menschen hilfreich zu sein. Mein Terminkalender ist voll, und an manchen Tagen treffe ich in wenigen Stunden mehr Menschen als in einem Monat in Norwegen.

Everything still remains the same

Das Beste aus Westnorwegen habe ich mitgenommen. Das Negative habe ich versucht dort zu lassen. Aber wenn es so einfach wäre und der bloße Wunsch schon ausreichte, um die negativen Erfahrungen hinter sich zu lassen, wäre ich als Coach und Psychologe wahrscheinlich arbeitslos. Alles, was ich dort an der stürmischen Küste erlebt habe, hat mich geprägt. Die schönen Momente genauso wie die herausfordernden. Mir ist bewusst, dass ich heute ein anderer Mensch bin als der, der vor mehr als dreißig Jahren Hamburg und Deutschland den Rücken kehrte. Was mein früheres Ich und mein heutiges Ich verbindet, liegt direkt vor meinen Augen. Eine wichtige Konstante: das Wasser. Am liebsten natürlich das Meer. Das ist immer da, beständig in seiner fortwährenden Veränderung. Aber in Hamburg reicht mir auch schon die Elbe, weil sie hier bereits die großen Ozeane erahnen lässt.

Watchin' the tide roll away

Das Meer kann alles sein: ruhig, sanft und zärtlich fast, dann wieder tobend, wild und zerstörerisch. Das Meer ist voller Extreme, in denen ich mich wiederfinden kann. Es ist ein Spiegel, der mir meine Grenzen und Möglichkeiten, meine Fähigkeiten und Schwächen zeigt. Und doch ist es kein Lehrmeister im klassischen Sinn – das Meer will nichts. Es hat kein Ziel. Es ist einfach. Und wie es sich für einen guten Spiegel gehört, sehe ich mich selbst: ungeschönt, authentisch und ehrlich. Mit meinen Macken, meinen Lach- und Sorgenfalten und mit meinen Ängsten. Das Meer ist die Projektionsfläche meines Selbst.

Ich mag mich am Meer.

Sittin' on the dock of the bay.

2

Der Rat des Adlers

Es ist ein ungemütlicher, kühler Frühlingstag im April 1994, als ich in der Küche des Leuchtturms Kråkenes fyr, direkt an der stürmischen Westküste Norwegens, stehe und durchs Fenster auf eine hellgraue Fläche schaue. Ob das da hinter der Scheibe der Himmel oder das Meer ist und wo das eine aufhört und das andere beginnt, kann ich nicht genau sagen. Die Grenzen verschwimmen im Trüben. Irgendwo hinter dem Trüben liegt Island. Hinter Island Grönland. Und hinter Grönland Kanada. Das sehe ich natürlich nicht, aber ich weiß es.

Ich lasse einen Kugelschreiber durch die Finger meiner Hand gleiten, drehe ihn hin und her. Mein Daumen drückt die Mine mit leisem Geräusch aus ihrem Kunststoffgehäuse.

Drückt sie dann zurück.

Und noch mal.

Vor mir liegt – schwarz auf weiß – mein größter Traum: der Pachtvertrag für den Leuchtturm, der eigentlich gar kein Turm ist, sondern ein ganz normales zweistöckiges Gebäude, in dem ein paar irre hell leuchtende Glühbirnen den Schiffen auf See verschiedenfarbige Sektoren anzeigen. Im Normalfall zeigt der weiße Sektor die sichere Ansteuerung auf ein Ziel oder eine Umrundung, was immer der Seekarte zu entnehmen ist. Grüne und rote Sektoren sind Warnsektoren und weisen auf die Abweichung von der sicheren Ansteuerung hin. Rot kann hingegen auch vor Gefahren wie Untiefen warnen. Wieder hilft dem Kapitän der Blick in die Seekarte.

Kråkenes fyr ist also ein Haus mit Sektorenfeuer. Aber der Begriff Leuchtturm klingt einfach romantischer.

Egal ob Turm oder Haus: Ich kann die Anlage für zwei Jahre pachten, ich muss nur unterschreiben. Unten auf der letzten Seiten des Vertrags ist die gestrichelte Linie, auf die ich meinen Namen setzen sollte – und dann würde mein Traum wahr. Ein Traum, der mich seit dem Sommer 1986 nicht mehr loslässt, als ich mit Øystein zum ersten Mal hier war.

Damals stand ich kurz vor dem Beginn meines Psychologiestudiums. Øystein, ein norwegischer Freund, hatte mich auf eine Tour durchs Westland eingeladen. Mit meinen Eltern war ich meistens weiter im Norden unterwegs gewesen. Das zerklüftete Westland hatten sie im wahrsten Sinne des Wortes links liegen gelassen.

Tagelang fuhren wir in seinem alten Volvo durch die »Pampa«, besuchten Freunde von ihm, einige seiner sieben Geschwister und Menschen, bei denen ich nicht sicher war, ob Øystein sie überhaupt kannte. Wir ließen uns treiben. Øystein zeigte mir Jotunheimen, den höchsten Gebirgszug Skandinaviens, und das Küstendorf Kvalheim. Er erzählte Geschichten von Trollen, dunklen Wäldern und tiefen Fjorden. Und mit jeder Geschichte und jedem neuen Eindruck verliebte ich mich mehr in diese Landschaft. Es fühlte sich an, als gehörte ich genau hier hin, als hätte ich hier schon immer gewohnt, als sei dies meine Heimat.

»Magst du eigentlich Leuchttürme?«, hatte er mich an einem Nachmittag gefragt und seinen Volvo die Serpentinen einer engen Straße hinab Richtung Küste gelenkt. »Heute zeige ich dir die Krähennase.« Einige Momente lang überlegte ich, was er mit Krähennase meinte und womit der Abstecher in diese Einöde zu rechtfertigen wäre. Beim Horst eines Seeadlers hätte ich es verstanden. Irgendeine Höhle, in der es den Legenden nach von Trollen wimmelte, das wäre es gewesen. Aber eine Krähennase?

»Kråkenes liegt auf Vågsøy, einer Insel direkt neben dem Westkap. Und das ist übrigens ein echtes Kap, nicht so eine Touristenfalle wie das Nordkap«, erklärte Øystein. »Ein Kap muss nämlich auf dem Festland sein, um so genannt werden zu dürfen. Und der nördlichste Punkt Europas ist das Nordkap auch nicht. Aber die Touristen lieben es.«

»Also ist Kråkenes ein Ort?«, fragte ich.

»Ort? Weiß ich nicht. Es ist eine Landzunge, auf der ein paar Häuser und Höfe stehen und wo etwa zwanzig Menschen leben.«

»Und was wollen wir da?«

»Kråkenes hat einen Leuchtturm, Kråkenes fyr. Eigentlich ist es ein Leuchthaus oder Feuer, wie wir hier sagen. Aber bei euch im Fischkopfland ist es ja so flach, dass ihr immer einen Turm bauen müsst. Brauchen wir hier nicht. Wir haben Natur. Wir haben Berge.«

Und dann tauchten plötzlich die beiden Häuser auf der Klippe vor unseren Augen auf. Vierzig Meter über dem Meer. Wir parkten auf dem Vorplatz, gingen um die beiden Gebäude, und irgendetwas zog mich, nach nur wenigen Momenten, in ihren Bann. Schönheit war es sicher nicht. Bereits 1986 trugen die Mauern der Häuser viele Spuren des täglichen Kampfes gegen Wind, Salz und Sturm in sich. Risse im Beton, vergilbte, blätternde Anstriche, rostende Armierungen.

Nein, es war eine Faszination über die Urgewalten, die auf diesen Ort einwirkten. Jeder Stein dort an der Klippe schien

Respekt und Demut vor dem Meer einzufordern. Das dort, das war außergewöhnlich.

So habe ich den Leuchtturm kennengelernt.

Wieder bemerke ich, wie ich nervös die Kugelschreibermine immer und immer wieder drücke. Zum dritten Mal lese ich Abschnitt für Abschnitt des Vertrags, ohne dass der Inhalt wirklich in meinem Kopf ankommt. Ich weiß, was dort steht. Nach jedem Satz blicke ich durch das Fenster, das von einer Salzschicht überzogen ist, die die Welt da draußen weichzeichnet.

Ich blättere auf die zweite Seite des Vertrags. Ich schiebe das Papier zur Seite, drehe mich um und lasse meinen Blick noch mal durch die runtergekommene Küche schweifen. Ich sehe blätternde Farbe an den Wänden und Spinnweben. Ich sehe die Einbauschränke aus Holz, deren Fronten mit einer Ölfarbe gestrichen sind, die vielleicht irgendwann einmal leuchtend grün war und jetzt nach unzähligen gekochten Mahlzeiten und noch mehr gerauchten Zigaretten einen matten Ton angenommen hat. Ich rieche die muffig-feuchte Luft, die dieses Haus auszuatmen scheint. In meiner Nase kitzelt der Staub von Jahrzehnten. Ich sehe das Potenzial und gleichzeitig die viele Arbeit. Aber meine eigene innere Stimme sagt: »Das ist nicht nur der Traum vom Haus am Meer, den ich mein Leben lang geträumt habe. Das ist das Crescendo dieses Traumes, die unwirkliche Übertreibung dessen, was ich immer in mir trug, aber in der Form nicht mal zu träumen gewagt hätte.«

Aber werde ich das alles hinbekommen? Werde ich die Kraft und Ausdauer haben, hier in Norwegen ein Projekt durchzuziehen, das bereits in heimischen Gefilden – ohne Sprachbarrieren und mir nicht bekannte Regeln und Verordnungen – eine echte Herausforderung wäre? Mein Blick fällt auf den Küchentisch. Einfach und alt. Wie alles hier. Aber auch: robust und stabil. Bin ich eigentlich komplett verrückt? Und dann noch das Klima, das ebenfalls nicht gerade einladend daherkommt. Zwar gilt die Region Vestland mit einer Durchschnittstemperatur von 11 °C als eine der wärmsten in ganz Norwegen, aber auch die Region mit den meisten Niederschlägen. Für beides ist der draußen vor der Küste langsam auslaufende Golfstrom verantwortlich. Und er sorgt auch für die fischreichen Gewässer, die die ganze Westküste seit Jahrhunderten mit Nahrung, Arbeit und Einkommen versorgen.

»Du kannst nichts! Du bist ein Spinner! Ein Träumer ohne Plan!«, sagte eine Stimme in meinem Innern viele Jahre lang. Ganz vertraut klang sie, wie die Stimme meines Vaters. Und ich habe ihr geglaubt – und das viele Jahre lang. Ich blieb ein Stück weit Kind, Sohn, klein.

Aber genau jetzt ist irgendetwas anders: Ich beginne an meinen Zweifeln zu zweifeln. Vielleicht liegt es an den mehr als 1 200 Kilometern zwischen mir und der Heimat meiner Kindheit. Vielleicht hat sich die Stimme meines Vaters irgendwo auf dem Weg hierher verirrt. Oder der stürmische Wind hat sie aufs Meer hinausgetragen und im Trüben verschwinden lassen. Oder ich bin einfach unbemerkt auf der Fahrt durch die grünen Hügel meiner Kindheit entwachsen. Bin erwachsen, gewachsen. Bereit für das, was meine Intuition mir zu sagen hat. Bereit für eigene Entscheidungen. Bereit für ein zögerliches, aber zuversichtliches Ja als Antwort auf die Frage: Kannst du das? Ich möchte den Sprung wagen. Ich möchte für etwas verantwortlich sein.

Als mein Blick erneut aus dem Fenster schweift, sehe ich erst einen großen Schatten, dann schwebt ein riesiger Seeadler vorbei. Mit seiner Flügelspannweite von gut zwei Metern steht er fast in der Luft, lässt sich majestätisch vom Seewind tragen.

Für einen Moment blicken wir uns tief in die Augen. »Los jetzt, Kleiner«, höre ich irgendwo in meinem Kopf. »Lerne fliegen!«

Ich habe keine Ahnung, wer da gerade gesprochen hat. Der Adler? Meine eigene innere Stimme? Immerhin: Sie klingt nicht nach meinem Vater. Ich atme einmal tief ein, drehe mich um und greife zum Vertrag.

Ein letztes Mal drücke ich die Mine des Kulis aus ihrer Plastikröhre und setze mit viel Schwung meinen Namen auf die gestrichelte Linie. Da gehört er hin. Und ich ab jetzt auf diesen Leuchtturm.

Das glaube und hoffe ich.

Der kleine Junge in mir darf zuschauen, aber die Entscheidungen trifft ab jetzt ein erwachsener Mann. Beide Anteile gehören zu mir. Der eine ist mir sehr vertraut, den anderen lerne ich gerade erst kennen.

Ich lege den Kugelschreiber neben den Vertrag, schaue noch einmal auf das Papier, als müsste ich mich vergewissern, dass ich wirklich unterschrieben habe. Mein Blick wandert zum Fenster. Der Adler ist längst verschwunden und hat den trüben Himmel zurückgelassen. Ich atme tief aus, als müsste ich mich von etwas befreien.

Als ich einige Minuten später das Haus verlasse, fühle ich Leichtigkeit in mir, und Anspannung und Neugier und Aufregung und ein bisschen Angst fühle ich auch, und wahrscheinlich ist da noch sehr viel mehr in mir, was ich gerade gar nicht benennen kann. Vor allen Dingen freue ich mich aber auf Kråkenes fyr. In ein paar Monaten werde ich an diesen Ort ziehen und Deutschland hinter mir lassen.

Ich lerne fliegen, denke ich. Und schließe die knarzende Holztür hinter mir.

3

Es wird ernst

Mit lautem Heulen beschwert sich der Motor, als ich aufgrund des stetig langsamer werdenden Wagens in den dritten Gang schalte.

»Hatten die keine lahmere Gurke?« Uli schaut etwas genervt zu mir rüber. »So kommen wir ja nie an.«

Ich zucke mit den Schultern und schaue hilflos zu ihm auf dem Beifahrersitz rüber. »Was soll ich denn machen? Die Karre hat 60 PS, für mehr hat das Geld nicht gereicht.« Fast entschuldigend tätschele ich das Armaturenbrett des VW Bulli. Der Wagen ist eigentlich wirklich gut in Schuss und gepflegt. Weder besonders alt noch ein technisches Wrack. Ihn als »Karre« und »Gurke« zu bezeichnen, tut mir fast etwas leid. »Er ist einfach etwas schwach auf der Brust«, sage ich zu Uli in mütterlich-entschuldigendem Tonfall. »Und du musst zugeben, dass es gerade auch wirklich ziemlich steil bergauf geht.«

Uli seufzt nur und guckt wieder aus dem Seitenfenster.

Es ist der 1. Juni 1994, und Uli und ich quälen uns in einem voll beladenen, untermotorisierten Transporter über die norwegischen Berge, um an die Westküste zu gelangen. Unser Ziel: Kråkenes fyr. Der Leuchtturm, für den ich vor ein paar Monaten einen Pachtvertrag über zwei Jahre unterschrieben habe.

Mir ist es ganz recht, dass unsere Reise nach Kråkenes im Schneckentempo verläuft, denn die Landschaft ist einfach überwältigend. Über die Hochebene der Valdresflya, die noch im ganz zarten Frühlingskleid daherkommt, fahren wir über Lom und das Strynefjell auf die andere Seite der Berge ins Westland. Wir lassen die steilen, schroffen Berge mit ihren zerklüfteten Gipfeln und einigen schneeweißen Gletschern hinter uns. Sehen Lawinenkegel, die die Bergflanken durchziehen. Viele Hänge sind frisch von den letzten Abgängen im Frühjahr zerfurcht. Sie münden mal in flache, bereits sommergrüne Täler, mal in azurblaue Seen, mal in einen der unzähligen Fjorde, die die Gletscher im Laufe der Zeit in die Landschaft geschnitten haben.

Ich kenne dieses Strecke von früheren Reisen und weiß, was als Nächstes kommt. Und trotzdem überwältigt mich diese Landschaft aufs Neue und berührt mich tief. Der kleine Junge in mir kommt aus dem Staunen nicht heraus. Es ist der gleiche Junge, der – vielleicht im Alter von elf, zwölf Jahren – im Sommerurlaub mit seinen Eltern erstmals die Schönheit dieser Landschaft begriff, auch wenn wir in diesen Jahren nicht hier an der Westküste waren, sondern einige Hundert Kilometer nördlich davon. Dem wirklich bewusst wurde, wie schön dieses Fleckchen Erde war. Es ist die gleiche Landschaft. Und es ist immer noch das gleiche Staunen. Schon damals spürte ich den Wunsch, irgendwann einmal hier zu leben. Dauerhaft. Nicht nur für ein paar Sommerferienwochen, die immer viel zu schnell endeten. Nein, für immer! Ich wollte bereits damals viel lieber ein Norweger sein. In meiner kindlichen Fantasie war das norwegische Leben einfach viel aufregender, freier und unbeschwerter. Und alle Menschen, denen man begegnete, wirkten ebenfalls unbeschwert und zufrieden. Irgendwann werde ich auch dazugehören, dachte ich schon damals. Und einer von diesen tollen Menschen werden.

In mir freut sich dieser Teenager und betrachtet begeistert die Natur, als wären Berge, Wiesen und Fjorde die Wunder einer unentdeckten Welt. Ein Teil in mir ist zwölf Jahre alt geblieben.

Aber ganz anders als damals, und anders als auf all meinen späteren Reisen nach Norwegen, fahre ich jetzt mit der Gewissheit, dass ich bleiben werde. Mein Kindheitstraum wird gerade wahr. Und diese Gewissheit lässt mich die Landschaft, die träge an unserem Gefährt vorbeizieht, ganz fühlen. Ich kenne die Straße, kenne die großen Landmarken und die kleinen beschaulichen Dörfer. Aber sie fühlen sich ganz anders an. »So wie jetzt war ich noch nie hier. Es ist, als würde ich das alles zum ersten Mal erleben«, sage ich halb zu mir, halb zu Uli. Er antwortet auch gar nicht auf meinen Gedanken. Wenn man so viele Stunden gemeinsam in einem Auto verbringt, wird der Drang, sich zu unterhalten, einfach kleiner. Und man ist froh, wenn man sich einfach so in seinen Gedanken verlieren kann, ohne sprechen zu müssen.

In Hamburg leben Uli und ich gemeinsam in einer WG. Zwei Zimmer, Wohnküche, Diele, Bad. Und ein Balkon, den man eigentlich gar nicht nutzen kann. Immer hört man das Dröhnen der Autobahn. Dazu gesellt sich der Lärm einer sechsspurigen Straße, während ein paar Meter über unseren Köpfen im Viertelstundentakt die Flugzeuge im Landeanflug gestresste Geschäftsleute nach Hamburg transportieren.

Eine Partnerin, die meinen mutigen Schritt nach Norwegen emotional ungleich schwieriger gemacht hätte, habe ich gerade nicht. Bis vor Kurzem steckte ich noch in einer langjährigen On-off-Beziehung. Ohne einander wollten wir irgendwie nicht, miteinander konnten wir aber irgendwie auch nicht.

Als meine Auswanderungspläne zunehmend konkreter wurden, ging es endgültig in die Brüche. Es war klar, dass sie mich nicht begleiten würde, und so war unsere Trennung eine logische Konsequenz, die passierte, ohne dass wir beide viel darüber sprachen.

Ein kleiner Schmerz durchzuckt mich, wenn ich an unsere gemeinsame Tochter denke. Sie werde ich seltener sehen. Sehr viel seltener. Mindestens ein halbes Jahr lang gar nicht. Der kleine Schmerz ist mein schlechtes Gewissen. Mehr als einmal habe ich mich im vergangenen Jahr gefragt, ob meine Auswanderung nicht auch eine Flucht ist und ich mich vor der Verantwortung drücke. Und die Antwort auf diese Frage bleibe ich mir bis heute schuldig.

Uli und ich haben uns während unserer gemeinsamen Zeit auf der Seefahrtschule in Finkenwerder kennengelernt. Das war Anfang der 1980er-Jahre. Die Seefahrt haben wir mittlerweile längst hinter uns gelassen. Ich ging zur Uni und studierte Psychologie, Uli wurde Fotoassistent. Ich glaube, für die Seefahrt muss man geboren sein. Und sosehr ich auch das Meer liebe und mich alles Maritime heute noch begeistert, es hat nicht für ein ganzes Berufsleben auf hoher See gereicht. Und doch hat mich die Zeit in Finkenwerder geprägt. Noch heute kann ich in meinem VW-Transporter sitzen, durch die norwegische Landschaft fahren, und sobald das Gespräch auf die Seefahrtschule kommt, habe ich diesen ganz bestimmten Schulgeruch in der Nase: ein bisschen Bohnerwachs und ein bisschen Muff. Diese Mischung hing in den dunklen Fluren des in den 1930er-Jahren eröffneten Gebäudes. Und wie es bei vielen Gebäuden aus jener Zeit ist: Der Geist dieser schrecklichen Zeit wurde in Beton gegossen, ins Mauerwerk verfugt und in Türen, Fenstern und Fassaden eingearbeitet. Das kann man auch Jahrzehnte später noch spüren. Weil man sich klein fühlt in solchen Gebäuden. Weil sie Ehrfurcht erzwingen, statt Freiheit zu lehren. Grässlich.

»Ich bin gespannt, wie weit wir mit der Renovierung in den kommenden zwei Wochen kommen«, sage ich zu Uli, um mich von der Seefahrtschule abzulenken. »Danke, dass du mit mir gemeinsam den Anfang machst. Das wird ein ganz schön großes Projekt.«

»Ja, da hast du dir was vorgenommen, Thomas.«

»Hhmm.«

»Ich hätte an deiner Stelle zumindest einen Sprachkurs gemacht. Nur ein paar Brocken. Aber das würde die Sache ein wenig einfacher machen.«

»Das wäre Zeitverschwendung gewesen. Eine Sprache lernt man am besten, wenn man sie nutzen muss, im Alltag. Und nicht aus irgendwelchen Büchern mit Deklinationen, Konjunktionen und unregelmäßigen Verben. Und außerdem waren andere Sachen wichtiger. Ich habe sowieso schon kein nennenswertes Startkapital für eine große Sanierung des Gebäudes. Da musste ich zumindest ein paar Mark verdienen, damit ich die ersten Wochen und Monate irgendwie über die Runden komme.«

Sosehr ich mich darüber freue, mir diesen Traum zu erfüllen, ist auch eine riesige Portion Unsicherheit in mir. Wenn ich ehrlich bin, habe ich Angst vor meiner eigenen Courage. Das begeisterte Herz und mein kühler Kopf liegen regelmäßig im Clinch. »O mein Gott, wir werden auf einem Leuchtturm leben«, sprudelt das Herz.

»Im Ausland. Unter fremden Menschen, deren Sprache du nicht kannst«, antwortet der spielverderberische Kopf.

»Unter netten Menschen, die mir bestimmt helfen werden. Und die Sprache lernen wir schnell.«

»Müssen wir auch. Weil unser Startkapital nicht lange halten wird.«

»Ach Quatsch, das wird alles genau so werden, wie wir es uns erträumen.«

»Oder wir kehren nach ein paar Monaten, gescheitert und pleite, nach Deutschland zurück.«

Uli unterbricht das Wortgefecht in meinem Kopf, fast so, als hätte er die Streitereien zwischen meinem Herzen und dem Verstand satt.

»Und wie soll das jetzt genau laufen? Was machen wir alles in den kommenden zwei Wochen?«, fragt er mit etwas sorgenvoller Stimme.

Als ob ich einen konkreten Plan hätte.

»Die beiden Häuser schön machen und dann Seminare anbieten, weißt du doch.«

»Und das heißt genau was? Ein bisschen lüften, feucht durchwischen und Fenster putzen? Oder tapezieren, streichen und Teppich verlegen? Wann wirst du die ersten Seminare anbieten können, damit wieder Geld reinkommt?«

Er macht mich wahnsinnig mit der Fragerei. Weil er zielgenau die Wunden findet, in denen auch mein zweifelnder Verstand ständig rumpult.

»Also durchzuwischen wird nicht reichen. Ich denke mal, dass ich ein, zwei Monate renovieren werde und dann im Herbst das erste Seminar im Haus geben kann. Wird sich aber zeigen. Bis zum Winter komm ich noch hin mit dem Geld, wenn ich nicht zu viel in die Häuser stecken muss.«

»Ist das realistisch?«

»Erst mal ankommen und loslegen. So lange im Voraus zu planen, ergibt eh keinen Sinn. Immerhin habe ich bereits Interessenten für ein Führungskräfteseminar im Leuchtturm. Das wird klasse, da kann ich prima die Umgebung, das Meer und den

Wind thematisch mit einarbeiten. Da können die Herren und Damen Abteilungsleiter und Manager mal Persönlichkeitsarbeit vor dem Hintergrund einer Naturkulisse machen, die ihnen Ehrfurcht und ein Gefühl für ihren Platz im Universum vermittelt.«

»Oh, das klingt nach viel und harter Arbeit, wenn ich so an einige Chefs denke, die ich kennengelernt habe«, sagt Uli mit süffisantem Unterton. »Das hätte damals auch das halbe Lehrerkollegium aus Finkenwerder gut gebrauchen können. Aber Demut und Ehrfurcht konnten sie nicht so gut.«

»Wahrhaftig nicht«, sage ich seufzend und blicke auf die Tachonadel, die langsam nach unten sinkt, obwohl ich das Gaspedal bis zum Bodenblech durchdrücke. »Oh, diese Steigungen machen mich fertig. Ich will endlich ankommen.«

»Dauert halt alles etwas länger, mit 60 PS.«

»Auf jeden Fall muss ich erst mal einen Platz für die Jungs zum Übernachten haben. Damit steht und fällt mein Plan mit den Seminaren. Das Stromnetz ist auch richtig schlecht, aber immerhin ist die Firma, dic nach Wasser gebohrt hat, fündig geworden. In fast hundert Metern Tiefe. Aber es gibt noch keine Pumpen und Tanks. Das ist das Erste, worum ich mich kümmern muss.«

»Klingt nicht so, als wäre das in ein, zwei Monaten zu schaffen.«

»Das wird ja kein Fünf-Sterne-Hotel, die Attraktion ist der Ort selbst. Wirst du schon sehen, wenn wir da sind. Einfache Unterkunft, die karge Natur und fast immer eine steife Brise im Gesicht. Das ist der Plan. Das werde ich ihnen verkaufen. Wenn denn die Häuser mal so weit sind.«

»Und wenn sie es denn nicht sind, also die Häuser. Wenn sie nicht fertig werden vor dem Herbst?«

»Ach Uli, wird sich alles zeigen. Das löse ich dann, wenn es so weit ist. Erst mal ankommen.«

Schweigend fahren wir weiter. Ulis Nachfragen haben den Kampf von Angst gegen Courage nur kurz unterbrochen. Auf geht es in die nächste Runde. Ist es wirklich klug, was ich hier tue? »Ist es vernünftig?«, fragt mich eine innere Stimme erneut, die sich verdächtig nach meinem Vater anhört. Gott sei Dank muss ich mich jetzt stärker auf die enge, kurvige Straße konzentrieren, die das Westland wie eine Schlange aus Asphalt durchzieht.

»Ich müsste dann mal für kleine Königstiger.« Ulis Stimme holt mich aus meinen Gedanken zurück.

»Na mal sehen, wo ich halten kann«, sage ich ein wenig skeptisch. Hier im Westland sind die Straßen so schmal, dass man nicht mal eben rechts ranfahren kann, ohne den Verkehr zu behindern. Aber wir haben Glück: Ich sehe einen kleinen Parkplatz direkt am Nordfjord. Das ist der Fjord, der bei Måløy ins Meer mündet. Und Måløy ist die nächstgelegene Stadt vom Leuchtturm aus. Das Ziel liegt also schon greifbar vor uns, auch wenn wir bestimmt noch eine Stunde fahren müssen.

»Mach schnell«, sage ich, weil ich es plötzlich eilig habe und endlich ankommen will. Ankommen. Loslegen. Da sein. Nicht mehr unterwegs sein, nicht mehr in diesem Zwischenstadium sein, in dem ich die vergangenen Monate seit der Vertragsunterschrift verbracht habe. Das soll jetzt alles real werden.

Während ich den Bulli so schnell wie möglich über die schmalen Straßen quäle, erinnere ich mich an Øystein und den Spätsommer 1986, als ich das hier alles zum ersten Mal kennenlernte: die schroffen Berghänge und die grünen, sanften Hügel, die man so auch in Irland sehen könnte. Aber anders als in Irland ist hier alles zerklüftet durch die zahlreichen, sich tief ins Landesinnere fressenden Fjorde. Von Westen nach Osten schneiden sie behäbig und ausdauernd, gleichsam kraftvoll, riesige Kerben in die Landmasse. Fährt man hier hoch in den Norden, überquert man laufend das Meer und kann nach ein paar Kilometern bereits nicht mehr sagen, ob man sich gerade auf dem Festland befindet oder auf einer Insel. Auf mich wirkt der Westen Norwegens beizeiten so, als würden Land und Meer einen fortwährenden Kampf führen und darum ringen, wo das eine aufhört und das andere beginnt. Die Gegensätze bilden hier eine diffuse Übergangszone, die sich klaren Zuschreibungen entzieht. Vielleicht ist das auch ein Grund, warum ich mich in dieser Gegend so zu Hause fühle.

»Hey, gleich sind wir in Måløy, hier können wir einkaufen«, sage ich zu Uli und hole mich damit aus meinen Erinnerungen zurück.

»Einkaufen? Mann, ich will endlich ankommen.«

»Sei nicht so ungeduldig, wir sind ja bald da.«

In Måløy kaufen wir das Nötigste für die nächsten Tage ein. Hinter Måløy kommt nichts mehr. Zumindest keine Einkaufsmöglichkeiten. Merkt man im Leuchtturm, dass man die Butter vergessen hat, muss man entweder die halbstündige Fahrt auf sich nehmen oder eben keine Butter essen. Mir gefällt diese Nicht-Verfügbarkeit der Dinge. Dadurch bekommen sie einen Wert, der in unserer Überflussgesellschaft etwas verloren gegangen ist. Zumindest in der Theorie gefällt mir dieses reduzierte Angebot. Aber ich bin gespannt, wie es wirklich sein wird, wenn ich denn mal die Butter vergessen werde.

Mit vollen Einkaufstüten, die wir in die letzten verbliebenen Lücken des beladenen Transporters gequetscht haben, starten wir zur finalen Etappe auf unserem Weg nach Kråkenes fyr. Über die Provinzstraße 617 geht es am Westufer des

Ulvesunds entlang nördlich Richtung Raudeberg, einem malerischen Dörfchen, in dem immerhin eine der beiden Kirchen auf der Insel zu finden ist. Jetzt ist es Uli, der staunend in die Landschaft schaut. »Das ist ja der Hammer – und das Licht.«

Die schmale Straße schlängelt sich entlang der Steilküste, und alles erinnert irgendwie an Schottland. Plateaus, von irre grünen Weiden bedeckt, wechseln sich mit schroffen Felspartien ab. Hinter Raudeberg biegen wir Richtung Westen ab, und aus der sowieso schon schmalen Landstraße wird ein noch schmalerer Asphaltstreifen, der sich durch die Landschaft windet und ein paar Gebirgskämme überquert. Weiter oben hügeliges Heideland ohne Bäume, das dann wieder in grüne Hänge übergeht, auf denen Schafe weiden. Zwischen den Felsformationen ist jetzt immer das Meer zu sehen.

Der VW-Bus kriecht über die letzte Bergkuppe. Ich sehe im Norden das Westkap und ganz am Ende die vertraute Landzunge mit dem bekannten weißen Punkt, meinem Leuchtturm.

»Da, schau, da ist er.«

Ich stelle den Wagen am Straßenrand ab – wird schon nix passieren – und zeige meinem Freund die Leuchtturmanlage am Horizont.

»Wo, was, der weiße Punkt?« Ungläubig schaut er auf die Landzunge, und ich bin mir nicht sicher, ob er den Leuchtturm in diesem Landschaftswimmelbild überhaupt bereits entdeckt hat. »Wow, fahr mal jetzt«, sagt er, »… und das Licht … ich fasse es nicht!«

Dass Uli mit seiner Schwärmerei übers Licht überhaupt nicht mehr aufhören kann, kommt nicht von ungefähr. Wir kennen uns von der Seefahrtschule in Hamburg, klar, aber verbunden hat uns bis heute unsere Liebe zur Fotografie. Und da spielt das Licht einfach eine entscheidende Rolle.

Bergab zeigt unser Bus, was er kann. Wir preschen eigentlich viel zu schnell über den schmalen Weg, der inzwischen nur noch eine geschotterte Piste ist. Die Reifen schleudern Steine unter den Wagen, die mit dumpfen Schlägen gegen das Bodenblech knallen. *Klonk, klonk, klonk* geht es. Vorbei an grünen Wiesen, den Felsabbrüchen und durch die Heidelandschaft. Vorbei an Kråkenes, dem Dorf, das genau so heißt wie der Leuchtturm. Ich will jetzt endlich ankommen.

Ein bärtiger Mann steht vor seinem Haus, dem letzten, ganz am Ende des Dorfes, und nickt uns kurz zu. Der Schotterweg schlängelt sich an den Felsen entlang, direkt darunter das Meer.

»Da, guck.« Uli ist sichtlich beeindruckt. »Ist er das?«

Er hat sich im Beifahrersitz aufgesetzt.

»Na, nach was sieht es denn aus?« Ich könnte platzen vor Freude, endlich wieder hier zu sein.

»Und weißt du was, ich habe den Schlüssel in der Tasche.« Auf einmal erfüllt mich Stolz. Ich bin der Hausherr und kann mich hier frei bewegen. Das ist alles meins. Vielleicht nicht im Sinne von »Ich bin der Eigentümer«, denn ich habe die Gebäude ja nur gepachtet. Aber für all das bin ich jetzt verantwortlich. Kann gestalten, einrichten und neues Leben in die alten Gemäuer bringen und endlich meinen Traum vom Leben am Meer wahr werden lassen.

Ich mache den Motor aus, lasse Uli begeistert aus dem Auto springen und atme einmal tief aus. Sein Kopf schaut ungläubig nach rechts, nach links, wieder nach rechts. Seine Hände wühlen durch die strubbelige, dunkelblonde Kurzhaarfrisur, als stünde er gerade vor einer neu entdeckten Welt, die es zu erforschen gilt. Dann schenke ich mir eine Minute, um anzukommen. Es ist spät geworden, aber immer noch ganz hell. Ich bin erschöpft von der langen Fahrt. Ich bin glücklich. Auch ein bisschen aufgeregt. Und der Respekt vor dem, was da auf mich zukommt, ist auch noch da. Also geht es mir eigentlich nicht viel anders als vor zwei Stunden. Und doch habe ich das Gefühl, dass es jetzt – endlich – so richtig losgehen kann.

Ich steige aus dem Wagen und gehe gemeinsam mit Uli einmal ums Haupthaus, entlang der massiven Mauer, an die schon unzählige Wellen ihre Gischt gespuckt haben. Wir bleiben an der äußersten Stelle stehen und schauen schweigend aufs Meer. Weiter raus geht nicht. Es riecht nach Meer, Tang und Salz, ein paar Möwen segeln ums Haus.

Wir sind angekommen.

Ich bin angekommen.

Ein paar Minuten später stecke ich den Schlüssel ins Schloss der Haustür. Ihn hatte ich bereits im April mit dem Pachtvertrag erhalten. Mit ein wenig Rütteln und Kraftaufwand öffnet sich die Haustür, und sofort empfängt uns der Geruch von alten Linoleumböden, stehender Luft und feuchten Holzmöbeln. Erstaunlicherweise ist es warm in dem massiven Gebäude. Obwohl Sommer ist, sind alle Heizkörper voll aufgedreht. Ich zeige Uli das Haus in einer Mischung aus Stolz und Unsicherheit. Die letzten Wachleute, auch ambulierende Leuchtturmwärter genannt, haben die typischen 1950er-Jahre-Möbel hinterlassen. Tisch, Stuhl, Lampe, Plastikteppich und Plastikblumen. Alles wirkt hier so, als hätte es die vergangenen vierzig Jahre nicht gegeben.

»Gemütlich geht anders« sage ich zu Uli, um seinem strengen Urteil zuvorzukommen und zu signalisieren, dass mir bewusst ist, wie es hier aussieht. Der ist aber schon wieder mit der Aussicht beschäftigt. Er steht am Wohnzimmerfenster, das dem Meer nach Süden zugewandt ist, und schaut durch die beschlagene Scheibe. Feuchtigkeit und Salz liegen zwischen dem eigentlichen Fenster und der einen Zentimeter dicken Plexiglasscheibe, die vor das Fenster geschraubt ist, um den Wellenschlag abzuhalten.

»Ganz schön dick«, sagt er. »Glaubst du, das ist hier oben nötig? Das sind doch locker 30, 40 Meter runter zum Meer.«

»45 Meter, um genau zu sein.«

»Und glaubst du echt, dass die Wellen es hier hoch schaffen?«

»Keine Ahnung. Also, es soll hier schon wild stürmen. Aber wahrscheinlich ist es in erster Linie zur Sicherheit, dass auch wirklich nichts passieren kann.«

Uli schüttelt den Kopf. Fast senkrecht fällt der Fels unter ihm ab. »Wie auf'm Boot, das gibt es ja gar nicht.«

Ich kann seine Begeisterung verstehen. Mir ging es im April, als ich die Gebäude besichtigte, ganz ähnlich. Man betritt das Haus, ein scheinbar ganz normales Haus eben, und geht durch das Wohnzimmer über den geflochtenen Plastikteppich auf das Fenster zu. Je näher man den Scheiben kommt, desto mehr öffnet sich der Blick. Man sieht Meer, Meer, Meer. Verschwommen nur, wegen der versalzten Plexiglasplatte. Kein Land scheint unter einem zu sein. Zumindest findet das Auge nichts dergleichen. Und vor dem unscharfen Blaugrau des Europäischen Nordmeers, direkt auf dem Fensterbrett: eine immer blühende Plastikosterglocke. Draußen eine sich laufend wandelnde See, immer in Bewegung, kraftvoll und lebendig. Hier drinnen in Plastik gegossene Unvergänglichkeit von zweifelhafter Schönheit. Surrealer geht es kaum.

Es ist spät geworden, wir essen noch eine Kleinigkeit, dann zeige ich Uli sein Zimmer. Ich habe ihm das Leuchtturmzimmer zugedacht. Es ist nach Nordwesten ausgerichtet und dem

Leuchtturmfeuer zugewandt. Auch die Möbel in diesem Raum haben ihre besten Tage schon lange hinter sich gelassen. Aber für den Anfang wird es gehen. Allerdings sind die Farben der Wände gewöhnungsbedürftig: ein pastelliges Schweinchenrosa und ein ebenso pastelliges Mintgrün. Das sind, warum auch immer, die üblichen Leuchtturmfarben in Norwegen. Die verpachtende staatliche Behörde muss tonnenweise davon eingekauft haben, denn in den Häusern fast aller Leuchttürme des Landes findet man diese Farbkombination an den Wänden.

Blink. Blink. Blink.

Durch das Fenster unter der Dachschräge erhellt das Leuchtfeuer in gleichmäßigen Abständen Ulis Zimmer. Es strahlt nicht mit der vollen Stärke ins Zimmer, da es von der seitlichen Begrenzung am Turm abgeschirmt wird. Aber es ist schon ziemlich hell.

»Na hoffentlich werde ich bei der Lichtshow schlafen können. Falls nicht, komme ich zu dir.«

»Oc WRG 6s«, sage ich, und Uli schaut mich an, als wäre ich verrückt geworden.

»Wie bitte?«

»Oc WRG 6s. Hast du die Lektion in der Seefahrtschule vergessen, oder warst du da krank? Das ist die Lichtfrequenz von Kråkenes fyr«, sage ich in übertrieben belehrendem Ton. »Mit dieser Info schicke ich dich in die Nachtruhe. Oc steht für unterbrochenes Licht, WRG bezeichnet die Farben der einzelnen Sektoren, Weiß, Rot und Grün. Und 6s ist die sogenannte Wiederkehr, das bedeutet, dass sich der Leuchtrhythmus alle 6 Sekunden wiederholt.«

»Mensch, danke, Thomas. Ohne diese Info hätte ich bestimmt nicht schlafen können heute Nacht. Und falls mich das Geblinke da draußen wach halten sollte, kann ich ja mal überprüfen, ob es wirklich sechs Sekunden sind. Nicht dass man dir nen Oc WRG 6s verpachtet hat, der aber eigentlich ein Oc WRG 7s ist. Das kannst du dann sofort bemängeln.«

Als ich das Licht anschalten will, fällt mir der schwarz verkohlte Schalter auf. Er klemmt fürchterlich und lässt sich kaum betätigen. An der Seite ist das Plastik komplett geschmolzen, als hätte jemand das Teil mit einer brennenden Kerze oder einem Feuerzeug bearbeitet. Ich blicke mich im Zimmer um und sehe, dass die Steckdosen in einem ähnlichen Zustand sind. »Das ist nicht gut«, sage ich halb zu mir, halb zu Uli.

»Sieht ganz so aus, als wäre da irgendwann mal etwas zu viel Strom durch die Leitungen geflossen«, antwortet er pragmatisch. »Vielleicht hat es irgendwo einen Kurzschluss gegeben. Warum auch immer.«

Uli schaut fasziniert unter die Decke, an der die kleine Lampe in der Leuchtturmfrequenz von sechs Sekunden heller und dunkler wird.

»Scheiß Stromnetz«, sage ich zu Uli.

»Hmmm. Ist derselbe Rhythmus wie das Leuchtfeuer, nur umgekehrt.«

Wir schauen uns an. Die starke Birne des Leuchtturms zieht anscheinend so viel Strom, dass die Stromstärke im ganzen Haus im selben Rhythmus schwankt. Schnell wünsche ich Uli eine gute Nacht und lasse ihn allein, ich will nicht länger als unbedingt nötig in das rhythmisch flackernde Licht schauen müssen. Das befeuert nur meine Zweifel. Wenn ich jetzt noch neue Stromleitungen verlegen lassen muss, ist mein Plan, in ein, zwei Monaten hier Seminare anzubieten, bereits am ersten Tag gestorben.

Etwas später liege ich auch, unten im kleinen Raum neben dem Wohnzimmer, in meinem provisorischen Bett und versuche in den Schlaf zu finden. Das an ein Aquarellbild erinnernde Sommerlicht der norwegischen Nacht scheint durchs Fenster und macht die Sache nicht einfacher. Dazu jede Menge Gedanken, Hoffnungen und Befürchtungen. Und trotzdem bin ich glücklich. Es wird vielleicht anstrengender werden als geplant. Und es wird Herausforderungen geben, auf die ich mich nicht eingestellt habe, aber in mir überwiegt die Freude, endlich hier zu sein. In meinem Leuchtturm. Angekommen!

4

Erste Tage

»Na, gut geschlafen?«, frage ich Uli, der strubbelig und verschlafen in die vom Morgenlicht durchflutete Küche kommt.

»Ja, irgendwie schon, aber es ist komisch, hier aufzuwachen. Das Möwengeschrei kenne ich ja aus Dänemark, aber dann der Blick aus dem Fenster! Wahnsinn. Mann, ich realisiere erst jetzt so richtig, was du dir da ausgesucht hast. Echt klasse. Aber sag mal, wie ist es denn mit Kaffee und Zähne putzen? Haben wir Wasser?«

Jetzt, wo Uli das sagt, kriege ich auch richtig Lust auf Kaffee. Warum habe ich gestern beim Einkaufen nicht daran gedacht?

»Nee, haben wir nicht. Aber ich habe oben in den Bergen einen Bach gesehen, und ein Kanister ist auch im Keller, ich hole gleich welches.«

»Okay, dann schnappe ich mir solange meine Kamera und schaue mich ein wenig in der Gegend um.«

Als ich kurze Zeit später im Bulli sitze und losfahre, habe ich Mühe, die Stelle zu finden, an der ich im Frühjahr den kleinen Bach entdeckt hatte. Jetzt, im Sommer, sieht es hier alles ein wenig anders aus. Nach fast einer Viertelstunde Umherfahren glaube ich die Stelle an der Straße gefunden zu haben, von der aus es nur noch ein paar Meter bis zum Bach sind. »Die Sache mit dem Wasser muss ich wirklich schnellstmöglich lösen«, sage ich zu mir selbst, während ich mit dem Kanister in der Hand durch die norwegische Natur irre. Endlich entdecke ich den Bach, von dem jetzt im Sommer aber nicht viel mehr als ein kleines Rinnsal übrig ist. Mit der Hand probiere ich das leicht bräunliche Wasser. Es riecht ein wenig muffig und schmeckt nach Eisen. Moorwasser eben. Natur. Ich lege den Kanister flach ins Bachbett, trotzdem schafft es das Wasser nur langsam über die Öffnung in den Kanister. Ja, die Sache mit dem Wasser muss ich wirklich schnell in den Griff bekommen.

Uli schaut ziemlich skeptisch, als ich etwas später das bräunliche Bachwasser in die Kaffeemaschine kippe. »Das ist hier allerfeinstes, leicht mooriges, norwegisches Wasser. Und eines ist sicher – etwas Besseres werden wir hier heute nicht mehr finden.«

»Jo, dann schauen wir mal, wie der Kaffee mit deiner Beute so schmecken wird. Aber erst mal Zähne putzen. Mal sehen, wie weiß die Beißerchen damit werden.«

Nach dem Frühstück druckst er etwas herum. »Ja, äh, wie machen wir denn, wie kann ich denn, was ist denn, wenn ich mal … Ich muss mal.«

Ich schmunzele in mich hinein.

»Na, ist doch genug Platz draußen, und genügend Steine gibt es auch. Papier liegt noch in der Einkaufstüte von gestern, aber lass es besser nicht nass werden«, sage ich lachend. Uli findet die Situation weniger lustig. Aber dann denke ich daran, dass für später auch viel Wind angesagt ist. Angenehm wird es also auch für mich nicht werden. Mit solchen Banalitäten hatte ich mich in meinem Traum vom Leben am Rande der Welt eher weniger beschäftigt.

Nachdem Uli sein Geschäft erledigt hat, beginnen wir das Haupthaus zu erkunden. Für das Assistentenhäuschen ein paar Meter weiter fehlen mir noch die Schlüssel. Mit jedem Zimmer, das wir inspizieren, wird mein Respekt vor der Aufgabe ein wenig größer. Erst jetzt, bei genauerem Hinsehen, wird mir klar, in welch schlimmem Zustand das Gebäude ist. Die Türen sind allesamt verzogen und lassen sich kaum öffnen, Schlösser sind teilweise festgerostet, und die Fensterrahmen sind mit einer dicken Salzkruste überzogen. Von innen! Der Wind scheint die Gischt durch das Holz zu drücken, an der Innenseite wird dann die Feuchtigkeit an die warme Luft abgegeben, und zurück bleibt das Meersalz. Wahrscheinlich waren die aufgedrehten Heizkörper also überhaupt kein Versehen, sondern einfach die Absicherung, dass sich nicht zu viel Feuchtigkeit im Haus ansammelt. Öffnen lässt sich keines der Fenster, die einzelnen Flügel sind mit dicken, langen Stahlstiften an ihren Rahmen genagelt.

»Puh«, sagt Uli, während seine Finger die Salzschicht an einem Fensterrahmen abknibbeln.

»Ja. Ich dachte, ich könnte mir ein paar Eimer Farbe besorgen, die Wände malen und so erst mal klarkommen. Aber das wird nicht reichen.«

»Warum sagst du eigentlich immer noch ›malen‹ anstatt streichen?«, fragt Uli. »Du bist schon lange kein Seemann mehr.«

»Es ist eigentlich der ganz normale Ausdruck dafür. Malen! Der Beruf dazu heißt doch ›Maler und Lackierer‹, nicht Streicher und Lackierer. Aber im Volksmund spricht man trotzdem immer vom Anstreicher und Anstreichen. Ich glaube, ich möchte mich einfach korrekt ausdrücken. Außerdem bin ich Seemann. Ausgebildet. Nicht mehr aktiv, aber im Herzen bleibt man das doch irgendwie, oder?«

»Ich weiß nicht. Also ich sage streichen – Seefahrtausbildung hin oder her.«

Nach der Besichtigung der oberen beiden Etagen, die die eigentliche Wohnung des Leuchtturmwärters bilden, gehen wir in den Keller. Da das Haus auf massivem Fels gebaut ist, liegt er aber gar nicht unter der Erde, sondern bildet sozusagen das Erdgeschoss. Ich spüre, wie mit jeder Treppenstufe meine Anspannung steigt. Wenn schon die Wohnräume in solch schlechtem Zustand sind, wie wird es denn dann erst hier unten aussehen?

Wir finden einen vollkommen verschimmelten Abstellraum vor, in dem ein paar morsche Regale und eine Kühltruhe vergammeln, ein Bad in wenig einladender Verfassung und eine vermüllte Werkstatt. Dazu weitere Schalter und Steckdosen, die in einem ähnlichen Zustand sind, wie die in Ulis Zimmer. Die kleinen Zweifel des gestrigen Abends haben sich über Nacht in eine Monsterwelle der Enttäuschung verwandelt, die mich von einer Sekunde zur anderen durchflutet und meine Courage, meine Pläne, meine Zukunftsvision fortspült. Zurück bleibt der skeptische, rechthaberische Verstand. »Tja«, dröhnt es gehässig durch meinen Kopf. »Jetzt muss sich der Träumer wohl langsam der Realität stellen, was? Du kannst doch in dieser Bruchbude keine Seminare anbieten. Da muss man sich ja schämen.«

Ich drehe mich von Uli weg, weil ich nicht möchte, dass er meine Enttäuschung mitbekommt. Die steht mir garantiert ins Gesicht geschrieben. Zumindest fühlt es sich so für mich an.

Mein Blick fällt auf Spinnweben, Staub, Schimmel. Ich finde nichts, was ich dieser trostlosen Stimmung entgegensetzen kann. Und das bräuchte ich gerade so sehr. Ich weiß, dass ich mich schnell zwischen den Extremen verlieren kann. Himmelhoch jauchzend und zu Tode betrübt. Das kenne ich nur zu gut, das war schon immer so. Und spätestens seit meinem Psychologiestudium ist mir auch klarer, warum das so ist. Ich öffne eine weitere Tür. Dahinter: eine desolat ausschauende Toilette. Ein Aufhänger, um mich aus der zweifelnden Gedankenspirale rauszuholen.

»Hier, Uli, da hättest du vorhin gar nicht in die Natur gemusst«, sage ich und halte die Tür auf. Uli geht an mir vorbei, betätigt die Spülung. Nichts passiert. »Das wäre dann aber ein Reinfall geworden.«

»Wo geht es denn da hoch?« Er zeigt an mir vorbei auf eine weitere Treppe. »Dürfen wir da überhaupt hoch?«

»Klar, Mann, ich bin schließlich der Leuchtturmwärter«, sage ich und versuche dabei taffer zu wirken, als es sich in meinem Inneren gerade anfühlt. »Wenn ich hier hausen soll, muss ich ja Zugang zu der Anlage haben, ich soll sie ja auch instand halten.«

Wir gehen die schmale Treppe hoch, aber die kleine Tür dahinter ist abgeschlossen.

»Na, dann eben nicht«, sage ich etwas enttäuscht.

Auf der anderen Seite des Kellers finden wir eine weitere Tür, die zu einem Elektroraum führt. Große Elektrotafeln, auf denen einige Anzeigen blinken, und allerlei technische Geräte. Dahinter noch eine Tür, die zu einem Anbau führt, der mir auch bereits gestern von außen aufgefallen war. »Das ist ja fast das Haus der tausend Kammern.« Mit ein wenig Kraftaufwand schaffe ich, sie zu öffnen, und sofort stürmt Uli an mir vorbei. »Wow.« Er ist hellauf begeistert. »Vierzylinder mit Luftkühlung und, nee oder, mit Auspuff raus zum Parkplatz.« Ich schiebe Uli zur Seite, und der Anblick haut mich ebenfalls fast aus den Socken. Vor uns steht, fast raumfüllend und mannshoch, ein gewaltiger Dieselmotor.

»Das muss das Notstromaggregat für den Leuchtturm sein.«

Uli sieht sich die Maschine näher an. Im Gegensatz zu mir hat er nach seiner Ausbildung zum Schiffsmechaniker auch im Maschinenraum von Schiffen gearbeitet. In der Maschine, wie wir Seeleute sagen. Und ein wenig kindliche Begeisterung für diese riesigen Motoren hat er sich über die Jahre in der Fotobranche bewahrt. Zumindest strahlen seine Augen, als wäre Heiligabend und gerade Bescherung.

»Sieht gut aus, besser in Schuss als das Haus. Ist erst kürzlich gelaufen, glaube ich.«

»Mir wäre es andersherum lieber. Mit 'nem ollen Notstromaggregat in einem Haus, das gut in Schuss ist, würde ich mich wohler fühlen. Lass uns mal wieder nach oben gehen. Ich glaube, ich habe genug gesehen. Jetzt müssen wir schauen, womit wir anfangen.«

Wir gehen zurück in die große Küche, eine Etage höher. Auch sie ist grün angemalt. Standardleuchtturmküchenfarbe halt. Ich setze mich an den kleinen eckigen Tisch und würde jetzt wirklich einmal die kommenden Tage mit Uli planen. Weil ich das nämlich gerade gar nicht habe: einen Plan. Doch Uli schaut nur aus dem Fenster. Und ich kann ihn verstehen. Die Natur da draußen ist ein Aufmerksamkeitsmagnet. Im Norden ein Bergmassiv und das Westkap. Davor das Meer und ein Felsen, auf dem Möwen brüten.

»Da kommt wer!« Uli zeigt auf einen grünen Geländewagen, der auf den Schotterplatz vor dem Haupthaus gefahren ist, und blickt mich fragend an. »Wer ist das?«

»Keine Ahnung.«

Das Auto fährt über den betonierten Vorplatz des Haupthauses und zieht eine enge Kurve. Die Reifen wirbeln Staub und kleine Steinchen auf. Doch anstatt den Wagen abzustellen, lenkt der Fahrer ihn genau bis zu der Stelle, wo der öffentliche Weg auf das Grundstück des Leuchtturms mündet. Uli und ich schauen uns etwas erstaunt an. Die Seitenscheibe auf der Fahrerseite wird heruntergekurbelt, und ein Fernglas kommt zum Vorschein. Gebannt von dieser skurrilen Szene verfolgen wir durchs Küchenfenster das Geschehen. Einen kurzen Moment lang sehe ich direkt in die zwei Linsen des Fernglases, und es fühlt sich an, als würde mich ein außerirdisches Insekt auf seinem ersten Besuch auf diesem Planeten inspizieren. Dann bewegt sich das Fernglas langsam von uns beiden weg und richtet sich aufs Westkap aus. Wieder blicken Uli und ich uns verdutzt an, gucken dann wieder aus dem Fenster und sehen, wie der Wagen über den öffentlichen Weg verschwindet.

»Wer war das?«, frage ich. »Und was hat der da gemacht?«

»Keine Ahnung. Vielleicht irgendwelche Vögel beobachten? Wahrscheinlich hat er gar nicht damit gerechnet, dass jetzt hier wieder Leben auf den Leuchtturm einzieht.«

»Uli, vor dem Haus steht unser Wagen, mit deutschem Kennzeichen. Und ehrlich: Glaubst du wirklich, hier, mitten im Nirgendwo, spricht es sich nicht rum, wenn jemand auf den Leuchtturm zieht?«

»Wie auch immer.« Er klatscht in die Hände. »Dann lass uns mal loslegen. Ich bin schließlich nicht nur zum Spaß hier.«

In den folgenden Tagen wiederholt sich dieses Schauspiel in ähnlicher Weise gleich mehrfach. Und jeder dieser anonymen Kurzbesuche verunsichert mich ein wenig mehr. Warum traut sich der Fernglasnutzer nicht auszusteigen und mich zu begrüßen? Und was zum Henker beobachtet er da überhaupt tagtäglich? Uns? Die Möwen? Das Meer? Keine Ahnung.

»Da fühlt man sich gleich willkommen«, sage ich zu Uli, als wieder einmal der grüne Wagen nach seiner Stippvisite verschwindet. »Mmhh«, sagt er auf einer Leiter stehend, die Glaskuppel einer Deckenlampe in der Hand. »Sind schon etwas seltsam, deine neuen Nachbarn. Aber hier, nimm mir das ab und gib mir den Spannungsprüfer.«

Eigentlich habe ich mir für die Zeit, in der Uli hier ist, viel vorgenommen. Noch ist jemand da, der mit anpacken kann. Bald werde ich auf mich allein gestellt sein und keine helfende Hand mehr haben. Aber so richtig kommen wir nicht in die Gänge. Es ist, als würde uns die Umgebung jeden Tag aufs Neue rufen und zu kleinen Wanderungen durch die Landschaft einladen. Und diesem Ruf der Natur können wir beide nicht widerstehen. Wir schießen jede Menge Fotos, entdecken kleine Bäche und Aussichtspunkte, die uns den Atem rauben. Abends sitzen wir vor dem Haus und genießen den Sonnenuntergang.

»Hach, so könnte ich es öfter haben«, sagt Uli.

Ich grinse zu ihm hinüber. »Wobei so ein super Wetter hier auch nicht die Regel ist. Aber du hast schon recht, ich freue mich sehr darauf, hier die kommenden zwei Jahre zu verbringen, zumindest in der Sommersaison. Im Herbst und Winter gehe ich dir dann wieder in Hamburg auf die Nerven.«

»Umso wichtiger, dass du es genießt. Hamburg, Herbst und Winter kommen noch früh genug. Aber sag mal, bist du immer noch so zuversichtlich, dass du in ein, zwei Monaten hier die ersten Gäste empfangen kannst?«

Ich seufze. »Ach, dann dauert es halt drei Monate. Ich übe mich jetzt in Gelassenheit. Es wird sich alles fügen.«

Einige Tage später werkele ich gerade zufällig draußen, als der Geländewagen erneut auf den Hof gefahren kommt. Ich bin allein. Uli hat sich heute Morgen seine Kamera geschnappt, um noch mal ein paar schöne Landschaftsaufnahmen zu machen. Der Wagen fährt genau auf mich zu, hält mitten auf dem Platz, mit laufendem Motor. Ein Mann steigt aus, ich sehe, dass es der bärtige Typ ist, der uns bei der Ankunft im Dorf kurz zugenickt hatte.

»Hei,« sage ich.

»Hei.« Der Bärtige stellt sich neben mich, sagt nichts weiter und schaut schweigend aufs Meer. Ich bin mit dieser Situation etwas überfordert und schweige einfach mit.

Nach einer gefühlten Ewigkeit erbarmt sich der Nachbar.

»English?« Immer noch schaut er mich nicht an.

»It's o.k.« Ich ärgere mich etwas, dass ich noch kein Norwegisch spreche. Aber ich wollte mit dem Lernen warten, bis Uli weg ist. Die zwei Wochen sollten einfach sinnvoller genutzt werden.

Wieder langes Schweigen.

»Morgen ist mehr Wind gemeldet«, sagt er in gebrochenem Englisch. Ich weiß nicht so recht, was ich darauf antworten soll. Also stelle ich mich erst einmal vor. »Ich heiße Thomas, ich wohne jetzt hier«, gehe einen Schritt auf ihn zu und strecke meine Hand aus.

»Aksel.« Jetzt schaut er mich zum ersten Mal an, aber nur kurz, und gibt mir die Hand. Es fühlt sich an, als würde ich ein Stück ungehobeltes Hartholz drücken. Trockene, harte Hornhaut überzieht seine komplette Handinnenfläche. Selbst unter Seeleuten und österreichischen Holzfällern habe ich noch nicht solch eine Hand geschüttelt. Und gleichzeitig ist sein Händedruck erstaunlich sanft, fast weich. Dann ist wieder Schweigen angesagt. Minutenlang schauen wir aufs Meer, als gäbe es dort irgendetwas Interessantes zu sehen. Irgendwann halte ich die Stille zwischen uns nicht mehr aus: »Kaffee?«

»Kaffee«, sagt er und folgt mir ins Haus.

Mit einer Tasse in der Hand blickt Aksel aus dem Fenster. »Meine.« Er zeigt auf die Schafe, die gerade den Weg hoch auf den Vorplatz gekommen sind. Eines schubbert sich den Rücken an der Anhängerkupplung meines Autos, was Aksel mit leichtem Kopfschütteln quittiert. »Guter Kaffee!« In seinem Gesicht kann ich den Anflug eines Lächelns erkennen. Die Schafe ziehen weiter den Hügel hinter dem Leuchtturm hinauf.

»Bin tilsynsmann«, sagt er und erklärt, dass so diejenigen genannt werden, die sich um den Leuchtturm kümmern, ohne direkt die Verantwortung zu tragen.

Er trinkt den Kaffee aus und bedeutet mir, ihm zu folgen. »Muss noch was gucken.« Wir gehen durch den Keller und dann die Treppe hinauf zu jener verschlossenen Tür, vor der Uli und ich schon bei unserem ersten Rundgang enttäuscht gestanden haben. Aksel greift nach oben über den Türrahmen, zwinkert mir zu und zieht einen Schlüssel von der Kante. »Darfst du auch.« Er schließ auf und öffnet.

Der Raum vor uns ist klein. An der Wand hängt ein großer Metallkasten mit Bildschirm. »Militärradar«, sagt Aksel und geht in einen weiteren Raum. Hier steht ein kleiner, sehr alter Dieselmotor. Kein Vergleich zum riesigen Notstromaggregat im Kelleranbau. Das muss der alte Maschinenraum sein. Unter dem Motor schimmert tiefschwarz und glänzend eine Öllache. Dahinter steigen wir über eine winzige Treppe nach oben. Aksel muss gegen die schwere Mahagonitür treten, damit sie sich ächzend öffnet. Ein Windstoß fegt mir durch die Haare. Dann bin ich endlich im Allerheiligsten des Leuchtturms angekommen. Wir stehen oben auf der Plattform der

Kanzel, die den eigentlichen Leuchtturm bildet. Rostrot hebt sie sich von dem blauen Himmel ab. Und ich habe eine atemberaubende Rundumsicht aufs Meer und die saftig bewachsenen Hänge hinterm Haus. Sprachlos staunend gehe ich einmal um die Kuppel.

Aksel hat währenddessen seine schweren Arme auf die gemauerte Brüstung gelegt und dreht mit seinen Hartholzpranken erstaunlich behäbig eine Zigarette. Als wenn er die Höhe und den Wind gebraucht hätte, um frei sprechen zu können, beginnt er nun zu erzählen. Dass es keinen Leuchtturmwärter mehr gäbe, sagt er. Und dass er, als nächster Nachbar, dafür verantwortlich sei, nach der Anlage zu sehen. Schäden würde er an Kystverket melden, dem staatlichen Besitzer aller Leuchttürme in Norwegen. Was aber selten vorkäme, weil er Kleinigkeiten auch selbst reparieren würde.

Während er spricht, blicke ich in dieses bärtige, grobe Gesicht und fühle mich seltsam unsicher. Seit gut einer Woche sind wir hier, und dies ist der erste, scheue Kontakt zu meinen Nachbarn. Hatte ich etwas anderes erwartet? Vielleicht. Sicherlich keinen großen Empfang, aber zumindest ein gewisses Interesse. Oder ein paar klingelnde Nachbarn, die freundlich Hallo sagen und den Neuankömmling begrüßen. Stattdessen gab es nur Aksels Kontrollfahrten, fast täglich, bei denen er noch nicht einmal aus seinem Wagen stieg. Haben die Menschen aus Kråkenes vielleicht gar keine Lust auf den neuen Leuchtturmwärter aus Deutschland? Ein bisschen wirkt es so auf mich. Andererseits: Ich habe mich ja auch nicht darum gekümmert, mich bei ihnen vorzustellen. Vielleicht war das schon das erste Fettnäpfchen, in dem ich mich gesuhlt habe, wer weiß.

»Morgen gibt es Wind.« Aksel zeigt aufs Meer hinaus. »Süd-Südwest, kein Problem.«

»Wie viel Windstärken … Beaufort?«

»18 Meter/Sekunde, die Beaufort-Skala benutzen wir nicht, die geht nur bis 12 Windstärken«, antwortet er und schaut weiter konsequent aufs Wasser. Fast so, als würde ein direkter Blickkontakt mit mir eine viel zu große Nähe erzeugen.

Ich lache. »Ja, aber mehr als 12 Windstärken gibt es ja auch nicht. Ich habe mal gelesen, dass es früher noch ein paar Stufen mehr gab. Das hat sich aber nicht durchgesetzt. Nur in Asien verwendet man noch die alte Skala. In Taiwan glaube ich. Aber halt nicht hier. Weil es solche Geschwindigkeiten hier nun mal nicht gibt.« Aksel grinst mich an.

»Nein? Bleibst du bis zum Herbst?«

Mein Lachen wird etwas unsicherer. »Ja. Im November werde ich zurück nach Deutschland fahren. Habe noch einen Lehrauftrag an der Uni. Im nächsten Frühjahr komme ich dann wieder hier hoch.«

»Mmhh.«

Er stopft seine Zigarettenkippe in eine alte Blechdose, geht an mir vorbei zur Tür und schaut mich auffordernd an. »Ich muss wieder los.«

So habe ich Aksel kennengelernt.

5

Hello Loneliness

Nach zwei Wochen sitzen Uli und ich wieder im Transporter, und ich bringe ihn zum Bus, der ihn nach Oslo fährt, von wo aus er die Fähre nach Deutschland nimmt. Es macht mich etwas traurig, dass er die Heimreise antritt und ich von nun an auf mich allein gestellt bin. Aber gleichzeitig bin ich voller Energie und Tatendrang. Jetzt muss es langsam mal richtig losgehen mit der Renovierung des Hauses. Die Zeit mit ihm war gut, um anzukommen. Aber sie hat sich auch ein wenig nach Urlaub angefühlt. Kein Wunder, für Uli war es ja genau das: Urlaub.

Ich winke ihm nochmal zu, voller Dankbarkeit, dass er mich auf meinen ersten Schritten begleitet hat. Dann ist er weg. Jetzt bin ich allein. Jetzt geht es richtig los. Nummer 1 auf meiner Liste: Ab sofort spreche ich nur noch Norwegisch oder mit Händen und Füßen. Kein Englisch, kein Deutsch.

Hoch motiviert stürze ich mich noch am gleichen Tag in die Arbeit am Haus. Ich fange an, die Türschlösser zu ölen und die Fensterrahmen von der zentimeterdicken Salzkruste zu befreien. Als es spät am Tag zu dämmern beginnt, setze ich mich im Wohnzimmer vors Fenster, schaue aufs Meer hinaus und hänge meinen Gedanken nach. Die zweifelnde Stimme meines Vaters höre ich an diesem Abend nur ganz leise im Hinterkopf. Überzeugender ist eine andere Stimme, die nach mir selbst klingt. Die Stimme der Zuversicht.

Die folgenden Tage sind schön, auch wenn mir Uli fehlt. Ich komme in eine Tagesroutine, räume auf, mache sauber und versuche, mich ein wenig gemütlicher einzurichten. Je länger ich hier bin und je mehr ich mich mit dem Gebäude beschäftige, desto klarer wird mir, dass das halbe Gebäude von Grund auf saniert werden müsste. Da mir dafür allerdings das Geld fehlt, beschränke ich mich auf optische Verbesserungen und schiebe von Tag zu Tag mehr potenzielle Projekte in eine unbestimmte Zukunft. Trotzdem schaffe ich einiges, werde ruhiger und zufriedener, weil ich auf meiner imaginären To-do-Liste vorankomme.

Um es nicht zu übertreiben, gönne ich mir immer wieder Auszeiten vom Renovieren. Ich ziehe mit der Kamera los und erkunde weiter die Gegend um Kråkenes. Abends lese ich, sitze einfach nur da und erfreue mich an der neuen Farbe auf den Fensterrahmen.

Meine selbst gewählte Isolation wird nur gelegentlich unterbrochen. Abgesehen von Aksel, der nun fast jeden Abend vorbeischaut, finden manchmal ein paar Touristen den Weg hier hoch zum Leuchtturm. Die restliche Zeit des Tages bin ich ganz mit mir allein, dem Meer und den alten Wänden des Leuchtturms. Manchmal frage ich mich, was sie wohl alles zu erzählen hätten, von Stürmen und Wellen und Schiffsunglücken. Aber sie sprechen nicht mit mir. Und täten sie es, würde ich ihr Norwegisch wahrscheinlich sowieso nicht verstehen.

Die anderen Dorfbewohner treffe ich das erste Mal am 23. Juni. Es ist Mittsommer, und ganz Kråkenes feiert »Sankt Hans Aften«. Eigentlich ist Mittsommer am 21.6., aber gefeiert wird am 23.6. Ein wenig aufgeregt gehe ich am frühen Abend zum Schulgebäude des Dorfes. Am Fahnenmast hat jemand die norwegische Staatsflagge gehisst, damit auch jeder der gut zwei Dutzend Einwohner weiß, dass heute ein wichtiges Fest gefeiert wird. Ich wundere mich über die ganzen Autos, die vor dem Gebäude stehen. Normalerweise wird der Wagen genutzt, wenn es nach Måløy zum Einkaufen geht. Oder wenn man etwas Großes transportieren muss. Oder wenn es aus Eimern schüttet. Aber heute ist bestes Wetter. Und trotzdem scheint wirklich jeder mit dem Auto gekommen zu sein. Im Gebäude sehe ich zum ersten Mal alle Bewohner auf einem Haufen. Da ist Aksel, der mich als Erster hier willkommen geheißen hat. Da ist Tor, der Tischler und Holzbootbauer, den ich in den vergangenen Wochen auch schon kennen- und schätzen gelernt habe. Da ist Aksels Vater Anders, der sich um das Militärradar am Leuchtturm kümmert. Und all die anderen sind auch da.

»Ah, hallo, Thomas«, sagt Tor zu mir.

»Hei.«

Ganz westnorwegisch werde ich weder vorgestellt, noch erfahre ich, was hier heute wann passiert. Aksel sagt nur kurz, dass es gleich etwas zu Essen gibt.

»Und dann geht es runter zum Hafen, wo das Feuer angezündet wird!«, ergänze ich Aksels Ablaufplan.

»Nein, heute nicht.«

Irritiert und fragend schaue ich ihn an, aber anstatt zu antworten, lässt er mich stehen und widmet sich einem anderen Nachbarn. Ich habe in den vergangenen Tagen mit eigenen Augen gesehen, wie einige Männer das Holz für das Sankt-Hans-Feuer aufgeschichtet haben. Und das soll nun ausfallen? Ich beschließe, nicht weiter nachzufragen, vielleicht hat es ja etwas mit meiner Vorstellung zu tun, und man hat irgendeine Überraschung geplant. Dazu würde auch diese unterschwellige, kaum greifbare Hektik passen, die alle hier in der

Schule ausstrahlen. Und wenn ich in den vergangenen Wochen eines über die Westnorweger gelernt habe, dann ist es die Tatsache, dass Hektik, Hetze und Stress nicht zu deren Standardrepertoire gehören.

Zum Essen wird Rømmegrøt serviert, ein Sauerrahmbrei mit Milch und Mehl gekocht, über den dann Zimt, Zucker, Rosinen und gesalzene Butter gegeben werden. Eine Kalorienbombe, aber in der Kombination aus süß und salzig wirklich lecker.

Ich habe etwa die Hälfte meines Rømmegrøt verputzt, als sich Tor erhebt und die Gespräche an den Tischen langsam verstummen. »Ich möchte euch kurz Thomas vorstellen, der sich seit ein paar Wochen um den Leuchtturm kümmert. Aber wahrscheinlich habt ihr ihn sowieso schon alle kennengelernt. Seid freundlich zu ihm, er ist nett.«

Ich erhebe mich kurz, winke in die Runde, alle klatschen und schauen mich wohlwollend und lächelnd an. Ich stelle mich noch einmal artig vor und erzähle, wie froh ich bin, hier sein zu dürfen. Zu mehr komme ich nicht, denn Tor verkündet bereits den nächsten Programmpunkt des Nachmittags. Irgendjemand möchte einen Witz erzählen. Ich setze mich also und widme mich wieder meinem Rømmegrøt.

Der Witz ist eine etwas längere, lustige Geschichte, die mit eine Knaller-Pointe endet. Zumindest lachen alle Anwesenden laut und herzlich. Ich lache zwar mit, werde mich in den nächsten Tagen aber noch einmal genau nach dem Inhalt erkundigen müssen, denn so ganz habe ich – im wahrsten Sinne des Wortes – den Witz nicht verstanden.

Dann macht sich Aufbruchsstimmung breit, und nach und nach setzen sich meine neuen Nachbarn in ihre Wagen und fahren fort. Also, es gab eine sehr kurze Begrüßung, es wird kein Feuer geben und offensichtlich wohl auch keine Überraschung für mich, den neuen Leuchtturmwärter. Ich gehe zu Aksel hinüber, der noch ein paar Sachen zusammenräumt, und hake nach. »Aksel, was ist denn hier los? Warum sind alle mit dem Auto hier, obwohl sie nur ein paar Meter zu laufen haben? Warum gibt es kein Feuer am Hafen? Und warum sind alle so hektisch?«

Aksel schaut mich an, als käme ich von einem anderen Stern. »Gleich ist das Spiel. Das wollen alle sehen.«

»Welches Spiel?«

Sein Blick wirkt noch eine Spur irritierter.

»Fußball. WM. Italien gegen Norwegen. Das erste Spiel gegen Mexiko haben wir gewonnen. Wenn wir heute wieder gewinnen, sind wir so gut wie sicher im Achtelfinale.«

Dass ich weder einen Fernseher im Leuchtturm habe, noch ein besonderes Interesse für Fußball hege, hat Aksel wohl nicht bedacht. Das Dorf sitzt heute auf jeden Fall geschlossen vor den heimischen Flimmerkisten und schaut der Nationalmannschaft beim Kicken zu. Ich gehe in meinen Leuchtturm, setze mich vors Fenster und schaue dem Meer beim Meersein zu.

Am nächsten Tag erfahre ich, dass Norwegen 0:1 verloren hat.

So wurde ich in die Dorfgemeinschaft eingeführt.

Etwa zwei Wochen nachdem Uli zurück nach Deutschland gefahren ist, spüre ich ganz langsam eine Veränderung in mir. Meine Arbeitsroutine bröckelt zunehmend weg, und mir fällt es mit jedem Tag schwerer, mich zu irgendwelchen Arbeiten am Leuchtturm aufzuraffen. Hallo, Einsamkeit! Wenn man den ganzen Tag allein ist, sich vor niemandem rechtfertigen muss und keiner da ist, der das absolvierte Arbeitspensum kontrolliert und abnimmt, dann braucht es eine eiserne Selbstdisziplin.

Irgendwie war mir schon in Deutschland klar, dass es früher oder später zu solch einem Einsamkeits- oder Lagerkoller kommen würde, ich habe ja nicht umsonst Psychologie studiert und weiß, wie fragil wir Menschen reagieren, wenn wir unsere sozialen Kontakte verlieren. Aber dass dies so schnell passieren würde, überrascht mich dann doch. Und so sitze ich morgens immer länger in der Küche und fühle mich komplett kraftlos. Wie Kaugummi ziehen sich die Tage, und wie Kaugummi fühle ich mich auch. Zäh, träge und ohne irgendeine Körperspannung. Wenn ich dann doch mal anfange, um mit der Renovierung weiterzukommen, habe ich eine extrem kurze Lunte. Funktioniert etwas nicht gleich so, wie ich es mir vorstelle, bekomme ich richtige Wutanfälle, renne tobend durchs Haus und habe noch weniger Lust aufs Renovieren. Dazu kommen die echten, realen Probleme, die ich dringend lösen müsste: Ich habe weiterhin keinen Wasseranschluss. Und auch ein funktionierendes Telefon gibt es noch nicht.

Der Tiefpunkt kommt etwa eine Woche später. Grundsätzliche Zweifel plagen mich. Seit dem Tag, an dem ich in dieser Küche stand, den Vertrag zur Unterschrift in der Hand, habe ich sie nicht mehr so laut gehört.

»Na, das war ja wieder einmal eine verrückte Idee von dir, du Murkser«, schreit es in meinem Inneren.

»Und nach so kurzer Zeit gibst du schon wieder auf.«

»So wird es nichts mit deiner Selbstständigkeit, Putzi.«

»Putzi«, so nannte mich meine Familie früher. Ich war der naive Träumer, der in seiner eigenen Welt lebte, liebenswert, aber nicht allein lebensfähig.

Und »Murkser« hatte mein Vater mich oft genannt. Handwerklich wollte ich immer verstehen, wie die Dinge funktionieren, und habe alles auseinander gebaut. Einiges ging dabei kaputt – ein Murkser eben.

Mein verletztes inneres Kind ist gerade der Kapitän in mir. Und dieser verunsicherte Bursche verstärkt jeden Zweifel. Ich kann gar nicht anders, als apathisch in der Küche zu sitzen und darauf zu hoffen, dass doch endlich wer kommen möge, um mir zu zeigen, wie das alles geht: einen Leuchtturm zu renovieren oder sich um Wasser und Strom zu kümmern. Einfach, wie ein verantwortungsbewusster Erwachsener zu leben. Obwohl ich auf einem Leuchtturm sitze, fehlt mir komplett die Orientierung.

Paradox.

Ich dachte, ich hätte den kleinen Jungen davon überzeugen können, dass seine Befürchtungen und seine Glaubenssätze einfach nicht der Realität entsprechen, sondern Relikte aus einer fernen Vergangenheit sind. Aber wenn man den ganzen Tag nicht spricht, hört man die Tumulte im Inneren viel deutlicher.

Es ist einfach total schwer, dass ich nichts mit jemandem teilen kann. Weder die Freude noch die Unsicherheit, weder die Zweifel noch die wundervollen Abende am Meer – und von all dem gibt es hier viel. Es ist also, als lebte ich in einem leeren Raum. Ohne Resonanz oder Widerhall. Alles, was ich tue, denke, fühle, fällt auf mich selbst zurück, denn sonst ist da ja niemand.

»Thomas, du musst was ändern«, sage ich eines Morgens zu mir. »Du hast Psychologie studiert, kannst dich analysieren und hast Werkzeuge, um dich aus diesem Loch zu holen. Also los jetzt.«

Als Erstes ändere ich meinen Tagesablauf und spreche mich sozusagen von der Pflicht los, etwas am Haus tun zu müssen.

Das klingt banal, nimmt aber schlagartig etwas Druck aus dem Kessel und mir das schlechte Gewissen, wenn ich nichts am Haus mache. Ich meditiere viel und versuche einen Weg zu finden, der mich zurück in den Alltag führt. Das Meer wird dabei zur weißen Leinwand, auf die ich meine Situation werfen kann. Ich sehe die laufende Veränderung, was mir Hoffnung gibt, dass auch ich nicht auf ewig in meinem Loch feststecken werde. Ich sehe Wellentäler und wie das Wasser darüber bricht. Ich sehe das Leben, das dort stattfindet. Und wie sich Fische, Vögel, Pflanzen an diesen Lebensraum angepasst haben. Sie schwingen mit ihm und werden selbst ein Teil des Meeres. Ich versuche alle Eindrücke ganz bewusst aufzunehmen, schaue mir Details an, halte meine Aufmerksamkeit immer etwas länger als üblich bei einem Bild. Ganz im Hier und Jetzt zu sein, ohne Konflikte, die in der Vergangenheit passierten, und ohne Grübeleien über Probleme, die die Zukunft bringen könnte.

Ich erinnere mich an einen meiner Professoren an der Uni, der sich öfters auf den Polfahrer und Nobelpreisträger Fridtjof Nansen bezog. Eine wirklich tiefgreifende Persönlichkeitsentwicklung könne nur in der Einsamkeit stattfinden, sagte er. Nur in der Einsamkeit würden wir auf uns selbst zurückgeworfen. Nur in der Einsamkeit gäbe es keine Ausreden, kein Ausweichen, keine Entschuldigungen. Alles kehre zu seinem Ursprung zurück. Mir kommen gleich mehrere Reiseberichte von Entdeckern und Solobergsteigern in den Sinn, die ich als Jugendlicher und auch noch während meiner Zeit an der Seefahrtschule nahezu verschlungen habe. Auch diese Abenteurer haben immer wieder von diesem mächtigen Sog der Einsamkeit berichtet. Entweder wirst du verrückt, oder du findest zu dir selbst und wächst an dieser Erfahrung.

Ganz bewusst treffe ich eines Abends die Entscheidung. Ich werde garantiert nicht verrückt werden. Ich. Will. Wachsen. Werde das alles durchstehen und nicht mehr vor mir selbst und meinen Ängsten davonlaufen. Niemand wird mir hier meine Probleme abnehmen, sie werden sich auch nicht wie von Geisterhand auflösen. Entweder bin ich es, der sie anpackt, oder sie werden mich weiter, wie ein kleines Steinchen im Schuh, täglich spüren lassen, dass etwas nicht in Ordnung ist. Hand drauf!

Nach meiner fast schon feierlichen Entscheidung gehe ich noch einmal zum Meer. Ziemlich ruhig liegt es im letzten Sonnenlicht des Tages vor mir, und zum ersten Mal seit Wochen spüre ich diese Ruhe auch in mir. Irgendwie ist es verrückt: Fast zwei Wochen lang war ich völlig apathisch und konnte mich zu nichts aufraffen, während es in mir stürmte und tobte, als würde die Welt untergehen. Jetzt, da ich mich ganz für mich entschieden habe, wird es angenehm still in mir. Am fast schon lilafarbenen Himmel kann ich in der Ferne einen Adler erkennen. Ich frage mich, ob es wohl derselbe ist, der mir vor ein paar Monaten bei der Unterschrift geholfen hat. Schließlich treten die Könige der Lüfte ja nicht in solchen Scharen auf wie Möwen, die ich rund um die Uhr sehen oder hören kann. Mir gefällt der Gedanke, dass es derselbe Adler war. Und ich deute sein Erscheinen als ein gutes Zeichen.

Die Ruhe bringt in den folgenden Tagen eine deutliche Veränderung. Es fühlt sich an, als würde ich mich ganz langsam aufrichten, wieder gerader stehen und die Last von meinen Schultern abwerfen. Und dann kommt auch das Glücksgefühl wieder zurück, unbändig, strotzend und grundlos – einfach so als Lebensgefühl. Der kleine verunsicherte Junge ist zwar noch da, aber er hat zufrieden einen Platz auf der Zuschauertribüne eingenommen. Der erwachsene Mann hat das Steuer übernommen. »Das bin ich. Und ich brauche die Rückmeldung von außen nicht länger, finde sie in mir selbst. Ich brauche auch das Teilen mit anderen nicht mehr, sondern teile mit mir selbst.« So schreibe ich es pathetisch in mein Tagebuch und muss über solch schwülstigen Gefühlsausbruch selbst ein wenig schmunzeln.

Und doch ist es so, dass ich spüre, wie ich erwachsen werde. Und das fühlt sich gut an.

Gleichzeitig bemerke ich, dass auch der Stadtmensch in mir langsam verschwindet. Der, der in den Gelben Seiten blättert, wenn er etwas nicht hinbekommt und sich Hilfe kauft. Und der, der unsicher ist, ob er dieses oder jenes darf, und deshalb nichts tut, um nichts falsch zu machen.

Hier draußen muss ich alles selbst entscheiden, und ich muss es machen. Keine Hilfe, aber auch keine Ankläger. Eine ganz neue Dimension des autonomen Handelns zeigt sich mir.

Am nächsten Morgen stehe ich früh auf und lege richtig los. Ich spüre Freude in mir, die Arbeit geht mir sogar leicht von der Hand. Und wie es oft so ist: Wenn man einmal etwas mit guter Stimmung angefangen hat, dann fügt sich nach und nach auch anderes, und in Sachen, die lange stillstanden, kommt auf einmal wieder Bewegung. Klar, psychologisch hat es zum einen mit der veränderten Wahrnehmung oder Einstellung den Dingen gegenüber zu tun. Zum anderen ist es aber auch eine andere Energie, mit der man Probleme angeht. Kommt beides zusammen, hat man einen Lauf.

Und so greift mir, wie aus dem Nichts, der Wirtschaftsbeauftragte der Gemeinde unter die Arme und vermittelt mir einen Kontakt zu einer Installationsfirma, die sich jetzt um das Pumpensystem, die Rohre und den Drucktank für die Wasserversorgung kümmert. Ich kenne Eystein, so der Name des Gemeindevertreters, schon länger. Durch ihn bin ich ja erst darauf aufmerksam gemacht worden, dass dieser Leuchtturm zu verpachten war. Mit ihm habe ich die Pachtverträge abgewickelt, und irgendwie ist er zu meinem Vertrauten geworden. Ein Ansprechpartner hier in der Fremde. Und ich glaube, er mag mich auch ein wenig.

Die Klempner veranstalten ein ganz schönes Gewusel im Haus. Überall dröhnt, hämmert und bohrt es. Dazu die Verständigungsprobleme. Obwohl mein Norwegisch immer besser wird, verstehe ich nicht alles, was mir die Handwerker zu erklären versuchen. Trotzdem frage ich mutig nach, schaue ihnen über die Schultern und lerne gar einiges über die Wasserinstallation im Haus. Wie Aksel will ich mittelfristig möglichst viel im Haus selbst reparieren können. Als wäre das noch nicht genug Trubel, arbeiten auch noch einige Techniker von Telenor, der norwegischen Telefongesellschaft, mit Hochdruck an meiner Leitung und schließen mich ans Netz an. Ich habe wieder den Anschluss gefunden. Noch am Abend rufe ich meine Familie in Deutschland an, sage, dass alles gut ist. Und meine Eltern kündigen sich für einen Besuch in ein paar Wochen an. »Nur für ein paar Tage«, sagt meine Mutter am Telefon. »Dann fahren wir mit dem Wohnmobil weiter.« Immerhin etwas. Auch wenn ich mich mit der Einsamkeit arrangiert habe, ist es ein wunderbares Gefühl, endlich telefonieren zu können. Und die Aussicht auf Familienbesuch hebt meine Stimmung zusätzlich.

Trotz meines neu gewonnenen Elans und der wachsenden Zuversicht passiert auch weiterhin die eine oder andere kleine Katastrophe bei der Renovierung. Oder ich gerate in Situationen, die mich kopfschüttelnd zurücklassen.

Als ich eines Morgens in der Eingangstür stehe, um Luft zu schnappen, kommt eine Gruppe von fünf oder sechs Einheimischen vorbei. Der »Leithammel« – so wirkt er zumindest auf mich – fragt mich etwas. Ich versuche ihm zu vermitteln, dass ich ihn nicht so recht verstehe, er spricht extremen Dialekt. Er lacht, schaut zu den anderen und sagt »Tourist«. Dann schiebt er mich zur Seite und geht ins Haus. Ich gehe hinter der Gruppe her, stoppe sie und sage laut »privat«. Sie bleiben stehen, schauen mich verwundert an, verlassen dann aber tatsächlich das Haus wieder.

Es ist der erste von vielen kleinen Übergriffen, die ich in den nächsten Jahren erleben werde. Viele Einheimische haben eine eigene Art von Territorialverhalten, das sie oft zeigen, um Machtanspruch und Autonomie zu demonstrieren.

Tage später treffe ich in Måløy den Leithammel wieder. Er ist der örtliche »Parksheriff« und kontrolliert die Parkscheine der Autos. Als sich unsere Blicke treffen, nicke ich ihm souverän und freundlich zu, was ihn sichtlich verunsichert. Erwachsen sein kann wirklich Spaß machen, denke ich.

Gleichzeitig ist es genau dieser lockere Umgang mit der Privatsphäre und mit Grundstücksgrenzen, durch den ich nach und nach meine Nachbarn kennenlerne. Ich merke schnell, dass beispielsweise die Plattform rund um den Leuchtturm als ein öffentlicher Ort genutzt wird. Hier kommen die Leute aus der Nachbarschaft hin und schauen aufs Meer. Sie klopfen nicht an die Tür, sie würden auch niemals einfach so das Haus betreten. Aber sie stellen sich an die Betonbrüstung und genießen die Aussicht. Und warten.

Wenn ich also Kontakt haben möchte, muss ich Initiative zeigen, raus zu meinem Besucher, mich dazustellen und ganz wichtig: jeden Augenkontakt vermeiden. Hier, am westlichsten

Ende der norwegischen Welt, entsteht Nähe nicht dadurch, dass man sich anschaut. Hier entsteht Nähe dadurch, dass man gemeinsam das Meer bestaunt. Und nachdem man dann ein paar Augenblicke schweigend auf das blaugraue Nordmeer geschaut hat, folgt fast immer ein ähnlicher Wortwechsel. »Ja da.«

»Ja da, ja da.«

»Schöner Tag heute.«

»Ja, ein schöner Tag.«

»Kaum Wind da draußen.«

»Ganz ruhige See.«

»Haste Wetter gehört für die nächsten Tage?«

Dann kommt meine lokale Vorhersage. Ich habe schnell gemerkt, dass meine Nachbarn lieber auf die Infos des Leuchtturmwärters setzen als auf das, was in Radio und Fernsehen so gesagt wird. Was auch Sinn macht, denn ich habe durch die Wetterstation des Turms und die Infos von Kystverket jede Menge Daten zur Verfügung.

So skurril dieses Ritual auch sein mag, es hat gleich einen doppelten Nutzen für mich. Nach und nach lerne ich die Bewohner der Nachbarhäuser und auch der nächsten Stadt Måløy besser kennen. Gleich mehrere Dorfbewohner heißen übrigens genauso wie der Ort: Kråkenes. »Anders Kråkenes, wohnhaft in Kråkenes.« Klingt irgendwie ungewohnt und komisch, aber wenn man ein paar Kilometer hinterm Ende der Welt wohnt, braucht es vielleicht gar nicht mehr Informationen.

Zusätzlich ist die Fragerei nach dem Wetter ein sinnvoller Aufhänger, um meine Sprachkenntnisse zu verbessern. Ich arbeite mich also in die Wetterstation ein, lerne die Fachbegriffe und ihre Übersetzung und kann innerhalb kürzester Zeit eine relativ verständliche Prognose abgeben. Selbst die eine oder andere zusätzliche Frage kann ich schon bald ziemlich sicher beantworten. Mein seemännische Ausbildung ist auch hier wieder mal eine große Hilfe. Das fühlt sich gut an.

Ende Juli ist es dann so weit. Ich räume gerade das gespülte Geschirr in die Schränke, als ich durchs Fenster den zum Wohnmobil umgebauten Transporter meiner Eltern über die geschotterten Serpentinen fahren sehe. Sosehr ich mich darauf freue, die beiden nach gut zwei Monaten erstmals wiederzusehen, so sehr verspüre ich auch eine gewisse Anspannung. Der kleine Junge in mir muss jetzt sein Zeugnis vorzeigen und sich dem strengen Urteil des Vaters stellen. Und dieses Urteil ist dem Kleinen wichtig. Er will Lob. Er will die Anerkennung seines Vaters.

Ich bleibe noch einen Moment hinterm Fenster stehen, beobachte, wie der Transporter die letzten Kurven nimmt und schließlich auf dem Vorplatz des Leuchtturms hält. Aus dem alten Ford Transit steigt als Erstes mein Vater aus. Der Professor für Tiermedizin. Weißbärtige Instanz. Jede Zelle, jede Geste, alles an ihm signalisiert: Akademiker. Gebildet. Eine Autorität, die stets eine gewisse Unantastbarkeit ausstrahlt. Selbst wenn er, so wie jetzt, in beigefarbener Funktionsjacke vor einem Leuchtturm am Ende der zivilisierten Welt steht.

Hinter ihm kommt meine Mutter ums Wohnmobil gelaufen. Alles an ihr strahlt Wärme aus, Nähe und Zuwendung. Sie ist Bildhauerin und Töpferin, der künstlerische Kopf in dieser Ehe. Sie bildet einen natürlichen Gegenpol zu meinem Vater, der sich für Ergebnisse, Leistungen, Daten und Fakten interessiert. Sieht Schönheit und Ästhetik, Gefühl und Energie. So sorgt sie für ein stabiles Gleichgewicht in ihrer Beziehung.

Zwischen den beiden flitzt aufgeregt Hexe, die rotblonde Hütehündin meiner Eltern, über den Vorplatz und inspiziert mit ihrer Nase das unbekannte Terrain.

Ich freue mich, dass die beiden jetzt endlich hier sind. Und gleichzeitig ist da noch etwas anderes in mir, das ich gar nicht so ganz greifen kann. Schnell gehe ich zu Tür und rufe »Hallo« über den Hof. Abwechselnd umarme ich die beiden, und in diesen paar Sekunden wird mir bewusst, wie sehr ich sie vermisst habe.

»Wow«, sagt meine Mutter. »Das ist also dein Leuchtturm.«

»Ganz schön weit draußen«, sagt Vater. »Das ist ja fast am Ende der Welt.«

»Eigentlich ist es sogar schon hinterm Ende der Welt«, sage ich, während ich versuche, die vor Wiedersehensfreude wild umhertollende Hexe mit einigen Streicheleinheiten zu beruhigen. »Ja. Das ist das Prachtstück. Kommt rein in die gute Stube.«

Während ich mit meiner Mutter ins Haus gehe, kramt mein Vater einen großen Karton aus dem Heck des Transporters.

In der Küche geht meine Mutter als Erstes zum Fenster und bewundert die Aussicht. Vater wuchtet den Karton auf den Küchentisch. »Hier, Junge, pack erst mal aus. Deine Bestellung, wie gewünscht.«

»Jetzt setzt euch erstmal hin und kommt an. Seid ihr gut durchgekommen?«

»Alles bestens. Allzu viel Verkehr gibt es hier ja nicht, der die Straßen verstopfen könnte.«

»Wollt ihr einen Kaffee?«

»Gerne«, sagt Mutter und mustert mich einmal auffällig von oben bis unten. »Du hast ganz schön abgenommen, kann das sein?« Ich winke ab, obwohl ich weiß, dass sie recht hat. Die viele Arbeit hier draußen und der Mangel an Versuchungen in Form von Schnellrestaurants, Pizzerien und Döner-Buden haben mich ein paar Kilo gekostet.

»Also hast du inzwischen fließendes Wasser? Dann ja. Zur Quelle musst du für uns allerdings nicht laufen«, sagt Vater.

Während die Kaffeemaschine läuft, durchstöbere ich den Karton auf dem Küchentisch und werde von einer wohlig warmen Welle durchflutet. Ich sehe mehrere Nutella-Gläser, eine Flasche meines Lieblingswhiskeys und jede Menge Leckereien, die mich an zu Hause erinnern. Bis über beide Ohren grinsend schraube ich ein Glas mit Nuss-Nougat-Creme auf, steche mit dem Zeigefinger ein Loch in die goldene Schutzfolie, entferne hastig die Folienfetzen und grabe mit dem Finger eine große Furche in die glatte Oberfläche der Süßigkeit. »Oh, das habe ich vermisst. Ich glaub, ich bin im Himmel.«

»Wenn du wieder zurück auf der Erde bist, können wir gleich noch mal zum Wagen. Wir haben auch noch eine Kiste Bier für dich.«

Ich grinse immer noch. Natürlich gibt es im Supermarkt in Måløy auch Schokocreme, aber diese hier ist: mitgebracht. Und sie wird dadurch irgendwie besonders. Über Bier und Whiskey freue ich mich einfach, weil Alkohol hier mit unglaublich hohen Steuern versehen ist und das Feierabendbierchen nach einem anstrengenden Tag dadurch zu einem Luxus wird, den ich mir nicht jeden Tag gönnen kann oder will. Ganz zu schweigen vom Whiskey. Der kostet etwa das Drei- bis Vierfache im Vergleich zu Deutschland. Und im Supermarkt gibt es ihn sowieso nicht. Getränke mit mehr als 4,7 Prozent Alkohol gibt es ausschließlich in den staatlichen Vinmonopolet-Märkten. Die haben nur zu bestimmten Tageszeiten geöffnet und versuchen mit strengen Ausweiskontrollen zu verhindern, dass Jugendliche Alkohol kaufen.

»Das Bier holen wir später. Jetzt gibt es erst einmal Kaffee und Kuchen.«

Am Tisch kramt meine Mutter in ihrer Handtasche herum. »Warte mal, ich habe da noch etwas für dich. Wo habe ich es … ah, hier.« Sie legt ein Stück Holz auf den Tisch. Flach und oval erinnert es ein wenig an einen Schiffsrumpf. »Das habe ich in Hamburg gesehen und sofort gedacht, dass du daran Freude haben könntest.« Ich nehme das Holz, wende und betrachte es, schaue dann ratlos zu meiner Mutter.

»Leg es mal auf den Tisch und dreh es dann wie einen Kreisel.« Mein Vater verdreht die Augen. Mit einer schnellen Bewegung versetze ich das Schiffchen in Rotation. Es wirbelt über den Tisch, dreht sich und dreht sich und verringert nur ganz langsam seine Geschwindigkeit. Es dauert erstaunlich lange, bis es schließlich, leicht zitternd, anhält. Fragend schaue ich zu meiner Mutter. »Und? Ein Kreisel halt.«

»Jetzt drehe es mal in die andere Richtung.«

Noch einmal nehme ich das Holz und lasse es diesmal entgegen dem Uhrzeigersinn über den Tisch kreiseln. Es dreht sich deutlich schwerfälliger, bleibt schnell stehen und dreht sich dann kurz in die andere Richtung weiter. Ich staune. Meine Mutter lacht, weil sie anscheinend genau diese Reaktion erwartet hat. Sofort mache ich einen zweiten Versuch. Wieder bleibt das Kreiselschiffchen nach kurzer Zeit stehen und ändert die Drehrichtung. »Das ist ein keltisches Wackelholz«, klärt mich Mutter auf. »Durch seinen Schwerpunkt hat es eine bevorzugte Drehrichtung«, ergänzt mein Vater. »Wenn du es entgegen dieser Richtung drehst, ist es träge und ändert schließlich die Richtung.«

»Das ist ja klasse«, sage ich ehrlich begeistert. »Aber wofür braucht man so was? Was macht man damit?«

»Nichts«, sagt Mutter. »Das ist einfach da.«

Ein drittes Mal lasse ich das Holz kreiseln. Typisch Mutter, sie überrascht mich immer mal wieder mit solchen Sachen, die man nicht wirklich braucht und die nicht praktisch sind. Die einem stattdessen einfach eine Freude machen. Ganz sinnfrei. Und ich liebe ihre Überraschungen.

Nach dem Kaffee führe ich die beiden durchs Gebäude. Meine Mutter ist ganz angetan. Vor nahezu jedem Fenster bleibt sie stehen und schaut lange nach draußen, mal aufs Meer, mal auf die Hügel. Obwohl die beiden, seit ich denken kann, nach Norwegen fahren und ich den Großteil meiner Kindheitssommer gemeinsam mit ihnen und meiner Schwester in diesem Land verbracht habe, waren sie noch nie so weit im Westen. Wie habe ich diese Urlaube geliebt! Wir fuhren mit dem Kajak, bestiegen Berge und waren immer in der Natur. Mein Vater gab den Bergführer, erklärte uns Kindern die Tiere, die wir sahen, und die Landschaft, durch die wir uns bewegten. Und meine Mutter sang Lieder, und manchmal, wenn wir eine Pause machten, skizzierte sie mit ein paar Bleistiftstrichen die Umgebung in einen schwarzen DIN-A4-Block, von denen sie immer gleich mehrere mit auf Reisen nahm. In diesen Sommern war immer alles gut.

»Das ist traumhaft schön«, sagt Mutter. Und dann: »Ganz anders, als wir es kennen. Man könnte meinen, wir wären in Irland.« Innerlich wachse ich gerade um mindestens einen halben Meter. Dabei kann ich ja nichts für die Landschaft. Ist nicht mein Verdienst, ist einfach da. Und trotzdem macht mich der Kommentar meiner Mutter stolz. So richtig erklären kann ich es mir nicht. Aber ich denke, es hat wirklich etwas damit zu tun, dass meine Eltern diesen Fleck Norwegens noch nicht bereist haben. Das ist mein Fleckchen Norwegen. Ich habe es entdeckt. Und ich kann ihnen jetzt alles zeigen.

Doch mit jedem neuen Raum, durch den wir gehen, mit jeder Erklärung, was ich noch alles renovieren werde, habe ich das Gefühl, eine wachsende Skepsis in ihren Blicken zu sehen. »Da hast du dir wirklich was vorgenommen«, sagt mein Vater. »Glaubst du wirklich, dass du das alles hinbekommst? Du bist kein gelernter Handwerker. Woher weißt du denn, ob das, was du hier machst, auch richtig ist?«

»Ich weiß es nicht«, sage ich ehrlich. »Manches fange ich an, merke, dass es so nicht funktioniert, und muss es dann nochmal machen. Und wenn ich gar nicht weiterweiß, frage ich Aksel oder Tor. Einer von den beiden hat immer eine Antwort. Wer hier draußen aufgewachsen ist, der kann sich in den meisten Fällen selbst helfen. Oder er fragt halt einen der Nachbarn. Anders geht es hier gar nicht. Wo sollen die Handwerker denn herkommen? Hier gibt es ja niemanden.«

»Das ist doch klasse. Da lernst du ganz viel fürs Leben«, wirft meine Mutter diplomatisch ein. »Wäre ich in deinem Alter, könnte ich mir das auch vorstellen. Und solange du hier glücklich bist und über die Runden kommst, finde ich es super.«

»Bleibt es denn dabei, dass du den Winter über wieder nach Hamburg kommst?«, fragt mein Vater. Eine harmlose Frage, die mir trotzdem einen kleinen Stich versetzt, weil er an meiner ursprünglichen Aussage zweifelt. Mein Vater ist der Meister solcher Stiche. Und das Kuriose an unserer Beziehung ist, dass er überhaupt nicht bemerkt, wenn mich eine seiner Fragen verletzt und mich zweifeln lässt, ob ich wirklich seinen Ansprüchen genüge. Für mich ist er immer der übergroße Vater, dem ich etwas beweisen muss. Und manchmal frage ich mich, wo dieses Gefühl eigentlich herkommt. Ich hatte eine wundervolle Kindheit und Jugend, bin sehr frei und liberal erzogen worden. Die ganzen Ideen der Studentenbewegung sogen meine Eltern auf, auch wenn sie sich nicht direkt engagierten. Und die eine oder andere Idee floss dann in meine Erziehung ein. Dass ich jetzt hier lebe und ein gewisses Grundvertrauen habe, dass alles gut werden wird, das habe ich ihnen zu verdanken.

»Ja, der Winter in Hamburg ist fest geplant«, bestätige ich. »Da kann ich dann wieder ein bisschen Geld verdienen, um im nächsten Jahr weiter renovieren zu können.«

»Ist denn noch wirklich so viel zu machen?«, fragt Mutter. »Kommst du denn mit dem Geld hin? Nicht, dass du dich übernimmst.«

»Ja, das passt. Macht euch keine Sorgen. Ich mache eines nach dem anderen. Immer genau so viel, wie Kraft, Zeit und Geldbeutel es zulassen.«

»Das ist genau die richtige Einstellung«, sagt meine Mutter. Vater schweigt.

Insgesamt bleiben meine Eltern drei Tage bei mir am Leuchtturm. Obwohl ich ihnen ein Zimmer im Haus anbiete, ziehen sie es vor, in ihrem Wohnmobil zu schlafen. Tagsüber zeige ich ihnen stolz die Umgebung. Wir klettern auf die Klippen hinterm Haus, können uns am Fjord kaum sattsehen und bestaunen das Nordmeer, das nun die tiefen Furchen füllt, die das Gletschereis im Laufe der Jahrtausende ins Land gefressen hat. Bei unseren Touren habe ich meine Kamera dabei, auch ein Stativ, und mehr als einmal baue ich es auf, um ein Foto zu machen. Insbesondere in der Dämmerung liebe ich die Art, wie sich das schwächer werdende Licht auf das Meer legt.

»Wartet mal eben. Die Wellen sehen in diesem Licht super aus. Ich muss das fotografieren.« Während meine Mutter sich auf einen Felsen setzt, den Rucksack ablegt und beseelt auf das Meer blickt, bleibt mein Vater neben mir stehen. Der Rucksack bleibt auf seinem Rücken. Er beobachtet genau, was ich mache. Und ich habe eine Ahnung, was gleich folgen wird. »Was willst du denn genau festhalten?«

»Siehst du, wie sich an den Felsen dort das Wasser bricht?« Ich zeige auf eine Felsformation, die aus dem Flachwasser emporragt, doch mein Vater schaut gar nicht hin, fixiert etwas anderes und beginnt sofort zu fachsimpeln. Kenne ich bereits. Ist immer das Gleiche. »Ich verstehe nicht, warum du bei deinen Fotos immer so übertreibst und mit Belichtung, Perspektive und Ausschnitten rumspielst. Das ist doch nicht mehr die Wirklichkeit, die du abbildest. Das ist der Versuch, Kunst zu machen.«

»Ich bilde meine Wirklichkeit ab. Mehr kann ein Foto sowieso nicht. Die Wirklichkeit hat ein paar Dimensionen mehr als ein zweidimensionales Bild.«

»Aber du verfälschst es ja noch zusätzlich.«

»Eben nicht. Ich versuche, so gut es geht, das festzuhalten, was ich in dem Moment sehe und fühle.«

Er lässt meinen letzten Satz unkommentiert. Steht einfach neben mir, signalisierend, dass er so schnell wie möglich weiterwill. Ich baue in aller Ruhe Stativ und Kamera auf, schaue mir den Felsen genau an, nehme verschiedene Einstellungen vor, drücke den Auslöser, ändere die Position des Stativs, drücke erneut ab, spiele mit Brennweite und Belichtungszeit, drücke erneut den Auslöser und spüre förmlich, wie die Unruhe meines Vaters mit jedem Bild steigt.

Abends sitzen wir am Haus und genießen die Sonnenuntergänge. Oder besser gesagt: Meine Eltern genießen die Sonnenuntergänge. Und ich genieße es, wie sie genießen. Wenn die Gespräche abebben und wir schweigend von der Dämmerung eingehüllt werden, spüre ich die wohltuende Nähe zwischen uns. Keine Fragen, keine Skepsis, einfach nur Eltern und ihr Sohn am Rande der Welt.

Ich bemerke aber auch, dass mein Vater zunehmend unruhiger wird. Ganz so, als hätte er seine Besuchspflicht erfüllt, alle notwendigen Infos ausgetauscht, ausreichend Haus und Umgebung begutachtet und müsse jetzt schnell weiter. Das enttäuscht den kleinen Jungen in mir, der seine neue Heimat stolz den Besuchern zeigen möchte. Aber sie vermitteln ihm das Gefühl, lieber schnell weiterfahren zu wollen. Besuchspflicht erfüllt, ab ins Wohnmobil und dann, dann kann der Jahresurlaub endlich so richtig beginnen. Ich glaube inzwischen, dass er ein wenig neidisch auf mich ist. Ich lebe das Leben, das er als rationaler, linear denkender Mensch nicht leben konnte oder kann. Die Sicherheit, die er benötigt, um sich gut zu fühlen, hat solche Abenteuer nie zugelassen. Und ich denke, das wurmt ihn innerlich.

Als die beiden zwei Tage später vom Hof rollen, bleibe ich noch lang vor dem Haus stehen und schaue dem roten Transporter nach, wie er sich über die enge Schotterpiste schiebt. Ich atme tief ein. Ich atme tief aus. Es war gut, dass die beiden hier waren. Und irgendwie ist es auch gut, dass sie jetzt wieder weg sind. Da habe ich jahrelang Psychologie studiert, aber wenn es um die eigenen Eltern geht, dann hilft das ganze Wissen auch nicht weiter. »Grau, teurer Freund, ist alle Theorie. Und grün des Lebens goldner Baum«, zitiere ich inbrünstig Goethe, laufe zum Haus und schaue ein paar Stunden aufs Meer. Dann geht es wieder.

6

Erntezeit

Im Spätsommer werden die Tage kürzer, und oben in den Bergen kündigt das gelb-rot leuchtende Blattwerk in den Baumkronen bereits den Herbst an. Die Erntezeit beginnt, und schon bald, Anfang November, werde ich für einige Monate zurück nach Deutschland fahren. Ich freue mich auf meine Familie und Freunde, auf mein kleines Zimmer in unserer WG, das ich noch nicht aufgegeben habe. Und gleichzeitig würde ich am liebsten hierbleiben. Allein der Gedanke an all den Lärm und die Hektik in Hamburg macht mich traurig, und so schwanke ich täglich zwischen Vorfreude und Widerwillen. An den Abenden sitze ich oft vor dem großen Fenster im Wohnzimmer, schaue aufs Meer und ziehe kleine Zwischenbilanzen. Die offene See hört geduldig zu. Wellen, Gischt und Brandung sind Spielflächen, auf denen ich assoziieren kann und die mir zuverlässig passende Bilder schenken, die ich als Metaphern für meine Fortschritte und Schwierigkeiten lese. Das Meer hat immer eine Antwort. Sogar auf Fragen, die noch gar nicht gestellt sind.

Sehr zufrieden bin ich mit meinen täglich wachsenden Sprachkenntnissen, die ich mir auf die harte Tour erarbeitet habe. Irgendwann hörte ich einfach auf, mich mit Englisch durchzumogeln, und benutzte konsequent nur noch die wenigen Brocken Norwegisch, die ich seit meiner Kindheit in den vielen Urlauben hier gesammelt hatte. Das waren sehr anstrengende Wochen im Sommer, doch schon bald merkte ich, wie mein Wortschatz von Tag zu Tag größer wurde. Spätestens ab August konnte ich mich im Alltag einigermaßen ausdrücken. Nicht unbedingt perfekt, aber ich konnte mich verständigen. Insbesondere mit manchen Feinheiten der Aussprache hat meine Zunge so ihre Probleme. Aber immerhin führen diese kleinen Fehler zu vielen lachenden Gesichtern in Kråkenes. Spricht man beispielsweise den norwegischen Begriff für »Starkwind« nur ein wenig anders aus, als man sollte, wird aus dem Starkwind ein »steifes Hähnchen«. Und der irritierte Blick des Gegenübers ist einem sicher.

Nicht ganz so zufrieden bin ich mit meiner Integration in die dörfliche Gesellschaft. Ich habe zwar seit Juni meine Nachbarn nach und nach kennengelernt, aber ich tue mich mit so mancher kultureller Eigenart schwer. Die Männer hier im Westland legen sich selten und ungern fest. Es ist fast unmöglich, sich mit ihnen zu einem bestimmten Zeitpunkt zu verabreden. Das erscheint anfangs und auf dem Papier erst einmal sehr locker, lebensfroh und entspannt, aber es macht meinen Alltag weniger planbar und nervt mich immer mal wieder ganz gehörig. »Hei, wann kommst du morgen zu mir?«, fragte ich neulich einen Nachbarn.

»Morgen.«

»Wann genau?«

»Am Nachmittag.«

Ich seufzte und schaute ihn fragend an. »Kannst du es mir etwas genauer sagen?«

»Ja. Am Nachmittag.«

»14.00 Uhr? 15.00 Uhr? 16.00 Uhr?«

Sein Blick änderte sich schlagartig. Er windet sich zusehends, es scheint ihm fast körperlich unangenehm zu sein, sich so festlegen zu müssen. »Das sehen wir dann«, die Standardantwort, wenn das Sichfestlegen vermieden werden soll. Aber ich lasse nicht locker, will eine Antwort.

»Du bist Nazi.«

Uff. Das hatte gesessen. Ich zuckte innerlich zusammen, schließlich gehöre ich zu jener Generation, die ab den späten 1960er-Jahren von ihren Eltern und Großeltern Erklärungen einforderte, wie es zu der Katastrophe des Dritten Reichs kommen konnte. Seit der Grundschule lernte ich immerzu, dass »die Nazis« nichts als Tod, Zerstörung und Elend über die Welt gebracht hatten und dass es überhaupt keinen Grund gäbe, auf seine Nationalität als Deutscher stolz zu sein. Und nun wurde ich als Nazi beschimpft? Die Empörung konnte man in meinem Gesicht ablesen.

Der Nachbar grinste mich an und klopfte mir beschwichtigend auf die Schulter, als er sah, wie sehr ich getroffen war. »Ihr Deutschen mit eurer Pünktlichkeit. Ihr seid alle Nazis.«

Wir unterhielten uns noch eine ganze Weile, und erst nach und nach verstand ich, dass der Begriff »Nazi« hier in Norwegen eine etwas liebevolle, leicht ehrfürchtige Bezeichnung für deutsche Gründlichkeit und Präzision ist. »Du bist Nazi« ist da als Adjektiv gemeint, nicht als Substantiv.

Zu einer genaueren Zeitangabe konnte ich ihn allerdings nicht mehr bewegen. Er kam am nächsten Tag pünktlich am Nachmittag.

Der letzte Punkt meiner herbstlichen Zwischenbilanz ist der Zustand der Anlage. Vieles hat Form angenommen, das Haupthaus ist bewohnbar, hat fließendes Wasser, einen Telefonanschluss, und sogar die Stromleitungen funktionieren einigermaßen. Aber natürlich hatte Uli recht, und von einem Seminar für Führungskräfte hier auf dem Leuchtturm bin ich auch nach drei Monaten noch weit entfernt. Jetzt werde ich aber erst einmal den Herbst und Winter in Hamburg nutzen, um eine Strategie zu entwickeln, wie ich neben den geplanten Seminaren noch weitere Gäste auf den Leuchtturm bekomme. Mein finanzieller Puffer von gut 10 000 Mark ist so langsam aufgebraucht, und ich muss dringend Umsätze machen, um die nächsten Umbauten in Angriff nehmen zu können. Eher durch Zufall bin ich darauf gekommen, dass ich die Zimmer, die fertig sind, auch an Touristen vermieten kann. Den Anfang machte mein Freund Gregor, der mich bereits Ende Juli, Anfang August gemeinsam mit seiner Freundin besuchte.

»Ich komme vorbei und packe mal mit an, damit bei dir was vorwärtsgeht«, hatte er am Telefon gesagt. Irgendwann standen die beiden dann hier vor der Leuchtturmtür. Und Gregor und ich ein paar Tage später auf einer wackeligen, nur notdürftig mit einem Seil gesicherten Leiter. Zentimeter für Zentimeter kratzten wir die Wände des dreistöckigen Hauses ab.

»Hast du nichts anderes zum Kratzen?«, hatte Gregor geschimpft. »Das dauert ja ewig.«

»Nö, ich habe nichts anderes.«

Es tat mir ein bisschen leid, dass er sich so quälen musste, weil ich kein Geld für vernünftiges Werkzeug besaß.

»So ist das wohl hier am Arsch der Welt.«

»Ich wohne nicht am Arsch der Welt«, sagte ich, machte eine kurze Pause, um die Spannung zu erhöhen. »Aber ich kann ihn von hier sehen.«

Wir lachten viel tagsüber, während der Arbeit. Abends saßen wir oft stundenlang auf den Steinen am Wasser, bestaunten die Schönheit der Sonnenuntergänge und führten tiefschürfende Gespräche über das Leben. Manchmal schwiegen wir auch einfach das Meer an, hingen, jeder für sich, den

Gedanken nach und warfen nur gelegentlich irgendeine Idee in die Sommerluft.

»Wenn unser Körper am Ende der Welt angekommen ist, kann unser Geist weiterreisen, und auf wundersame Weise ist es dann oft eine Reise zu sich selbst. Das passiert an solch einem Ort, an dem das Land aufhört, aber der Horizont immer eine Hoffnung auf etwas dahinter verspricht«, sagte ich halb zu mir selbst, halb zu Gregor.

»Ja, so ist das wohl«, antwortete er mit einem leichten Seufzen.

Wir hatten eine wirklich gute Zeit. Und weil er trotz seiner Mithilfe auch noch viel von der Landschaft sah, bestand er darauf, zumindest ein paar Kronen für die Übernachtungen und die Vollverpflegung zu zahlen. Es war nicht viel und in erster Linie ein symbolischer Akt. Aber es war der Anfang.

Inzwischen waren weitere Besucher da, wie meine Eltern. Aber es gab auch richtige Gäste, zahlende Gäste. Alle aus Deutschland, die allermeisten Kunden von mir, die im Winter auf einer der Skireisen dabei waren, die ich immer noch mit der Uni Hamburg veranstaltete. Neulich war sogar eine ganze christliche Jugendgruppe für eine Woche hier. Neun Personen, für die ich die Zimmer herrichtete und die Mahlzeiten zubereitete. Das gilt es auszubauen. Wenn ich vielleicht ein klein wenig Werbung mache, könnte ich laufend einige Betten vermieten und dadurch zusätzliche Einnahmen generieren. Aus Thomas, dem Veranstalter von psychologischen Führungskräfteseminaren, wurde Thomas, der Hotelier und Gastronom. Aber warum nicht? Wenn dadurch Geld reinkommt, das es mir ermöglicht, den Leuchtturm weiter zu renovieren und hier zu leben, an diesem wundervollen Ort, bin ich damit völlig im Reinen.

Im zweiten Haus, dem Assistentenhaus, habe ich angefangen, die Farbe von den sechzig Jahre alten Fenstern Millimeter für Millimeter abzukratzen. Ich habe die Fensterrahmen grundiert, neu gestrichen und die Scheiben neu eingekittet. Zudem habe ich alle mit neuen, rostfreien Scharnieren versehen. Eine mühselige und zeitaufwendige Arbeit. Aber mein Gefühl sagt mir, dass ich auch dieses Haus im nächsten Jahr werde vermieten können.

Es ist spät geworden an diesem Abend. Aber die Zwischenbilanz war mir wichtig. In der Dunkelheit hinter der Scheibe ist das Meer. Auch wenn ich es gerade nur noch erahne, höre ich die Brandung und weiß, dass es da ist. Und immer da sein wird für meine Selbstreflexionen. Ich schließe meine Augen und höre den Wellen zu, wie sie 40 Meter unter mir mit ihrem ganz eigenen Rhythmus gegen die Felsen rollen. Und ich glaube zu hören, dass auch das Meer mit mir zufrieden ist.

7

Bygdedyret I

Eine imposante Staubwolke hinter sich herziehend, brettert ein Auto mit viel zu hoher Geschwindigkeit auf den Vorplatz. Ich erkenne den Wagen, er gehört dem Wirtschaftsbeauftragten der Gemeinde, Eystein.

Abrupt bremst er mitten auf dem Platz, als wäre dies hier die Kulisse eines neuen Action-Streifens mit 007. Bond. James Bond. Der Beauftragte springt sichtlich aufgebracht aus dem Auto. Es muss also etwas wirklich Ungewöhnliches passiert sein, denn der Westländer an sich neigt eher selten zu solcherlei Gefühlsausbrüchen. Eystein kommt auf mich zu, die Hände in der Luft schwenkend und sagt kurz: »Wir müssen reden.«

Ich gebe ihm die Hand, als könnte ich so etwas Ruhe in seinen Körper bringen.

»Wir gehen wohl besser rein.«

Er war es, der mir vor gut einem Jahr diesen Leuchtturm angeboten hatte. Und noch drei weitere. Ich war in der Gemeinde auf der Suche nach einem Objekt für meine Seminare und hatte nach einer Baugenehmigung gefragt. Mein Plan bestand darin, eine kleine Anlage aus mehreren Hütten auf einer Insel zu bauen. Dort, abgeschottet und umgeben von Wasser, wollte ich Seminare anbieten. Eystein hatte meinen Antrag geprüft und großes Interesse an dem Konzept gezeigt. »Aber warum willst du neue Hütten auf einer Insel bauen?«, hatte er mich auf Englisch mit hartem nordischen Akzent gefragt. »Wie findest du Leuchttürme?«

»Ich weiß nicht. Ich brauche schon ausreichend Platz und Räume, in denen ich auch mit einer Gruppe arbeiten kann.«

»Kein Problem. Unsere Leuchttürme sind normale Gebäude. Keine wirklichen Türme.«

Ich erinnerte mich an meine Reise mit Øystein vor ein paar Jahren, der mir etwas Ähnliches erzählt hatte. Also passte ich mein Projekt entsprechend an, schrieb einen neuen Antrag und bekam eine Liste mit vier verschiedenen Leuchttürmen. Als ich den Namen Kråkenes las und ein Bild des Leuchtturms sah, war eigentlich alles klar. Das war der Ort, an dem ich mich mit Haut und Haaren in diese Region verliebt hatte. Dass mir ausgerechnet jetzt dieser Leuchtturm zur Pacht angeboten wurde, konnte kein Zufall sein.

In der Küche angekommen, werfe ich die Kaffeemaschine an, hole zwei Tassen aus dem Schrank und schaue dabei zu Eystein rüber, der neben dem Küchentisch steht. Sein angespanntes Gesicht zeigt deutlich, dass es in ihm brodelt. Und dann bricht es aus ihm raus: »Lisa A. hat wieder zugeschlagen, diesmal richtig!« Eystein ist sichtlich genervt, und das beunruhigt mich schon ein wenig. Ich kenne ihn sonst eher als rationalen, wirtschaftlich denkenden Bürokraten, der stets um Ausgleich bemüht ist. Aber heute ist sein diplomatisches Geschick wohl auf der rasanten Fahrt zu mir verloren gegangen.

»Sie hat jetzt schwere Geschütze aufgefahren, und du musst wirklich aufpassen. Ich kann gar nicht glauben, wie korrupt das jetzt ist.«

Während ich die Tasse vor ihm mit dampfendem Kaffee fülle, schaue ich ihn fragend an. »Nun mal langsam, was ist denn eigentlich passiert? Milch? Zucker?«

Er winkt ab, nimmt einen Schluck und fährt dann fort: »Sie hat jetzt eine Vereinigung ins Leben gerufen. Soll ich dir den Namen des Vereins verraten? *Freunde des Leuchtturms Kråkenes fyr!* Und jetzt bittet sie jeden in der Gegend, in der Vereinigung mitzumachen. Auch hier im Dorf hat sie schon Leute angesprochen, Thomas. Aber Aksel und Tor haben dankend abgelehnt, als sie erfahren haben, dass du gar nicht dabei bist und es, ganz im Gegenteil, darum geht, dich in ein schlechtes Licht zu rücken.«

Ich nehme einen Schluck Kaffee und denke nach. »Also, dass Lisa nicht gerade gut auf mich zu sprechen ist, habe ich auch schon festgestellt. Aber ich weiß gar nicht, warum. Wir sind uns bisher nur selten begegnet, und Streit gab es auch nicht.«

»Ich kann es dir sagen, warum sie ein Problem mit dir hat. Sie hat sich auch für Kråkenes fyr interessiert.«

»Echt jetzt?«

»Ja, aber es war nicht viel mehr als ein Gedanke oder eine Idee. Nichts Konkretes. Sie hat auch kein Konzept eingereicht. Schon allein deswegen musste ich sie ablehnen«, sagt Eystein und ist für ein paar Augenblicke wieder ganz der getreu der Vorschrift agierende Beamte. »Seitdem sucht sie förmlich nach Gelegenheiten, dir das Leben schwer zu machen. Wir müssen uns überlegen, was du machen kannst, damit die Situation nicht weiter eskaliert.«

»Wir machen da gar nichts«, sage ich. »Lass sie doch zappeln und ackern, ich überzeuge mit guter Arbeit. Die Häuser werden nächstes Jahr wieder beide richtig weiß sein. Ich mache aus der Anlage wieder eine Perle für die ganze Gegend.«

»Genau das ist es ja. Das ist exakt der Ausdruck, den sie benutzt. Der Deutsche reißt sich die Perle der ganzen Westküste unter den Nagel und nutzt sie jetzt als Ferienhaus. Wie im Zweiten Weltkrieg würden wir Norweger jetzt wieder von den Deutschen besetzt.«

Ich zucke innerlich zusammen. Schon wieder so ein Nazivergleich, der mich schwer erschüttert. Denn nichts liegt mir ferner als ein chauvinistisches Herrenmenschgehabe. Ich will doch einfach nur Teil der Gemeinschaft sein. Will mich einbringen mit dem, was ich kann. Will den Leuchtturm wieder schön herrichten. Für mich und für alle anderen.

Eystein fährt fort: »Und das scheint zu wirken. Immer mehr Leute sehen es kritisch, dass du den Leuchtturm gepachtet hast. Sogar der Bürgermeister wurde schon informiert. Lisa will mit ihrer Vereinigung den Leuchtturm vor dir retten, Thomas.«

Ich merke, wie Ärger und Wut in mir hochsteigen. »Das gibt es ja gar nicht! Der Leuchtturm hat fast zehn Jahre leer gestanden. Das Assistentenhaus hat in den vergangenen dreißig Jahren keine Farbe mehr gesehen. Niemand hat sich um die Anlage gekümmert. Vor einem Dreivierteljahr war sie noch komplett marode.« Ich stehe auf, laufe mit meiner Kaffeetasse in der Hand auf und ab. Eystein lehnt sich zurück. Er weiß, dass ich noch nicht fertig bin.

»Ich richte das alles hier gerade wieder her.« Mit großer Geste breite ich die Arme aus. »Und das ja wohl nicht nur für mich persönlich. Auch. Aber nicht nur. Mir liegt die Anlage wirklich am Herzen, ich baue sie mit meinem eigenen Geld wieder auf, stecke meine Arbeitskraft hier rein, mache und tue, und dann kommt so ein Vorwurf.« Ich winke ab, setze mich zu Eystein an den Tisch. »Ist mir aber auch so was von egal. Ich habe einen Vertrag, und den hat der Bürgermeister unterschrieben, der gilt noch zwei Jahre. Dann sehen wir weiter, vorher nicht.«

»Thomas, das weiß ich alles. Ich bin völlig deiner Meinung

und auf deiner Seite. Ich bin genauso genervt und enttäuscht wie du. Aber das ist eben Bygdedyret!«

»Bygdebittewas? Dyr heißt doch Tier, oder nicht?«

Eystein schmunzelt, in seinen Augen leuchtet es plötzlich auf. »Ach, du kennst Bygdedyret noch nicht? Nun, das setzt sich aus den Wörtern Bygd und Dyr zusammen, Et ist die Endung für die bestimmte Form. Bygd ist ein Dorf oder eine Häuseransammlung. Dyr heißt, das weißt du ja, Tier.«

»Dorftier?«

»Genau. Dorftier. Den Ausdruck benutzen wir hier immer dann, wenn eine besonders engagierte Person oder eine gute, neue, sinnvolle Initiative durch die lokalen, nicht an Veränderung interessierten Kräfte gestoppt wird. Die Dorftiere halt. Die norwegische Gesellschaft ist stark sozialistisch geprägt, und es wird viel Wert darauf gelegt, dass alle Bürger gleich sind. Politiker, Arbeiter, Unternehmer oder Bauer – egal. In Norwegen soll sich niemand hervorheben, niemand soll glauben, etwas Besonderes, etwas Besseres zu sein.«

»Aber genau das will ich doch auch gar nicht«, sage ich etwas lauter als nötig.

»Und doch kommt es bei einigen so an«, erklärt er. »Und dieses Verhalten wird dann sanktioniert und bekämpft. Oft mit Korruption und manchmal eben mit Ausfrieren, wie wir das nennen. Demjenigen, der sich für etwas Besseres hält oder der etwas Neues ausprobieren möchte, bläst dann ein kalter Wind entgegen. Er wird ausgegrenzt.« Das alles sagt er mit einem humorvollen Blick, in dem ich allerdings auch eine Spur von Besorgnis erkennen kann.

»Bygdedyret? O. k. Den Ausdruck kannte ich noch nicht, den werde ich mir merken. Aber ich bin ja Psychologe, kann mich recht gut in solche Tierchen hineinversetzen und mit ihnen umgehen. Ist anstrengend. Macht wenig Spaß. Geht aber, wenn es sein muss.« Mit einem Seufzen nehme ich einen Schluck Kaffee. Das sind keine guten Neuigkeiten.

Aber Eystein hat noch mehr auf Lager: »Das neueste Gerücht von Lisa habe ich heute gehört. Gerade eben erst. Sie verbreitet, dass auf dem Leuchtturm jetzt ein Deutscher wohnt. Um die fünfzig, mit Bart. Er soll immer abschließen, und die Anlage ist jetzt nicht mehr zugängig für Einheimische. Das bringt bei vielen Älteren natürlich all die Erinnerungen vom Zweiten Weltkrieg wieder hoch. Sie weiß ganz genau, was sie wem erzählen muss, damit möglichst viel Skepsis dir gegenüber entsteht.«

Grübelnd dreht er seine Kaffeetasse mit Daumen und Mittelfinger in Zentimeteretappen über die Oberfläche des Tisches. Wie ein Uhrzeiger zieht der Henkel der Kaffeetasse Schritt um Schritt einen Kreis, und als Eystein mit dem Gefummel aufhört, bilde ich mir erleichtert ein, dass es laut dem Kaffeetassenhenkelzeiger maximal fünf vor zwölf ist.

»So ein Schwachsinn!« Meine Kampfeslust ist jetzt wirklich geweckt. »Ich lasse ja immer Leute rein, wenn ich Zeit habe. Und oft genug habe ich da überhaupt keine Lust drauf. Aber ich bin ein gastfreundlicher Mensch. Und wenn jemand es bis hierhin ans Ende der Welt schafft, dann soll er auch seinen Leuchtturmblick bekommen«, erkläre ich mich.

»Thomas, ich weiß das. Ich kenne dich auch ein bisschen.«

»Früher war der Leuchtturm ständig verschlossen. Seitdem hier niemand mehr wohnte, sowieso. Hat sich da irgendwer beschwert, Eystein? Warum hat Lisa damals keinen Verein zur Rettung des Turms gegründet? Jetzt, nachdem wieder Leben in die alten Gemäuer eingezogen ist, wieder etwas passiert, da beschwert sie sich? Die hat ja eine Meise.« Eystein unterstreicht mit einem langsamen, stetigen Nicken jeden meiner

Sätze. »Außerdem bin ich gerade mal etwas über dreißig, und einen Bart habe ich auch nicht. Was soll das alles?«

Wieder guckt Eystein besorgt zu mir rüber. »Das ist Bygdedyret. Ein zähes Tierchen, das man einfach nicht loswird. Es hat schon so viele gute, innovative Projekte verhindert, ohne dass man ihm beikommen konnte. Bygdedyret arbeitet im Hintergrund. Still und unauffällig. Ich glaube sogar, dass es vielen Menschen gar nicht bewusst ist.«

»Bilde dir nicht zu viel darauf ein«, sage ich schmunzelnd. »Nur weil ihr euch so hübsche Namen dafür ausgedacht habt, müsst ihr nicht glauben, solch ein stures Verhalten wäre typisch westnorwegisch. Ich glaube, in den ländlichen Regionen bei uns in Deutschland gibt es solch ein Verhalten auch.«

»Es tut mir wirklich leid, dass du das jetzt erleben musst. Aber ich glaube, du schaffst das, und es gibt ja auch Leute, die voll hinter dir stehen in der Gemeinde. Die sehen, was du hier schaffst, und froh sind, dass sich endlich jemand um den alten Leuchtturm kümmert.«

Langsam findet der Wirtschaftsbeauftragte wieder zu seiner gewohnt diplomatischen Haltung zurück und versucht, das Positive zu sehen. Erstaunlich, wie angefasst er noch vor ein paar Minuten war. Und erstaunlich, wie sich seine wiedergefundene Fassung auf mich überträgt. Mir kommt eine Frage in den Kopf, die ich ihm schon etwas länger stellen wollte. »Aber sag mal, Lisa ist doch auch Geschäftsführerin der lokalen Tourismusvereinigung, oder?«

»Ja das stimmt, du bist da ja auch Mitglied, warum?«

»Genau. Ich bin Mitglied. Ich bezahle auch pünktlich meinen Beitrag. Aber ich wurde noch nie zu den Treffen eingeladen. Das ist doch gar nicht rechtens, oder?«

»Ich habe mich schon gewundert, dass du da nicht auftauchst, ich bin ja auch immer dabei. Wirklich, hast du keine Einladung bekommen?« Er schaut mich irritiert an.

»Nein, außer den Rechnungen habe ich da gar nichts im Briefkasten gehabt bis jetzt. Ist es das, was du gerade meintest? Das ›Ausfrieren‹?«

»Ja genau, aber das ist gegen das Gesetz. Ob sie dich mag oder nicht, ist egal. Sie darf dich so nicht ausschließen. Du zahlst Mitgliedsbeiträge, also hast du auch das Recht, an den Treffen teilzunehmen.«

Ich halte ihm fragend die Kaffeekanne entgegen, er nickt, ich gieße nach. Und als hätten wir beide eine geheime Absprache, lassen wir das ganze Thema ruhen und beschränken uns auf Small Talk.

Als ich Eystein etwas später zu seinem Wagen bringe, versichere ich ihm noch mal, dass es mir gut geht und mich die ganze Sache nicht sonderlich mitnimmt. Beruhigt fährt er zurück nach Måløy, deutlich langsamer als auf seinem Herweg. Ich bleibe noch ein paar Momente auf dem Hof stehen, sehe dem Wagen nach, der sich durch die Serpentinen arbeitet, und ärgere mich ein wenig, weil ich nicht ganz ehrlich zu Eystein war. Natürlich nimmt mich das alles mit, denn ich kann es drehen und wenden, wie ich will: Man macht mir sehr deutlich klar, dass ich nicht dazugehöre. Ich habe das Gefühl, ausgegrenzt zu werden. Noch schlimmer: Lisa und ihre Vereinigung machen aktiv Sachen, die sich gegen mich richten. Das ist ungerecht!

In meinem Kopf halte ich flammende Verteidigungsreden vor einem imaginären Tribunal aus Dorftieren. In schwarzen Richterroben thronen sie hinter einem massiven Schreibtisch. »Niemand hat hier etwas gemacht, bevor ich kam. Ich will der Gemeinde doch nichts wegnehmen. Im Gegenteil, ich will, dass alles hier schön wird. Für mich. Und für alle anderen. Warum versteht das denn niemand?«

Geknickt gehe ich zurück ins Haus. Bygdedyret also. Für Einheimische mag es einfach eine, manchmal ärgerliche, kulturelle Eigenart sein. Einwanderern allerdings können diese Tierchen das Leben verdammt schwer machen.

8

Grundsee

Es ist ein Spätsommertag wie aus dem Bilderbuch. Der Himmel ist strahlend blau, die windstille Luft liegt noch angenehm warm auf Landschaft und Menschen. Die glatte See schimmert ölig. Selbst die Möwen sind etwas stiller als sonst.

Von der Wasserkante strömt der leicht schwefelige, salzige Geruch des angespülten Tangs, der auf den Felsen in der Sonne trocknet, zu mir hoch. Von den Hügeln streicht der frische Duft der Heidekräuter herüber. Hier, rund um den Leuchtturm, treffen diese beiden Bouquets aufeinander, vermischen sich und lösen den Gegensatz von Land und Meer auf. Ein Tag wie ein Geschenk.

Ich habe fast ein schlechtes Gewissen, als ich den Farbeimer mit der Ölfarbe öffne. Schwer und dumpf mischt sich der Terpentingeruch unter den Duft von Kräutern, Algen, Salz. Und weckt augenblicklich Erinnerungen an meine Zeit als Seemann. Auf einem Schiff sind laufend Malerarbeiten zu machen, denn kein Lack der Welt hält auf Dauer dem aggressiven Salzwasser und dem Wellenschlag stand.

Ich will heute die Fassade des Assistentenhauses streichen. Selbst hier oben, viele Meter über dem Wasser, reicht die Kraft des Meeres noch aus, um den Anstrich innerhalb eines Jahres zu ruinieren. Mit seiner gewaltigen und beharrlichen Kraft gewinnt das Meer letztendlich immer.

Meine Hand fährt über das raue, faserige Holz. So radikal Wind und Wasser mit der Farbe umgehen, so wenig können sie dem Holz selbst anhaben. Es ist grau, fest und hart, weil die Salzluft es imprägniert und der ständige Wind dafür sorgt, dass es nie dauerhaft feucht ist.

In den 1930er-Jahren, als das Haus gebaut wurde, nahm man sich noch die Zeit, das Bauholz nur im Winter zu schlagen und es lange trocknen zu lassen. Die Qualität zeigt sich in der Haltbarkeit. Nach wie vor erfüllen die Fassadenbretter ihren Zweck. Aber sie sind unansehnlich, eines Leuchtturmwärterassistentenhauses nicht würdig, wie ich finde. So ein Haus muss strahlend weiß sein, ein leuchtendes Symbol, das von den hohen Klippen den Schiffen da unten den Weg weist.

Über Wochen habe ich das alte Holz mühsam mit einem Spachtel von Flechten und Farbresten befreit. Jetzt stehe ich auf einer wackeligen Leiter und streiche die nach Seefahrt riechende weiße Farbe zusammen mit ein paar Erinnerungen auf das graue Holz. Pinselstrich um Pinselstrich. Der dunkle Untergrund und das Sonnenlicht lassen die Farbe so hell strahlen, dass ich mir eine Sonnenbrille aufsetzen muss, um überhaupt auf die Fassade blicken zu können. Nach ein paar Stunden auf der Leiter gönne ich mir eine Pause. Die Wärme und das grelle Weiß machen mich müde.

Träge und blinzelnd schlendre ich hinauf zum Haupthaus, koche einen Kaffee und esse eine Kleinigkeit. Nicht mal Touristen finden heute den Weg auf die Anlage. Sie sind wahrscheinlich alle am Sandstrand. Gemütlich sitze ich satt und zufrieden im Wohnzimmer, lehne mich mit meinem Kaffee in der Hand an die Wand und genieße die aufkommende Müdigkeit. Vielleicht mache ich gleich noch ein kleines Mittagsschläfchen.

Kaaabumm!

Die Erschütterung geht mir durch Mark und Bein, ich spüre

das Beben der Wand an meiner Schulter, die Gläser im Schrank klirren, und das Besteck in der Küche scheppert. Es ist ein tiefer, wahnsinnig lauter Basston, nur wenige Sekunden, dann ist es wieder still.

»Was zum Teufel ist das?«, frage ich laut in den Raum hinein und wundere mich, meine Stimme zu hören.

Panische Orientierungslosigkeit macht sich in meinem Körper breit, und ein Teil von mir sieht mir dabei zu, wie ich aufspringe und mich hilflos um die eigene Achse drehe, auf der Suche nach dem Ursprung dieses Grollens, das eindeutig Gefahr signalisiert. Mein Kopf arbeitet fieberhaft, und ich renne von einem Fenster zum anderen, versuche Orientierung zu finden und eine Erklärung für das, was das Haus getroffen hat. Es startet ein Pingpongspiel von Assoziationen.

»Weltuntergang?«

»Quatsch!«

»Blitzeinschlag?«

»Geht auch nicht, ist ja kein Gewitter.«

»Eine Explosion?«

»Was sollte hier schon explodieren?«

In Sekundenbruchteilen schießen mir zig weitere Möglichkeiten durch den Kopf, die für diesen Krach verantwortlich sein könnten. Ich verwerfe sie alle.

Die Erschütterung und vor allem das Krachen machen etwas mit meinem Körper. Ich spüre die aufgestellten Haare in meinem Nacken, jedes einzelne aufgestellte Haar sogar. Ich spüre meinen Herzschlag in der Brust hämmern, laut und schneller als nötig. Ich höre das Rauschen meines Blutes. Es klingt wie das Meer an einem stürmischen Tag. Winzige Schweißtropfen legen sich auf Stirn und Rücken. Mein Blick jagt von einem Punkt zum nächsten, sucht nach der Gefahr, findet sie nicht, sucht weiter.

Ich habe Angst.

Ich habe sogar panische Angst.

Seit ich als junger Seemann im Libanonkrieg war, werde ich durch lautes Krachen in Verbindung mit spürbaren Erschütterungen in höchste Alarmbereitschaft versetzt. Damals lagen wir mit unserem Schiff mitten im Hafen von Beirut. Wir waren an den riesigen amerikanischen Flugzeugträgern vorbeigefahren, die draußen vor dem Hafen wie stählerne Berge vor Anker lagen. Aus der Silhouette der Stadt stiegen zahlreiche Rauchsäulen in den Himmel und legten einen beißend stinkenden Smog über alles. Keine Ahnung, was da brannte – Müll, Plastik, Autos, Körper –, und wahrscheinlich wollte ich das auch gar nicht so genau wissen. Direkt vor uns im Hafen sah ich eine breite Schneise von vielleicht 150 Metern, die sich mitten durch die Stadt zog. Ein Todesstreifen aus Trümmern, Schotter und zu Ruinen zerbombten Häusern.

Ich hatte damals fürchterliche Angst, war überhaupt nicht vorbereitet auf … so etwas. Krieg, Zerstörung, Tod, Bomben, das alles kannte ich nur aus den Erzählungen meiner Eltern und Großeltern. Vielleicht auch noch aus dem Geschichtsunterricht in der Schule. Aber der blieb abstrakt und hielt sich an Zahlen, Daten und Fakten.

Zu Beginn dieser Fahrt hatte ich keine Ahnung, wo die Fahrt uns hinführen würde. Ich hatte mir exotische Städte in der Ferne vorgestellt, vielleicht in Asien oder irgendwo an der afrikanischen Küste. Ich hatte an verwegene Landgänge gedacht, mit hübschen Frauen und jeder Menge Alkohol. Explosionen und Todesangst waren nicht Teil meiner Fantasien. Ich kam aus einem liebevollen, behüteten Elternhaus, war naiv und wollte freudig die Welt entdecken. Der Anblick der umkämpften Stadt lag völlig außerhalb meiner Vorstellungskraft.

Als wir mit dem Löschen unserer Container begonnen hatten, war es längst dunkel geworden. Die Luft war immer noch heiß und stickig, und der Gestank schien sich durch die Dunkelheit noch zu verstärken. Obwohl wir nicht direkt beschossen wurden, gab es in der Stadt immer wieder heftige Einschläge und Detonationen. Dieses unregelmäßige Krachen, kaum mehr als einen Kilometer entfernt, wurde unterlegt mit dem Gesang französischer Fremdenlegionäre, die unten auf der Pier ein Lager aufgeschlagen hatten. Es war eine vollkommen surreale Situation.

Am nächsten Tag war unsere Ladung endlich gelöscht, und wir legten so schnell wie möglich wieder ab. Beim Auslaufen stand ich an der Reling und schaute zu dem kleiner werdenden Hafen, dessen oranges Licht sich auf dem Meer spiegelte. Die Stadt selbst lag in fast vollständiger Dunkelheit. Weit in der Ferne wieder das Krachen einer Explosion und kurze Lichtblitze. Ich war froh, diesen Ort unbeschadet hinter mir lassen zu können. Aber ich nahm an diesem Tag etwas mit: eine tiefe Angst, die sich breitmacht, sobald ich ein lautes Knallen in Verbindung mit starken Erschütterungen höre.

Noch immer stehe ich ratlos und voller Adrenalin im Leuchtturmwärterhäuschen. Jede Faser in meinem Körper ist angespannt und in Alarmbereitschaft. Das Problem ist nur: Ich habe keine Ahnung, woher die Gefahr eigentlich kommt. Es ist wieder fast still, nur ein leichtes Grummeln ist noch zu hören, sodass ich meinen Herzschlag noch deutlicher höre. Dann ein klarer Gedanke: Ein Reisebus muss auf dem schmalen Weg zum Leuchtturm verunglückt sein. Vielleicht konnte der Fahrer nicht mehr rechtzeitig bremsen und ist unten in das Haus gekracht. Das wäre eine Erklärung. Ich schaue runter auf den Parkplatz, nichts zu sehen. Falsche Erklärung, ich bin wieder ratlos.

Kaaabumm!

Auf dem Weg in die Küche trifft mich der nächste Schlag. Noch härter, noch lauter. Vielleicht doch ein Erdbeben, denke ich. Aber kommt das in so kurzen Schüben? Ich drehe mich im Kreis. Schaue, suche und sehe nur, dass alles normal ist. Aber verdammt noch mal, das hört und fühlt sich überhaupt nicht normal an. Das fühlt sich nach größter Gefahr an. Ich kann das alles nicht im Geringsten einordnen. Bin ich verrückt geworden? Leuchtturmkoller? Einsamkeit? Alles zu viel? Angespannt warte ich.

Kaaabumm!

Der nächste Schlag bringt mich zurück in die Wirklichkeit. Erneut spüre ich die Erschütterung am ganzen Körper, aber immerhin trifft es mich jetzt nicht mehr vollkommen unvorbereitet. Ich gehe zum Fenster auf der Seeseite, weil mir nichts anderes mehr einfällt. Wo vorher noch das blaue Meer war, sehe ich nun in eine braune aufgewühlte Brühe. Dicker Schaum bedeckt die See, ebenfalls braun. Überall dazwischen abgerissener Tang. Alles ist in Bewegung. Die vorher noch schläfrigen Möwen sind jetzt hellwach und kreisen laut schreiend über diesem Chaos.

Aus dem Augenwinkel sehe ich, wie sich eine Wasserwalze vom Meer her schnell auf die Felsen zu bewegt. Eine Dünungswelle, mehrere Hundert Meter lang. Bevor die nächste Welle die Felsen trifft, zieht das Wellental das ganze Wasser vom Ufer weg wie bei einem Tsunami. Das zurückweichende Wasser trifft so auf die anrollende nächste Welle, die sich hoch auftürmt, um dann über den Felsen zu brechen. Ein paar Sekunden lang starre ich fasziniert auf diese Szenerie. Sie ist unglaublich beeindruckend. Das ist die pure, reine Schönheit der Natur. Und es ist gleichzeitig eine Machtdemonstration. Ein kleiner Fingerzeig, der vermittelt, wie klein der Mensch gegenüber den Naturgewalten ist. Wenn sie mal richtig loslegen.

Und dann erinnere ich mich plötzlich. Der dunkle Klassenraum der Seefahrtschule in Finkenwerder. Sommer 1983. Montagmorgen. Ich sitze, noch nicht ganz auf der Höhe, weil wir in der Nacht zuvor lange gefeiert haben, neben Uli. Er ist mindestens ebenso derangiert wie ich.

»Bickhardt, hätten Sie die Güte, mir ein wenig Ihre Aufmerksamkeit zu schenken?« Der Offizier, der uns in allgemeiner Schiffskunde unterrichtet, hat sich vor mir aufgebaut. »Erzählen Sie uns doch mal, was Sie über eine Grundsee wissen.«

»Na klar. Den Grundsee kenn ich. Der liegt bei meinen Eltern im Dorf, wir gehen da immer zum Baden.« Stolz über meine freche Antwort, schaue ich grinsend zu Uli rüber.

»Wenn Sie jemals eine Grundsee auf einem Schiff erlebt hätten, Bickhardt, würde Ihnen Ihr blödes Grinsen längst vergangen sein. Zuhören jetzt, das ist wichtig«, zischt er zu uns rüber.

»Die sogenannte Grundsee ist eines der gefährlichsten Phänomene, das Ihnen auf See begegnen kann.«

Ich setze mich langsam etwas auf.

»Wellen werden durch Wind erzeugt, das sollte sogar der Kamerad Bickhardt inzwischen verstanden haben.«

Vielleicht hätte ich einfach meine Klappe halten sollen.

»Und je nachdem, wie viel Wind wie lange auf die Welle trifft, können diese im Atlantik bis über 30 Meter hoch werden, in anderen Meeren auch höher. Eine Welle läuft dann über das Meer, bis sie auf Land trifft, was erst viele Tausend Kilometer später der Fall sein kann. Auf ihrem Weg verlieren die Wellen praktisch keine Energie, aber sie ändern ihre Form. Je länger sie unterwegs sind, desto mehr fließen sie auseinander, sie werden flacher, aber auch länger, ohne an Masse zu verlieren. Ihre Geschwindigkeit nimmt auf diesem Weg oft zu. Sie können nach über tausend Kilometern Weg so flach und lang sein, dass sie auf dem offenen Meer kaum mehr wahrzunehmen sind. Wenn sie dann aber auf flacheres Wasser treffen, schieben sie sich zusammen und werden hochgedrückt. Die Unterseite der Wellen wird durch den ansteigenden Meeresboden abgebremst. Etwas vereinfacht ausgedrückt: Der obere Teil überholt den unteren Teil, die Welle bricht.«

Ich schaue interessiert zum Offizier, nicke hin und wieder, um zu signalisieren, dass ich ihm zuhöre und verstehe. Kleine Brötchen zu backen, ist gerade angesagt.

»Grundsee ist ein Ausdruck für Wellen, deren Wellental in der Phase, in der sie auf flaches Wasser treffen, so tief reicht, dass es dem Meeresboden nah kommt. So, als ob das Meer an dieser Stelle kurz fast trockenfallen würde, bevor die nächste Welle darüber bricht. Grundseen erkennt man daran, dass sie den Meeresboden aufreißen und alles, was sich dort befindet, mit an die Oberfläche nehmen. Oft ist das Meer dort dann eine braune Soße. Durch ihre Größe, Wucht und Geschwindigkeit sind sie für Schiffe extrem gefährlich, sie verursachen ein Wasser-Chaos. Das wird noch dadurch verstärkt, dass durch den entstehenden Schaum mehr Sauerstoff im Wasser ist und es dadurch teilweise seine Tragfähigkeit verliert. Wir finden sie meist vor Sandbänken, aber sie kommen auch in Hafeneinfahrten vor, in denen das Wasser plötzlich flacher wird.«

Das hört sich für mich alles eher nach Seemannsgarn an, das der Offizier gerade spinnt. Aber ich werde den Teufel tun und ihm das sagen.

»Na Bickhardt, sind Sie jetzt wach?«

»Jawohl!«, sage ich zackig.

Kaaabumm!

Der nächste Wellenschlag holt mich aus dem Jahr 1983 zurück in die Gegenwart. Wieder dröhnt und vibriert es im ganzen Haus. Aber jetzt verschwindet langsam die Ungewissheit.

Schon irre, denke ich, was einem das Gehirn in solchen Situationen plötzlich an abgespeicherten Informationen anbietet. Bis vor ein paar Augenblicken hatte ich jenen Montagmorgen in der Berufsschule völlig verdrängt.

»Grundseen also. Ja, das macht Sinn«, sage ich zu mir selbst. Hat Aksel nicht neulich von einem Sturmtief erzählt, das südlich von Grönland im Nordwesten sein Unwesen getrieben haben soll? Oder war es Tor? Das ist aber schon fünf oder sechs Tage her. So lange brauchten die jetzt langen, flachen Dünungswellen anscheinend bis zur norwegischen Westküste. Hier angekommen, entladen sie jetzt ihre gespeicherte Energie an den Felsen vor meinem Leuchtturm und erschüttern das ganze Haus.

Meine Panik legt sich ein wenig, weil ich jetzt zumindest die Ursache für den höllischen Lärm da draußen kenne. Gleichzeitig fühle ich Hilflosigkeit in mir aufsteigen. Denn dem Schauspiel da draußen bin ich ausgeliefert. Ich kann nichts dagegen tun, außer zu versuchen, mich in Sicherheit zu bringen. Aber ist das Haus wirklich sicher?

Trotz meiner Bedenken normalisiert sich mein Puls, das Adrenalin im Körper wird langsam abgebaut. Stattdessen fasziniert mich das schwer zu fassende Spektakel, das sich da vor meinen Augen abspielt. Ich renne schnell nach draußen, wasche hastig die Pinsel aus und räume die Farbe weg. Malern kann ich jetzt sowieso nicht mehr: Die Farbe würde auf der feuchten Salzschicht, die jetzt alles bedeckt, nicht halten. Und außerdem ist meine Neugierde auf dieses Naturphänomen viel zu groß. Ich will mich diesem Schauspiel hingeben, es ganz in mich aufnehmen. So nah ran wie irgend möglich. Ohne mich in Lebensgefahr zu bringen. Schon klar.

Ich klettere auf die Anhöhe neben dem Leuchtturm und habe von dort einen noch viel besseren Blick auf das sich wälzende Meer. Mit großen Augen bestaune ich das Schauspiel da draußen und frage mich, ob Aksel und Tor jetzt auch so begeistert aufs Meer schauen. Enttäuscht verwerfe ich den Gedanken wieder. Nein, die beiden sind nicht wie ich. Sie sind hier geboren. Haben eine Grundsee, so selten sie auch auftreten mag, bestimmt schon oft gesehen. Zumindest oft genug, dass sie sie mit einem Schulterzucken wahrnehmen und sich dann wieder anderen Dingen zuwenden würden. Ich hingegen versuche, das alles mit meinen Augen aufzusaugen. Immer wieder folgt mein Blick kleinen Details: eine nervös übers Wasser fliegende Möwe, ein Stück Treibholz auf der Wasseroberfläche, das immer wieder in Wellentälern verschwindet, um kurz danach erneut von mir entdeckt zu werden.

Und so sitze ich stundenlang auf den Felsen und beobachte die dröhnend anrollenden Wellen. Im Gegensatz zu der kraftvollen Action da draußen bin ich innerlich auf seltsame Art und Weise ganz ruhig. Mir wird meine Zerbrechlichkeit beim Anblick dieser zerstörerischen Kraft bewusst. Das da vor mir hat Dimensionen, die mich gefühlt auf Ameisengröße schrumpfen lassen. Selbst die 50 Meter hohe Felsklippe aus hartem Granit zittert und vibriert unter den Einschlägen des Wassers, das ganze Haus wackelt. Mein Überleben spielt hier überhaupt keine Rolle, ein unwesentliches Detail ohne Bedeutung. Die Kräfte der Natur, die hier wirken, sind so viel größer und gewaltiger.

Auf eine seltsame Weise entspannt mich diese Erkenntnis und lässt mich ganz ruhig werden. Ich bin macht- und hilflos. Egal was ich täte, es würde hier keinen Unterschied machen. Die Wellen würden weiter in ihrem eigenen Rhythmus über den Felsen zusammenbrechen. Also kann ich es auch lassen. Welch ein Geschenk: Es reicht, wenn ich einfach sein darf. Mehr ließe das Meer sowieso nicht zu.

Mehrere Tage lang bearbeitet die Grundsee Felsen und Leuchtturm. Und ich gewöhne mich schnell an die Mischung aus Krach und Erschütterungen. Die langen Gischtfahnen voller Salz und Feuchtigkeit treiben über die Felsen, die Fenster sind schnell mit einer dicken Salzschicht bedeckt. In der Nacht bescheint der Mond die unwirkliche Szenerie. Tatsächlich schlafe ich trotz des Grummelns gut, es hat seine Bedrohlichkeit völlig verloren. In der zweiten Grundsee-Nacht denke ich beim Einschlafen fasziniert daran, wie schnell sich die menschliche Psyche auf solche Veränderungen einstellt und sie als Normalität einstuft. Es ist keine 36 Stunden her, dass mich der erste Donnerschlag der Wellen förmlich aus der Bahn warf. Jetzt liege ich in meinem Bett und kann genau reflektieren, was mit mir in den ersten Momenten der Grundsee passierte: Das Geräusch und die Erschütterung durch die Grundsee reaktivierten bei mir die Kriegserlebnisse in Beirut. Das führte zu Angst und Orientierungslosigkeit. Das Krachen der Wellen war ein ähnlicher Reiz wie die Detonationen, und mein Nervensystem verband ihn mit der Gefahr damals im Libanon. Sofort war ich wieder in Alarmbereitschaft, ständig darauf vorbereitet, kämpfen oder flüchten zu müssen.

Nach dem ersten Krachen folgte der sogenannte Orientierungsreflex. Das ist ein Reaktionsmuster, das bei uns Menschen auftritt, wenn wir unvorhersehbar von einem Reiz getroffen werden, der eine gewisse Stärke hat. Sofort beginnt das autonome Nervensystem, möglichst schnell die angenommene Gefahrenquelle zu identifizieren. Wir wollen instinktiv wissen, woher die Gefahr kommt, um sie einschätzen und gegebenenfalls kämpfen oder flüchten zu können. Und für die Flucht ist es hilfreich, wenn man weiß, in welche Richtung man besser nicht laufen sollte. Also drehen wir uns, suchen, schauen, unser Blick wandert. Erstaunlich daran ist, dass der Körper diese Bewegungen dauernd wiederholt, wenn er die Gefahrenquelle nicht ausfindig machen kann. Es liegt sozusagen tief in unserer Natur, so lange zu suchen, bis wir eine drohende Gefahr lokalisiert haben.

Es rattert nicht nur in unserem Körper, sondern auch in unserem Gehirn. Wir versuchen, das Wahrgenommene einzuordnen, suchen nach Ähnlichkeiten, nach Wahrscheinlichkeiten, nach logischen Erklärungen. Unser Hirn will Klarheit. Das ist evolutionär richtig, denn Klarheit ist in der Regel sicherer als Unklarheit.

Gelingt es Körper und Hirn nicht, diese Klarheit herzustellen, entsteht Stress, und das kann kurzfristig zu einer Dissoziation führen. Dann verlieren Wahrnehmung, Bewusstsein, aber auch körperliche Funktionen die Verbindung zueinander. Es fühlt sich an, als stünden wir im wahrsten Sinne des Wortes neben uns. Dieser Zustand kann sich glücklicherweise schnell wieder ändern, wenn das Bewusstsein eine Erklärung für das Wahrgenommene findet und die Orientierung wieder funktioniert. Die Persönlichkeit ist dann wieder eine konsistente Einheit.

Wiederholt sich der Reiz aber immer wieder, oder kann man sich der Situation nicht durch Flucht oder Kampf entziehen, reicht die rationale Erklärung allein nicht aus. Die angestaute Energie muss irgendwie wieder abgebaut werden. Passiert das, wie in meinem Fall im Libanon, nicht, kann sich solch eine Reaktion auch im Nervensystem festsetzen. So entsteht letztendlich ein Trauma.

Nach drei Tagen verschwindet das Naturphänomen so plötzlich, wie es auftauchte. Der Holzfassade gebe ich noch ein paar warme Tage, um abtrocknen zu können. Dann setze ich sonnenbebrillt meine Malerarbeiten fort.

9

Bygdedyret 2

Einige Wochen später ist es Herbst geworden in Kråkenes. Der Himmel wirkt jetzt dunkler, schwerer, und von den Hängen hinterm Leuchtturm zieht der Duft von welkenden Pflanzen und nassem Gras. Wieder einmal sitze ich mit Eystein in der Leuchtturmküche und trinke Kaffee.

»Thomas, ich habe ein paar gute und ein paar schlechte Neuigkeiten. Die gute Nachricht ist: Lisa hat die Pläne mit ihrer Vereinigung zur Rettung des Leuchtturms aufgegeben. Zumindest habe ich nichts Neues mehr von ihr gehört.«

»Du hast mich gar nicht gefragt, welche Nachricht ich zuerst hören möchte.«

Eystein guckt irritiert.

»Na ja, normalerweise fragt man bei guten und schlechten Nachrichten, welche der andere zuerst hören möchte. Du hast aber sofort mit der guten Nachricht angefangen. Vielleicht hätte ich ja lieber zuerst die schlechten Nachrichten gewollt.«

Um Eysteins Mundwinkel legt sich ein Schmunzeln. Er versteht meinen Humor immer besser.

»Wie auch immer, Thomas, die schlechten Nachrichten kommen von Kystverket.«

»Natürlich. Das Küstenwerk!« Ich rolle mit den Augen. »Wenn es schlechte Nachrichten gibt, ist die Chance, dass hinter den schlechten Nachrichten eine Behörde steht, schon ziemlich groß. Aber was wollen die denn? Was habe ich mit denen zu tun?«

»Du weißt ja, Thomas, dass Kystverket der eigentliche Besitzer deines Leuchtturms ist. Und aller anderen Leuchttürme in Norwegen. Und aller Seezeichen. Tonnen, Bojen, Hafenanlagen, Piers. Es ist eine große, mächtige, einflussreiche Behörde. Ihr habt so was in Deutschland doch auch.«

»Ja, das Bundesamt für Seeschifffahrt und Hydrographie. Das klingt auch gleich viel deutscher als das freundliche Kystverket.«

»Lass dich nicht vom Namen täuschen. Die Behörde wird von Bürokraten und ehrwürdigen Kapitänen geleitet. Sehr traditionell. Wenig innovativ.«

»Na, da ist sie unserem Bundesamt sehr ähnlich.«

Eystein versucht mir etwas mehr Hintergrundwissen zu vermitteln, damit ich das System besser verstehen kann. »Die haben echt ein Problem mit den Leuchtturmanlagen. Außer einem sind alle Leuchttürme in ganz Norwegen automatisiert. Und weil alles automatisiert ist, gibt es auch keine Leuchtturmwärter mehr. Und ohne Leuchtturmwärter stehen die ganzen Leuchtturmhäuser leer, und niemand wohnt darin, der sie in Schuss halten könnte. So muss Kystverket die Häuser selbst betreuen und das, ohne dass sie sie eigentlich brauchen.«

»Aber dann sollten sie sich doch freuen, dass ein junger, engagierter Psychologe aus Deutschland sich eines Turmes annimmt und ihn wieder auf Vordermann bringt. Mit seiner eigenen Hände Arbeit und seinem eigenen Geld.«

Eystein ist sich der Problematik bewusst. Und wie schon häufiger, steht er auch jetzt wieder vermittelnd zwischen den Stühlen, um eine Lösung zu finden, mit der alle Beteiligten leben können. Eigentlich geht es nicht nur um Kråkenes fyr, sondern auch noch um drei weitere Anlagen, die der Gemeinde

Einer meiner Lieblingsplätze nach einem harten Arbeitstag.
Hier ist mein Traum von der Freiheit zu Hause.

Nach vielen Jahren bekommt der Leuchtturm
einen neuen Farbanstrich. 40 Meter unter mir: das Meer.

Das in den 1930er-Jahren gebaute Assistentenhaus hat seit etwa 40 Jahren keine Farbe mehr gesehen.

Das Licht über dem Meer.

Windstärke 14 im Jahr 2004. Die Parabolantenne ist dann doch noch abgerissen, sie liegt hier in den Felsen.

Dieses Bild wird tausendfach in den Medien genutzt,
wenn es um Sturm geht.

Auf der alten Mole, die zum Leuchtturm gehört,
wagen Bettina und ich nach unserer Hochzeit ein Tänzchen.

Waffelteig naschen mit Aussicht. Ananda liebte diesen Platz
nicht nur wegen des Panoramas.

Familienausflug zum Westkap. Der Wind hat immer zu unserer kleinen Familie gehört.

Die erste Fotoausbildung hat Lara bei mir bekommen. Jahre später stellt sie ihre preisgekrönte Fotoserie »Exposed Landscapes« in meiner neuen Scheune aus.

Ich fahre mit Bettina in meinem neuen Boot oft aufs Meer,
wenn das Wetter es zulässt.

Von hier aus kann man gut sehen, wie gewaltig die Klippe meines Leuchtturms über dem Meer aufragt.

Mit den Topmanagern von Coast Seafood bauen Rogier und ich eine Schneehöhle hoch in den Bergen. Übernachtung bei -15 Grad und tiefe Gespräche am Lagerfeuer

Die bekannte »Wetterdame« aus den Abendnachrichten, Eli Kari Gjengedal, kommt mit ihrem Team zum Dreh für eine große Serie über Wetter. Das Thema: Sturm.

Mario Adorf bei den Dreharbeiten zu »Enigma«.
Das Tor wurde nur für den Film aufgebaut.

Im Wohnzimmer des Leuchtturms
wo er den Journalisten »freundlich« empfängt.

Der Leuchtturm im Mondlicht, eins dieser Bilder,
das mit seiner Stimmung tief in meiner Seele verankert ist.

Starker Sturm aus Nordwest am Westkap. Kochende See. Das Boot, ein Ringwadenfischer, kämpft sich um das Kap. Alltag für die Westländer.

Schon immer habe ich die See geliebt, ohne Angst aber mit Respekt. 1991 fuhr ic
6 Monate auf dem Frachtsegler »Undine von Hamburg« als Psychologe und Bootsma

Schiff der Hurtigruten umfährt die Untiefe Bukketyvane am Westkap. Meine Arbeit
mit der Therapie gegen Seekrankheit hat auf der Undine und hier seine Wurzeln.

Teilnehmer des Traineeprojekts Framtidsfylket lernen im Kajak ihre Grenzen kennen. Die Kulisse, der Surfstrand von Hoddevik, unterhalb des Westkaps.

Vågsøy gehören, die auch für meinen Leuchtturm und die paar Häuser drum herum zuständig ist. Eystein hatte sie mir seinerzeit ja auch angeboten. Aber ich war der Krähennase verfallen, die anderen Leuchttürme interessierten mich gar nicht. Für den pflichtbewussten Wirtschaftsbeauftragten Eystein sind es aber drei Anlagen, deren Potenzial nicht genutzt wird. »Denk mal, als diese Anlagen vor etwa hundert Jahren von Hand gebaut wurden, oft unter unglaublich schwierigen Bedingungen, war Norwegen das mit Abstand ärmste Land Europas. Es gab keine Wege oder Straßen, alles musste zu Fuß oder mit dem Boot zum Bauplatz gebracht werden. Es gab auch noch keine Felsbohrmaschinen, alles wurde von Hand gebohrt und gesprengt, die Felsen dann mit Pferdefuhrwerken abtransportiert. Jetzt ist Norwegen mit Abstand das reichste Land der Welt. Und jetzt leisten wir uns noch nicht einmal, diesen Kulturschatz instand zu halten. Das ist ein Jammer. Was man alles aus den Gebäuden machen könnte. Tourismus, Kultur, Kunst. Aber sie interessieren niemanden und verfallen einfach.«

Er beschreibt, was ich die ganze Zeit gefühlt habe, aber nicht in Worte fassen konnte. »Kulturschatz? Ja, da hast du eigentlich recht. Kråkenes fyr ist ein Teil der norwegischen Küstenkultur und sollte bewahrt werden. Ebenso wie die anderen Anlagen.«

»Das sage ich doch.«

»Mir wird aber erst jetzt so richtig klar, dass dies ein ganz anders Licht auf meine Arbeit wirft. Ich bin nicht nur der Deutsche, der sich ein außergewöhnliches Haus geangelt hat. Das, was du mir erzählst, bindet meine Arbeit in ein größeres Bild. Ich mache das alles nicht nur für mich, auch nicht für die Nachbarn und Spaziergänger. Ich mache es für die Allgemeinheit. Für die norwegische Kultur. Hatte ich bis jetzt noch nicht so betrachtet. Fühlt sich gut an, Eystein. Groß.«

Er unterbricht meinen Gedankenstrom.

»Das hat Kystverket leider bis jetzt nicht erkannt. Für sie ist es eine Belastung, die sie gerne loswerden würden. Einige sagen offen, dass man alle Häuser abreißen sollte, um sie durch Betonpfähle mit Licht und Solarzellen zu ersetzen. Andere wollen die Häuser verkaufen oder sie eben verpachten.«

»Genau das haben wir doch gemacht. Ich habe doch den Leuchtturm gepachtet.«

Eystein winkt ab. »Und das Parlament hat vor einiger Zeit auch so entschieden. Was eigentlich gut ist. Aber es gibt eine Prioritätenliste für die Verpachtung. Ganz oben stehen Gemeinden oder Bundeslandverwaltungen. Dann kommen gemeinnützige Vereine oder Initiativen und so weiter bis hin zu Betrieben. Ganz unten stehen Privatpersonen. Aber eigentlich will niemand, dass die Leuchttürme an Privatleute verpachtet werden.«

»Und doch wohne ich dort. Und zahle Pacht.«

»Weil niemand sonst Kråkenes fyr haben wollte. Es gab nur dich und Lisa. Du hattest ein Konzept. Lisa nicht. Es gab keine andere Möglichkeit. Also hat Kystverket an die Gemeinde verpachtet und wir dann an dich.«

Das macht für mich Sinn, auch wenn es komplizierter als nötig ist. Und es erklärt vielleicht die in letzter Zeit aufgekommenen Kommunikationsprobleme. Denn alle meine Anfragen rund um den Leuchtturm blieben letztendlich unbeantwortet. Ich hatte gefragt, was ich eigentlich genau an der Anlage verändern und renovieren dürfe. Nach Farbe hatte ich gefragt und ob das Amt sie mir nicht stellen könnte. Schließlich ginge es ja um einen Leuchtturm, der nach wie vor in Betrieb sei. Und auch nach einer Vertragsverlängerung hatte ich gefragt. Ich bekam keine einzige Rückmeldung.

»Ist das der Grund dafür, dass ich keine Antwort auf meine

Anfragen bekomme? Ich habe langsam das Gefühl, dass die Leute von Kystverket es unter ihrer Würde empfinden, mit einem deutschen Auswanderer zu reden.«

»Genau«, bestätigt er. »Und hier fängt es jetzt an, schwierig zu werden. In der Gemeinde gibt es wenig personelle Ressourcen. Wir können nicht ständig die Vermittlung zwischen dir und der Schifffahrtsbehörde übernehmen. Das war so nicht geplant. Außerdem gibt es auch Leute, die dich nicht unterstützen wollen, da passiert dann eben einfach nichts.«

»Aber wo ist das Problem, dass die altehrwürdige Behörde direkt mit mir spricht? Das würde alles einfacher machen. Und schneller. Kurzer Dienstweg, statt alles nach Vorschrift zu erledigen. In den vergangenen Monaten habe ich euch eigentlich als ein Volk der Macher und Anpacker kennengelernt. Nicht lang reden – machen.«

Eystein lächelt, als würde ihn solch ein Kompliment aus dem Mund eines deutschen Auswanderers ganz besonders freuen. In der Regel wird ja eher uns Deutschen eine gewisse Liebe für Regeln, Vorschriften und Verordnungen unterstellt. »Ja, das stimmt auch oft. Aber längst nicht immer. Für Kystverket sind die Vorgaben schon wichtig. Deshalb verweigert man konsequent den Kontakt mit dir. Du bist eine Privatperson. Und mit Privatpersonen spricht die Behörde im Fall der Leuchttürme nicht.«

Ich brauche etwas, um die Tragweite dessen zu verstehen, was Eystein mir da soeben unterbreitet hat. »O. k., deshalb bekomme ich keine Antwort auf meine Anfragen? Das ist doch jetzt nicht dein Ernst.«

»Der Chef hat das seinen Leuten explizit gesagt. Keinen Kontakt mit Thomas, dem einzigen privaten Pächter in Norwegen, das gibt nur Schwierigkeiten, und Kystverket hat keinen Vertrag mit dir.«

Ich fange an zu begreifen, was das bedeutet. »Das heißt, dass ich weder Hilfe noch Auskunft erwarten kann, weder Unterstützung noch Informationen darüber, was ich darf und was nicht. Das heißt, dass alles, was ich jetzt mache, das Risiko in sich trägt, dass ich es später wieder rückgängig machen muss?«

Eystein setzt zu einer Erklärung an. Ich hebe die Hand, um ihm zu zeigen, dass ich noch nicht fertig bin. »Warte, warte, warte. Und das heißt auch, dass ich den halben Leuchtturm verbotenerweise anmale? Wer außer mir hat denn eigentlich Interessen daran, dass Kråkenes fyr wieder zu altem Glanz erstrahlt?« Mein Tonfall ist jetzt lauter, bestimmter und wütender, als er es von mir gewohnt ist. Lauter auch, als ich es von mir gewohnt bin. Wieder ist da das Gefühl der Ausgrenzung. Wie nannte er es neulich noch? »Ausgefroren.« Und dazu braucht es noch nicht einmal den Winter. Das klappt hier auch bei sommerlichen Temperaturen.

Eystein schaut frustriert, genervt und fragend zu mir rüber. Ich nicke leicht, er fährt fort. »Thomas, du weißt, dass ich auf deiner Seite stehe. Ich glaube sogar, dass wir eigentlich alle auf der gleichen Seite stehen. Alle wollen, dass der Leuchtturm schön ist. Alle wollen, dass er wieder strahlend weiß von der Klippe strahlt. Und alle wollen, dass dort Leben einzieht und im Idealfall weiteres Leben anzieht.«

»Aber wo ist das Problem? Du sagst, dass wir alle eigentlich an einem Strang ziehen. Aber komischerweise merke ich davon nichts. Mit mir will man ja noch nicht einmal reden.«

»Ja, ich glaube wirklich, dass wir alle das Gleiche wollen. Aber keiner will etwas dafür bezahlen müssen. Und dann kommst du daher, ein Deutscher, als Privatperson und eben kein Verein. Das wird als potenziell gefährlich eingestuft.«

»Kommt jetzt wieder die Geschichte mit der Geschichte? Der böse Deutsche? Läuft es echt wieder darauf hinaus?«

»Thomas, bitte, reg dich nicht so auf. Vergiss nicht, dass die Deutschen im Zweiten Weltkrieg den Leuchtturm okkupiert hatten. Das hat sich tief ins Gedächtnis eingegraben. Natürlich hält dich heute niemand mehr für einen gefährlichen Nazi. Aber mancher findet dich vielleicht gefährlich, weil er das Gefühl hat, dass du ihm etwas wegnimmst.«

»Was wegnehmen? Das ist doch absurd. Ich gebe doch total viel.«

»Es tut mir auch echt leid für dich, dass das so schwer ist. Ich weiß ja genau, dass niemand außer dir verrückt genug ist, so etwas auf sich zu nehmen. Und du machst das mit viel Kraft und Liebe. Der Leuchtturm braucht dich.«

Eysteins Zuspruch tut gut und bestätigt meine hohe Meinung, die ich von ihm habe. Aber was er sagt, zeigt mir, dass es jetzt nicht leichter für mich werden wird. Mein Projekt ist wahrscheinlich nicht akut gefährdet. Aber mir fehlt das Gefühl von Sicherheit. Nicht die superabgesicherte Vollkasko-Bausparvertragssicherheit, schon klar. Aber ein wenig mehr festen Boden unter den Füßen hätte ich schon gerne. Seit dem 1. Juni hänge ich ein Stück weit in der Schwebe. Nichts ist wirklich sicher. Der Pachtvertrag ist auf zwei Jahre befristet. Das sind zwei Sommer. Und mein erster Sommer neigt sich bereits dem Ende entgegen. Aber wie so oft reagiere ich mit Kampfmodus, nicht mit Flucht. Ich werde mich von Kystverket und den ganzen Skeptikern nicht unterkriegen lassen. Ich werde allen zeigen, dass ich einer von den Guten bin. Wie ich das machen werde? Mal schauen, mir wird schon etwas einfallen.

Eystein verabschiedet sich von mir und wünscht mir alles Gute. Er wird weiterhin für mich da sein, soweit sich das machen lässt, sagt er. »Danke«, sage ich. »Das kann ich gut gebrauchen.«

Abends stehe ich wie immer mit Aksel an der Brüstung des Leuchtturms, und wir schweigen einige Momente lang das Meer an. Dann fasse ich mir ein Herz und erzähle ihm die Neuigkeiten von Kystverket, die ich von Eystein bekommen habe, und auch die Geschichte von Lisa und ihrem Verein. Bisher hatte ich das für mich behalten.

»Lisa hat alle gefragt, ob sie bei den Freunden des Leuchtturms mitmachen möchten. Mich auch. Nur dich nicht. Warum Thomas nicht?, habe ich sie gefragt. Das konnte sie nicht beantworten. Oder wollte nicht antworten.«

»Das hat Eystein mir auch alles erzählt.«

»Wie kannst du einen Verein für Freunde des Leuchtturm gründen und den Einzigen, der etwas für den Leuchtturm tut, nicht dabeihaben wollen?, habe ich Lisa wütend gefragt. Auch da hat sie keine Antwort gehabt.«

»Danke, Aksel.«

»Warum? Das ist doch so. Bevor du kamst, stand der Leuchtturm jahrelang leer. Ich weiß es doch am besten, wie es dort aussah. Habe das Nötigste gemacht, wenn es was zu machen gab. Aber jetzt ist es besser.«

»Das Dorftier sieht das aber nicht so.« Aksel schaut mich irritiert an. »Na, Bygdedyret, das Dorftier«, erkläre ich ihm.

»Hat Eystein dir davon erzählt? Er sieht das Tier überall. Klappt etwas nicht so, wie er es sich vorstellt – Bygdedyret. Gibt es irgendwo Probleme – Bygdedyret. Aber in deinem Fall hat er wahrscheinlich recht.«

Ich bin Aksel dankbar, dass er zu mir hält, wäre aber glücklicher gewesen, wenn er mir das alles schon eher erzählt hätte. Aus eigenem Antrieb. Aber das sage ich nicht. Und es passt auch nicht zu ihm. »Aber wie kann ich das Dorftier zähmen?«, frage ich Aksel. Er zuckt nur mit den Schultern und schweigt wieder das Meer an.

Ein paar Tage später habe ich dann aber eine Idee, wie ich Bygdedyret füttern und somit besänftigen kann. Lisa ist mit ihren Geschichten über mich vor allen Dingen bei den Menschen erfolgreich, die mich nicht persönlich kennen. Und die gar nicht so genau wissen, was ich auf dem Leuchtturm eigentlich so mache. Deswegen hatte sie bei Aksel ja auch keinen Erfolg, er weiß das. Also rufe ich die Redaktion von *Fjordenes Tidende*, der örtlichen Tageszeitung, in Måløy an und biete ihnen an, über meine Pläne und meine Geschichte zu schreiben. Da hier draußen meist nicht so viel passiert, nehmen sie mein Angebot dankbar an. Ein Journalist besucht mich. Er macht Fotos von den völlig vergammelten Stellen im Haus und auch von den Bereichen, die ich bereits renoviert habe. Zusammen mit meinen Ausführungen, was ich schon alles geschafft habe und welche Pläne ich für die kommende Saison schmiede, entsteht so eine tolle Vorher-nachher-Geschichte. Überschrift: »Leuchtturm wird Seminarhaus«. Das ist zeitlich zwar sehr weit vorweggegriffen, aber letztendlich immer noch mein Plan.

Der Artikel kommt gut an und ändert einiges für mich: Die Stimmung in der Umgebung wird – für mich deutlich spürbar – besser. Ganz Måløy weiß jetzt etwas mehr über mich und meine Ideen. Deutlich mehr Besucher finden den Weg hier raus. Und sie sind auffallend nett. Mehr als einmal muss ich erklären, dass ich es wirklich bin, der den Leuchtturm gepachtet hat und es keinen bösen, bärtigen Deutschen um die fünfzig gibt, der dieses Kleinod für sich allein nutzen will. Ich bin zufrieden und freue mich, dass mein Plan erfolgreich war. Fürs Erste habe ich das Dorftier besänftigt. Es frisst mir vielleicht noch nicht aus der Hand, aber es fällt auch nicht über mich her. Man muss ihm halt nur die richtigen Leckerchen anbieten, dann heißt es: »Guten Appetit, Bygdedyret!«

10

Einmal zurück nach Hamburg und zurück

Einige Wochen sind vergangen seit Eysteins Neuigkeiten und der anschließenden Geschichte in der *Fjordenes Tidende*. Es ist längst Herbst geworden, als ich eines Morgens die Tür des Leuchtturms hinter mir zuziehe und mir noch einmal ganz bewusst die Umgebung anschaue. Viel erkennen kann ich nicht. Es hat gerade erst zu dämmern angefangen, und das Grau des Himmels hebt sich nur leicht vom Schwarz der nassen Wiesen auf den Hügeln ab. Ich atme tief ein, als wolle ich den Ort ein letztes Mal ganz in mich aufnehmen. Feucht-kalte Luft füllt meine Lungen. Ich schmecke das Salz des Nordmeeres auf meiner Zunge. Dann wieder ausatmen. Loslassen.

Es ist der 1. November 1994, und heute fahre ich zurück, um den Winter in Deutschland zu verbringen. Dieser Plan stand bereits im Sommer fest, als ich mich auf den Weg Richtung Norwegen machte. Vielleicht hatte ich Angst vor meiner eigenen Courage und wollte mir ein Hintertürchen offen halten. Vielleicht wollte ich noch nicht ganz den Sprung über die raue Nordsee wagen. Vielleicht war ich auch einfach nur vernünftig. Denn mein Plan ist sinnvoll. Statt den langen, dunklen und kalten Winter hier zu verbringen und sowieso keine nennenswerten Einnahmen zu haben, habe ich ein paar Lehraufträge an meiner Uni angenommen. Ich werde Anfang des kommenden Jahres einige Blockseminare geben. Das spült etwas Geld in meine Kasse, in der nach dem ersten Sommer und den verschiedenen Arbeiten am Haus gerade ziemliche Ebbe herrscht. Außerdem kann ich die Zeit in Deutschland gut nutzen, um den Leuchtturm als Reiseziel bekannter zu machen. Die verschiedenen Besuchergruppen in den vergangenen Monaten haben mir ja gezeigt, dass der Ort touristisch genutzt werden könnte.

Und obwohl das alles sehr gute Argumente dafür sind, die nächsten Monate in Deutschland zu verbringen, so gute Argumente, dass sie sogar meinen Vater beeindrucken könnten, spüre ich einen großen Unwillen. Trotzig mosert der kleine Junge in mir, dass er hierbleiben möchte. Und ich kann ihn verstehen.

Ich setze mich in meinen vollgepackten Transporter, stecke den Zündschlüssel ins Schloss, schaue vor mir auf die sich windende Schotterpiste, die schon ein paar Meter weiter im Halbdunkel verschwindet. Habe ich nichts vergessen? Die Heizungen sind runtergestellt, die Türen sind abgeschlossen, alle nicht notwendigen Sicherungen abgestellt. Und falls irgendetwas sein sollte, wird sich Aksel bei mir melden. Meine Telefonnummer in Hamburg habe ich ihm zur Sicherheit dagelassen. Alles ist erledigt, meine Saison ist beendet. Ich kann los.

Noch bevor ich den Motor starten kann, schießen mir Tränen in die Augen. Ich sitze frühmorgens allein in meinem Wagen, irgendwo im Nirgendwo, und heule wie ein kleiner Junge, den man aus seinem selbst gebauten, gerade erst fertiggestellten Baumhaus zerrt. Es ist verrückt, wie schnell ich mich an dieses Leben an diesem Ort gewöhnt habe. Ich will nicht weg. Es dauert noch eine ganze Weile, bis ich mich so weit beruhigt habe, dass ich wirklich losfahren kann. Als ich schließlich über die schmale Schotterpiste Richtung Osten aufbreche, vermeide ich es ganz bewusst, noch einmal in den Rückspiegel zu schauen. Ich muss jetzt nach vorne blicken – damit ich mein Ziel nicht aus den Augen verliere. Und mein Ziel ist der kommende Mai. Dann werde ich zurückkehren.

In Hamburg finde ich mich nur schwer in das hektische und laute Großstadtleben ein. Ich freue mich natürlich, meine Tochter Lara wiederzusehen, die inzwischen ein Schulkind geworden ist. Als ich sie das erste Mal nach einem halben Jahr im Arm halte, überkommt mich ein schlechtes Gewissen. Ihre Einschulung habe ich verpasst, war nur übers Telefon für sie da. Ich wollte ihr immer ein guter Vater sein, trotz der Trennung von ihrer Mutter. Und gleichzeitig konnte ich nicht meinen Lebenstraum verwerfen. Ich musste nach Norwegen. An den Leuchtturm.

Und endlich treffe ich auch wieder meine Familie und alte Freunde, aber wenn ich abends im Bett liege und der Straßenlärm von unten in mein Zimmer kriecht, dann wünschte ich, ich läge in meinem Bett auf Kråkenes fyr und das monotone Brandungsrauschen würde mich sanft in den Schlaf begleiten. Direkt in den ersten Tagen ziehe ich eine Bilanz der Saison. In einem Notizbuch habe ich mir immer wieder aufgeschrieben, welche Arbeiten ich am Leuchtturm vorgenommen habe, was ich an Material gekauft und wie viele Arbeitsstunden ich investiert habe. Das Ergebnis haut mich fast aus den Socken. In den fünfeinhalb Monaten seit dem ersten Juni habe ich knapp 760 Arbeitsstunden an handwerklichen Tätigkeiten angesammelt. Ich habe die Elektrik ausgebessert, das Wasser im Haupthaus zum Laufen gekriegt bzw. Handwerker beaufsichtigt, die das gemacht haben, die Fenster im Assistentenhaus restauriert und die Außenwände von beiden Gebäuden gemalt. Bei einer 40-Stunden-Woche sind das allein gute vier Monate. Dazu die Zeit mit den Behörden, die ersten Besucher-Gruppen, meine Eltern – der Leuchtturm ist ein Fulltime-Job. Ich bin zufrieden und stolz.

Anfang Dezember klingelt das Telefon, und ich habe meinen alten Freund Øystein am anderen Ende der Strippe. »Hallo, Thomas, wie geht es dir in Deutschland? Vermisst du das schöne, kalte Norwegen?«

»Was soll ich darauf antworten, Øystein? Das Wetter ist bei euch bestimmt schöner. Kälter, aber irgendwie gemütlicher als der nasse Hamburger Winter.«

»Na, dann komm doch über Weihnachten hoch zu uns. Hast du Lust?«

Der kleine Junge in mir hüpft vor Freude wie ein Flummi. »Ist das dein Ernst?«

»Ja, Mann. Ich würde mich freuen. Und die anderen auch. Es kommen alle zusammen.«

Ich überlege ein paar Sekunden lang. Der kleine, hüpfende Junge ist die eine Sache. Auf der anderen Seite stehen meine Eltern. Weihnachten ist ja immer so ein Familiending. Die werden es bestimmt nicht so super finden.

»Hallo? Bist du noch da?«

»Ja, ich bin noch da, musste nur kurz etwas überlegen.«

»Und?«

»Ich freue mich. Wann soll ich hochkommen?«

Und so sitze ich am 24. Dezember im trubeligen Wohnzimmer von Øysteins Mutter Anna in Måløy und bewundere das pure Leben, das sich da zeigt. Anna ist ursprünglich aus Tromsø, hoch im Norden Norwegens, und hat das entsprechende Temperament, das eher an Italiener erinnert und so gar nicht typisch westländisch ist. Zu mir ist sie immer ganz besonders warmherzig und freundlich.

Das Haus von Anna liegt in einer Siedlung nahe der Straße. Ihr Mann, der schon lange nicht mehr lebt, war Kapitän auf Fischkuttern und hat es, wahrscheinlich mit viel Charme und Überredungskunst, geschafft, sie aus Nordnorwegen nach Måløy mitzunehmen. Das Haus hat er noch selbst gebaut, mit seinen eigenen Händen. Und zwar so, dass das Meer nicht zu sehen ist. Was in dieser Gegend nicht leicht ist. In der wenigen Zeit, die er zu Hause verbringen konnte, wollte er das Meer nicht sehen müssen. Was für eine absurde Vorstellung, denke ich.

Zu Weihnachten sind alle Geschwister von Øystein gekommen. Es herrscht ein lautes Durcheinander, überall liegt zerknülltes Geschenkpapier, und im Gegensatz zur eher getragenen Weihnachtsstimmung in Deutschland wirkt das hier mehr wie eine große Party. Die allerdings in einem massiv weihnachtlich dekorierten Haushalt stattfindet. Der Christbaum reicht bis unter die Decke und ist opulent mit kleinen Sternen, Engeln und funkelnden Kugeln geschmückt. Auf Tischen, Kommoden und Fensterbänken stehen Kerzen. An den Wänden hängen handgemachte Deko-Stücke aus Holz und Stroh sowie eine ganze Reihe der traditionellen norwegischen Weihnachtsstrümpfe, die in bunten Farben gestrickt sind und darauf warten, mit kleinen Überraschungen gefüllt zu werden. Ich fühle mich pudelwohl. Die meisten Geschwister Øysteins kenne ich seit vielen Jahren, seine Mutter hat mich von Anfang an in ihr Herz geschlossen, und dadurch, dass ich jetzt endlich einigermaßen Norwegisch spreche und verstehe, bin ich mittendrin und ganz dabei. Wenn Øysteins Mutter nicht gerade in der Küche steht, sitzt sie auf dem Sofa, umgeben von

Kissen, die mit Weihnachtsmotiven bestickt sind, und bekommt nach und nach Geschenke und Karten von ihren Kindern überreicht. Die Geschenke scheinen sie nicht sonderlich zu interessieren, sie legt sie unausgepackt beiseite und liest dafür aber sehr genau die Grüße auf den Karten.

Ich muss kurz an meine Eltern denken, die gerade wahrscheinlich zu sechst mit meiner Schwester, ihrem Mann und den zwei Enkelkindern am festlich gedeckten Tisch sitzen und deutlich weniger fröhlich den Heiligabend verbringen werden.

Das Highlight des Abends, auf das alle gewartet haben, beginnt etwas später: das Weihnachtsessen. So wie bei uns in Deutschland in vielen Haushalten am Heiligabend Kartoffelsalat mit Bockwürsten serviert wird, haben auch die Norweger ihre Tradition. Es gibt Pinnekjøtt, was übersetzt »Stockfleisch« bedeutet. Ein köstliches Gericht aus gepökeltem und getrocknetem Lammfleisch, das aufwendig zubereitet wird. Schon Tage vor dem Heiligabend wird das gepökelte Lammfleisch in Wasser eingelegt, um den Salzgehalt zu reduzieren. Anschließend wird das Fleisch auf frisch geschlagenen, entrindeten Birkenstöcken über kochendem Wasser gedämpft, bis es schön zart und saftig ist. Das ganze Haus ist mit dem Duft von Kräutern, Lamm und einem Hauch Birke gefüllt. Und da in halb Norwegen zu Weihnachten Pinnekjøtt gekocht wird, ist dieser Geruch vielleicht der Inbegriff fürs norwegische Weihnachtsfest.

Als das Essen serviert wird, versammeln wir uns alle um einen festlich gedeckten Tisch herum. Das Pinnekjøtt ist zart und aromatisch, in unzähligen Schüsseln sehe ich Beilagen wie Sauerkraut, Kartoffeln und verschiedene Soßen. Ich schließe kurz die Augen, nehme das Stimmengewirr in mich auf, das

Klappern der Teller und des Bestecks, und bin dankbar, Teil dieser norwegischen Weihnachtstradition sein zu dürfen. Vielleicht auch: heute Teil von Øysteins Familie sein zu dürfen. Dann stupst mich Øystein an, fragt: »Alles gut, Thomas?«, und drückt mir eine bis zum Rand gefüllte Schüssel mit Kartoffeln in die Hände.

»Bestens.« Ich genieße das köstliche Mahl inmitten von fröhlichen Gesprächen und Lachen und fühle mich so gut wie seit Wochen nicht mehr. »Ich hatte seit November Heimweh«, sage ich strahlend zu Øystein. »Aber jetzt ist alles gut.«

Nach dem Festessen sitzen wir noch lange zusammen, trinken Gløgg, die norwegische, meist alkoholfreie, dafür mit Mandeln und Rosinen gespickte Form des Glühweins. Wir hören die Geschichten, die Øysteins Geschwister zu erzählen haben, reden, lachen und sind herrlich unbeschwert und … irgendwie frei.

»Das war das beste Weihnachtsfest, das ich in diesem Jahr haben konnte«, sage ich zu ihm, als ich mich spät in der Nacht, angetrunken und satt, zum Schlafen ins Gästezimmer verdrücke. »God jul«, sagt Øystein.

»Ja, das ist wirklich ein god jul für mich.«

II

Die Leuchtturmkönigin

Nach den wunderschönen Weihnachtstagen in Norwegen bei Øysteins Familie holt mich daheim in Hamburg der schnöde Alltag ein. Anfang des Jahres lasse ich Visitenkarten und Flyer mit einem Foto vom Leuchtturm drucken, das ich selbst geschossen habe, und verteile sie bei jeder sich bietenden Gelegenheit. Einige platziere ich an der Uni, andere gebe ich Kollegen und Freunden mit, und die Menschen, die mich bereits am Leuchtturm besucht haben, bekommen natürlich auch ein paar Flyer zugeschickt, in der Hoffnung, dass sie in der kommenden Saison wiederkommen werden. Immerhin bin ich ab Mitte Februar mit den verschiedenen Blockseminaren für meine Studierenden beschäftigt, sodass ich nicht täglich an Kråkenes denken muss.

So wird es Frühling, der 1. Mai rückt näher, und ich merke, wie meine Vorfreude mit jedem Tag ein wenig wächst. Im April feiert mein ehemaliger Geschäftspartner Franz seinen Geburtstag im Finnegan's Wake, einem kleinen urigen Pub an der Börse, unweit des Hamburger Rathauses. Es ist kurz nach Mitternacht. Ich stehe etwas verloren in der Gegend rum und schaue mir an, wie Chrissie, seine Freundin, ihm einen Luftballon mit einer Karte für ein Bruce-Springsteen-Konzert überreicht. Franz ist ganz begeistert, küsst Chrissie immer wieder vor lauter Dankbarkeit, die ihm daraufhin etwas ins Ohr flüstert. Beide lachen, reden weiter, knutschen weiter. Ich stehe daneben und komme mir ziemlich verloren und überflüssig vor. Es war von Anfang an eine ziemlich bescheuerte Idee von mir, mit den beiden mitzukommen. Selten passte das geflügelte Wort vom fünften Rad am Wagen besser als hier und heute. Verlegen halte ich mich also etwas im Hintergrund und warte auf eine günstigere, ruhigere Gelegenheit, um dem Geburtstagskind zu gratulieren. Danach werde ich dann noch aus Höflichkeit eine Viertelstunde bleiben und kann mich anschließend reinen Gewissens verabschieden. So ist der Plan. Aber dazu müssten die beiden erst einmal mit ihrem Pärchenkram aufhören.

Aus den Boxen verabschieden sich die Pogues traurig von Liverpool und der einzig wahren Liebe. Der Pub ist zum Bersten gefüllt, ständig werde ich angestupst, um jemanden vorbeizulassen, der zur Theke will. Dazu ein irres Stimmengewirr, weil jede Unterhaltung gegen die Musik ankommen muss. Ich wünschte mir sehr, diese Frühlingsnacht in Kråkenes fyr verbringen zu können. Mit weniger Trubel, weniger Lärm und weniger Menschen.

Ich glaube, der Grund, warum ich mich so unwohl fühle, ist nicht allein die Tatsache, dass die beiden sich hier gerade wie zwei verliebte Teenager verhalten und ich völlig abgemeldet bin. Da ist noch mehr im Argen: Zwischen Franz und mir war die Stimmung schon einmal besser. Wir haben ein paar Jahre lang gemeinsam Skireisen organisiert und viele angehende Sportwissenschaftler weitergebildet. Meine Auswanderung nach Norwegen hat ihn nicht begeistert, weil es natürlich auch das Ende unserer Zusammenarbeit bedeutet. Das nimmt er mir persönlich übel. Dieser Konflikt schwebt seitdem immer über uns, wenn wir uns sehen. Meist unausgesprochen, aber massiv spürbar.

Da das Flüstern und Knutschen zwischen den beiden kein Ende zu nehmen scheint, beobachte ich aus Verlegenheit die anderen Gäste im Pub. Das Publikum ist bunt gemischt. Hinten werfen ein paar Studenten Pfeile auf einen Dartautomaten. An Tischen sitzen viele Grüppchen, einzelne Paare sehe ich kaum. Ist wahrscheinlich etwas zu laut und trubelig, um sich bei einem Date besser kennenzulernen. Vorn am Tresen unterhalten sich zwei Männer auf Englisch. Vor ihnen auf der Theke steht ein Körbchen mit Erdnüssen, daneben liegt ein beachtlicher Berg an Erdnussschalen. Am anderen Ende des Tresens sehe ich zwei Frauen, die sich ebenfalls in einem Gespräch befinden.

Mein Herz hüpft vor Freude, denn eine der beiden strahlt mich an, während sie weiter mit ihrer Freundin redet. Oder besser gesagt: Ihre Haare strahlen mich an. Feuerrote, lange Haare. Dazu ein Paar funkelnder Augen und eine Haut, so hell und blass, als hätte jemand die Frau geradewegs von der Irischen Insel in diesen Pub gebeamt. Ich bin hin und weg, lächle zu ihr rüber, sie guckt einen Moment lang irritiert, weil sie nicht genau weiß, ob mein Lächeln ihr gilt, und redet dann weiter mit ihrer Freundin.

Ich schaue zum Geburtstagskind rüber, aber bei den beiden ist kein Ende abzusehen. Meine Stimmung sinkt dadurch weiter. Wenn die beiden so innig weitermachen, werde ich mich gleich wortlos verziehen. Ich stehe doch hier nicht die halbe Nacht lang wie ein Hampelmann rum und warte darauf, bis Franz sich dazu aufrafft, meine Glückwünsche anzunehmen.

»Manchmal muss man die Dinge einfach mal loslassen«, sagt eine Frauenstimme hinter mir. Ich drehe mich um, will wissen, wer mir da diesen weisen Spruch in den Nacken gesprochen hat, und blicke in die strahlenden Augen der rothaarigen Schönheit.

Mir entwischt ein begeistertes: »Wow, woher weißt du das?« Selten hat ein Kommentar so gut, so treffend und deutlich meine Situation zusammengefasst. Als hätte die Schönheit mich seit mindestens zwei Stunden konstant beobachtet und jede Geste, jedes Zucken meiner Augenbrauen analysiert, um anschließend noch eine Runde durch meine Gedanken zu kreisen. Ist es Zufall, dass ihr Satz gerade so super passt? Oder hat sie das wirklich alles in mir oder aus dieser Situation gelesen? Wenn das so ist, muss sie wahnsinnig feine Antennen für andere Menschen haben. Da sie auf meine Frage aber gar nicht antwortet, schiebe ich schnell eine Erklärung hinterher. Jetzt bloß kein unbehagliches Schweigen entstehen lassen. Sonst dreht sie sich gleich wieder um und ist weg. »Ich warte darauf, endlich dem Geburtstagskind zu gratulieren«, sage ich und deute auf Franz und Chrissie. »Aber irgendwie komme ich nicht zum Zug. Ich heiße übrigens Thomas.«

»Ich bin Bettina.«

»Bist du öfter hier?«

»Selten. Und eigentlich wäre ich sowieso lieber ganz woanders.«

»Kenne ich. Geht mir auch so.«

»Das sieht man dir auch ein wenig an«, sagt sie und schaut mir ein, zwei Sekunden länger als nötig in die Augen. Diese ein, zwei Sekunden, die einem sagen sollen: Ich bin an dir interessiert.

»Wo wärst du denn lieber, wenn nicht hier, in diesem zu lauten Pub mit einem netten Psychologen an deiner Seite?«

Sie schmunzelt über meinen etwas hilflosen Versuch, ein paar Infos über mich in meine Frage einzubauen. »Also am allerliebsten wäre ich jetzt an der Küste Irlands. Irgendwo nah am Wasser. Ich hätte ein kleines Cottage, das inmitten saftiger, grünen Wiesen läge. Und in dem ich mir eine kleine Praxis als Heilpraktikerin einrichten würde. Das wäre besser als ein Hamburger Pub mit einem etwas verloren wirkenden Psychologen.«

Mein Herz hüpft erneut. Noch höher, noch wilder. »Das kann ich verstehen, die irische Küste ist toll. Aber kennst du die Westküste Norwegens? Das sieht da ganz ähnlich aus. Steile Klippen, wildes Meer und jede Menge grüner Hügel.«

Sie schüttelt ihren Kopf. Die roten Haare tanzen. Mein Herz tanzt mit.

»Also, da an der Westküste könnte ich dir ein Haus anbieten. Sogar einen Leuchtturm. Direkt am Wasser, umgeben von grünen Wiesen.«

Sie schaut mich an, als sei ich einer der üblichen Kneipenschwätzer, der jede noch so verrückte Geschichte erzählt, nur um bei der angesprochenen Frau gut dazustehen. Wortlos ziehe ich mein Portemonnaie aus der Hosentasche und zeige ihr ein Bild von Kråkenes fyr. Es zeigt den Leuchtturm inmitten einer riesigen Welle. Ein Postkartenmotiv, bei dem alles stimmt: Belichtungszeit, Tiefenschärfe und genau im richtigen Moment den Auslöser gedrückt. Solch ein Bild würde ich auch gerne noch einmal schießen. Bisher ist mir das noch nicht gelungen.

Und ich gebe zu, es beeindruckt meine Gesprächspartner auch regelmäßig. »Hier, das ist der Leuchtturm. Dort wohne ich.« Als müsste ich einen zusätzlichen Beweis erbringen, dass ich wirklich dort lebe, drücke ich ihr auch noch eine Visitenkarte mit meiner norwegischen Adresse in die Hand.

Bei Bettina hat das Bild allerdings nicht die erhoffte Wirkung. »Ach, Norwegen«, sagt sie hörbar unbeeindruckt, »meine Freundin liebt dieses Land. Warte mal, ich hol sie eben.«

Ich sacke innerlich zusammen, stehe wie ein begossener Pudel in einem überfüllten Hamburger Pub und möchte am liebsten im Boden versinken.

Ein paar Momente später steht ihre Freundin neben mir. Bettina aber bleibt auf Abstand und steht wieder hinten am Tresen.

Ihre Freundin ist nett. Aber nach ein paar Minuten Small Talk versteht sie, dass ich kein Interesse an ihr habe. Wir verabschieden uns ein wenig unbeholfen, dann schaffe ich es endlich, Franz zum Geburtstag zu gratulieren. Unsere Meinungsverschiedenheiten thematisieren wir nicht. »Mit wem hast du denn da gerade rumgestanden?«, fragt er interessiert und vermeidet so, dass unser Gespräch vielleicht doch noch in ernstere Themen abgleiten könnte. »Die hat mit ihren roten Haaren ja den halben Laden ausgestrahlt.«

Kurz darauf verabschiede ich mich. Meine Laune ist im Keller. Ich hoffe zwar, dass ich beim Rausgehen noch einmal Bettina treffe, aber ich finde weder sie noch ihre Freundin.

Draußen ziehe ich die kühle Frühlingsluft in meine Lungen und lasse das Kennenlernen mit Bettina noch einmal Revue passieren. Hätte ich irgendetwas anders machen sollen? Warum hat sie mich so kühl abblitzen lassen? Ich habe keine Ahnung. Das ärgert mich. Und trotzdem merke ich, wie ich bis über beide Ohren grinse. Was. Für. Eine. Frau.

In den folgenden Wochen besuche ich noch mehrfach den Pub. Bettina treffe ich nicht wieder. Und dann ist es endlich so weit. Ich fahre zurück nach Kråkenes.

12

Das zweite Jahr

Mit jedem Kilometer, den ich hinter mir lasse, steigt meine Aufregung. Seit Weihnachten war ich nicht mehr in Norwegen. Jetzt ist es Anfang Mai.

Hat das Gebäude die Winterstürme wohl gut überstanden?

Wie sehen die Räume aus, nachdem sie gut sechs Monate lang unbewohnt waren?

Werde ich wieder ganz von vorn anfangen müssen?

Oder kann ich da weitermachen, wo ich Ende Oktober aufgehört habe?

Diese Fragen drehen sich seit Stunden in einer Endlosschleife durch meinen Kopf, während ich alle paar Kilometer auf den Tacho blicke und im Kopf die verbleibenden Kilometer bis Kråkenes ausrechne. Aber über diese Fragen nachzudenken, ist müßig. Meine deutsche Telefonnummer hatte ich Aksel dagelassen, nur für den Fall der Fälle. Da er sich nicht gemeldet hat, wird das Haus schon nicht abgebrannt sein.

In Nordfjordeid durchquere ich den Ortskern mit seinen strahlend weißen Holzhäusern und biege kurz darauf scharf links ab. Über knapp 50 Kilometer schlängelt sich die RV 15 nun am Ufer des Nordfjords entlang. Ich weiß nicht warum, aber für mich beginnt in Nordfjordeid gedanklich die letzte Etappe. Wenn ich auf der R15 bin, dann habe ich immer das Gefühl, dass ich jetzt schon auf genau der Straße bin, die mich zum Leuchtturm führt. Dass ich fast schon da bin. Und ein wohliges

Heimatgefühl macht sich breit. Objektiv stimmt das Gefühl nicht so ganz, denn die Reichsstraße 15 endet in Måløy, und von dort ist es auch noch eine gute halbe Stunde Fahrt bis zum Leuchtturm. Aber was weiß das Herz schon von Straßenkarten?

Es ist früher Nachmittag, als ich meinen Transporter auf den Hof vor dem Leuchtturm abstelle und einmal tief durchatme. Das Haus steht noch. Schnell steige ich aus dem Wagen. Mein Blick wandert über das Gebäude und checkt sensible Bereiche. Die Fenster sind noch heile, die Schadstellen, an denen der Beton abgeplatzt war, sind auch nicht größer geworden. Die Brüstung, die das Haus an drei Seiten umschließt und die auf mich immer den Eindruck macht, als würde sie das Gebäude davor bewahren, die Klippe hinabzustürzen, steht ebenfalls noch.

Enttäuscht bemerke ich allerdings, dass Herbst, Winter und Frühling den weiß gemalten Außenwänden ziemlich zugesetzt haben. Wüsste ich es nicht besser, würde ich vermuten, dass der Anstrich mindestens ein Jahrzehnt auf dem Buckel hat. An vielen Stellen hat sich die Farbe vom Untergrund gelöst. Ich tippe prüfend mit den Fingerkuppen über die Farbe. Sie lässt sich leicht eindrücken und spannt sich wie eine lose Haut über die Wand. Mit dem Fingernagel knibbele ich geldstückgroße Farbfetzen vom Untergrund und trauere seufzend den vielen Arbeitsstunden nach, die ich ins Malen investiert habe. Alles umsonst.

Egal. Ich habe einen ganzen Sommer Zeit, die Fassade des Hauses wieder herzurichten. Und Malerarbeiten haben ja auch etwas Meditatives.

Ich gehe zur Vordertür, wundere mich etwas, dass sie nicht abgeschlossen ist, und betrete das Haus. Aksel wird wohl vergessen haben, sie abzuschließen. Macht hier ja niemand. Ich selbst auch nicht. Zumindest nicht, wenn ich hier bin und nur mal eben nach Måløy fahre. Wer sollte hier auch schon einbrechen? Und vor allen Dingen: Warum? Okay, meine Kameraausrüstung ist ein paar Mark wert. Oder Kronen. Ansonsten gibt es aber nix zu holen bei mir.

Die Luft im Haus erinnert mich an meine ersten Besuche auf dem Leuchtturm. Ein Geruch, der sich kaum beschreiben lässt, feucht und kühl, abgestanden. Als würden Stühle, Schränke, Betten und Sofas ihre Sinnlosigkeit ausdünsten, weil sie ungenutzt einfach nur rumstehen müssen. Ich öffne ein paar Fenster und nehme die enge Treppe zum Leuchtfeuer. Wie sehr habe ich den Blick aufs Meer von dort oben vermisst. Auch hier ist nichts verschlossen, und ein wenig ärgert es mich, dass mir so was überhaupt auffällt. Manchmal hätte ich gerne mehr nordische Gelassenheit in meinen Adern und weniger vom deutschen Regel- und Pflichtbewusstsein. Ich betrete den Raum, in dem sich das Leuchtfeuer befindet, schaue durch die Scheibe aufs Meer hinaus und sehe Aksel an der Brüstung stehen. Mit einer Zigarette in der Hand schaut er aufs Meer, der Wind bläst ihm durchs Haar.

»Aksel. Hei. Ich bin wieder da. Wie geht es dir? Alles gut?«

Den Blick weiter aufs Meer gerichtet, ohne einen Funken Überraschung in der Stimme, antwortet er: »Hei. Ja, alles gut. Morgen wird es windig werden.«

»Was gibt es für Neuigkeiten?«

»Keine Neuigkeiten.«

»Irgendwas passiert? Noch steht der Leuchtturm.«

»Der Leuchtturm steht. Nichts passiert.«

»Ich werde wohl auch in diesem Sommer das Haus von außen malen müssen. Die Farbe blättert schon wieder, habe ich gerade gesehen.« Aksel schweigt.

»Und sonst?«

Er drückt seine Zigarette aus, wirft den Stummel in die Blechbüchse und dreht sich endlich zu mir um. Seine Augen haben den gleichen Ausdruck wie an jedem anderen Tag auch, ich sehe keinen einzigen Funken Freude, mich nach einem halben Jahr wiederzusehen.

»Alles gut«, sagt er. »Wie immer. Farbe hält hier nicht lange.« Ohne weitere Worte macht er Anstalten, wieder zu gehen.

»Scheint also ein vollkommen normaler Winter gewesen zu sein«, sage ich mit einem Seufzer. Inzwischen sollte er mich gut genug kennen, um die Enttäuschung in meiner Stimme zu bemerken. Tut er aber nicht. Er ist lediglich stehen geblieben, schweigt und guckt nur irritiert.

»Ich war ein halbes Jahr weg, komme wieder, und du stehst in meinem Haus und guckst aufs Meer.«

Er zuckt mit den Schultern. »Bin tilsynsmann. Muss nach dem Leuchtturm gucken.« Dann noch: »Du bist wieder hier. Das ist gut. Ich muss jetzt los.« Aksel schiebt sich an mir vorbei und verschwindet über die steile Treppe nach unten. Ich bleibe hier oben allein zurück. Enttäuscht. Gedanken schießen mir durch den Kopf, so schnell, dass ich sie kaum fassen kann.

»Farbe hält hier nicht lange!«, sage ich kopfschüttelnd zu mir selbst, während ich Aksel nachsehe, der unten gemütlich über den Platz nach Hause schlurft. Und dann noch mal. »Farbe hält hier nicht lange.« Ich erschrecke mich ein wenig über den Tonfall in meiner Stimme, ist schließlich niemand hier, der meine Wut mitbekommen kann. Aber Wut und Enttäuschung wollen raus. Da kehre ich voller Freude zurück, und innerhalb von ein paar Minuten ruiniert mir mein emotionsarmer Nachbar mit wenigen Worten die Stimmung.

Ich stelle mich jetzt auch an die Brüstung, begrüße das Meer, die Felsen und ein paar Möwen, die auf einem der Felsen unter mir ein kleines Päuschen machen. In meinem Kopf diskutiere ich noch lange mit Aksel, erkläre ihm, warum mich sein Verhalten so aufregt, frage ihn, warum er sich eigentlich jeder Diskussion entziehen muss und warum alles Zwischenmenschliche hier so unendlich schwierig sein muss. Manchmal wirkt es auf mich, als würden Konflikte und Meinungsverschiedenheiten grundsätzlich weggelächelt und unter den Teppich gekehrt. Immer schön Einigkeit demonstrieren. Und wenn das nicht hinhaut, sich der Diskussion entziehen. Schweigen. Weggehen. Bloß nicht mal über das reden, was einen wirklich bewegt, was einen nervt. Das ist für mich fürchterlich anstrengend, weil ich überhaupt nicht weiß, wohin ich mit meinen Gefühlen soll. Ist ja niemand hier, bei dem ich mal alles rauslassen könnte. Ich mag die Menschen im Vestland: für ihren Pragmatismus, fürs Anpacken und für ihre Superkraft, nahezu jedes Problem schnell, unbürokratisch und ohne großes Tamtam zu lösen. Wenn hier ein Fehler auftritt, etwas kaputt ist oder ein Defekt auftaucht, wird es repariert, behoben und ausgebügelt. Das Wissen, dass jeder Fehler hier am Ende der Welt oder draußen auf hoher See im wahrsten Sinne des Wortes tödlich enden kann, hat sich tief in die DNA der Menschen gefressen. Das ist signifikant anders als in Deutschland. Man hilft sich, unabhängig von Standesdünkeln, Einkommen oder Bildungsstand. Das Gefühl der unterschwelligen, immer vorhandenen Gefahr wird zum großen Gleichmacher. Vor Gericht und auf hoher See ist man in Gottes Hand, heißt es in einem Sprichwort. Für das Vestland gilt das ebenso.

Und gleichzeitig bringen sie mich mit ihrer stoischen Persönlichkeit regelmäßig zum Verzweifeln.

Nach einer Weile therapeutischen Aufsmeerguckens legt sich die Wut ein wenig, und ich werde gnädiger. Es geht ja gar nicht nur um Aksel. Aksel ist, wie er ist. Wortkarg und rustikal. Er ist in dieser rauen Landschaft aufgewachsen, sie hat ihn geprägt. Ich kenne ihn gar nicht anders. Wie das Meer, das ihn immer umgibt, *ist* er einfach. Wie das Land, auf dem er lebt, *ist* er einfach. Und egal wie sehr Land und Meer miteinander ringen, aufeinanderprallen, sich aneinander reiben – das eine wird das andere nicht ändern können. Vielleicht kann die See dem Land hier und da ein paar Spitzen nehmen oder sich in tiefen Rissen ins Landesinnere fressen. Und vielleicht kann das Land an einigen Stellen das Meer verdrängen, Sandbänke bilden, aus denen über Jahrhunderte hinweg neues Land entsteht. Aber letztendlich bleiben beide, was sie sind. Trotzdem habe ich mich gerade einfach nicht wahrgenommen gefühlt. Da ist so viel Glück in meinem Herzen, endlich wieder hier zu sein. Ich bin davon ausgegangen, dass es den anderen in Kråkenes ähnlich gehen würde. Aber sie haben ihr Leben einfach weitergelebt. Ich war weg, jetzt bin ich wieder da, und es wirkt auf mich so, als gäbe es für sie keinen Unterschied. Das so deutlich zu bemerken, ist traurig.

Noch am gleichen Tag mache ich eine große Runde rund um den Leuchtturm. Die Gebäude inspiziere ich im Schnelldurchlauf. Alles steht noch, ein paar Schäden fallen mir auf, bei denen ich mir nicht sicher bin, ob sie neu sind oder ich sie im vergangenen Jahr einfach übersehen habe. Für mehr reicht meine Motivation noch nicht. Stattdessen zieht es mich raus. Ich klettere hinter dem Leuchtturm die bereits jetzt im Mai erstaunlich satte, grüne Wiese hinauf, sehe südwestlich unter mir den Linholmen, einen kleinen Felsvorsprung, sehe nordwestlich unter mir das Assistentenhaus. Alles da. Alles an seinem Platz. Dazwischen mein geliebtes Meer, das sich freundlich und lebendig gegen die Felsen wirft. Wenigstens freust du dich, mich wiederzusehen, denke ich und gehe, vorbei am Assistentenhaus, direkt ans Wasser. Der Geruch von Seetang und Salz umhüllt mich jetzt komplett, die Gischt spritzt mir bis an die Knie. Ein paar Möwen dümpeln auf dem Wasser. Mit einem dicken Grinsen stehe ich dort, und mit jedem Atemzug wird mein Herz ein wenig weiter, ganz so, als hätte es die vergangenen Monate im Winterschlaf verbracht und müsste sich jetzt strecken und rekeln und sich ganz langsam wieder zu normaler Größe ausdehnen. Ich stehe noch eine ganze Weile dort am Wasser, scanne den blaugrauen Himmel ab, suche den gleitenden Flug eines Seeadlers, der nach einer Mahlzeit sucht. Der zeigt sich allerdings nicht. Aber alles andere ist da. Und schön.

In den kommenden Tagen unternehme ich ein paar ausgiebige Wanderungen und Ausflüge in die nähere Umgebung auf der Insel und besuche nacheinander alle mir im letzten Jahr lieb gewordenen Orte und Aussichtspunkte. Es ist, als wollte ich mich überall zurückmelden. Beim Meer, beim kleinen Bachlauf, der Uli und mich im vergangenen Jahr mit Wasser versorgte, und beim Kannensteinen in der Nähe von Kvalheim, einem Felsen, dem Wind und Wasser im Laufe der Zeit die Form eines Pilzes gaben und der wahrscheinlich zu den meistfotografierten Felsen Norwegens gehört.

Ich fahre zum Strand von Refviksanden, der nordöstlich vom Leuchtturm liegt und es mit jedem Karibikstrand aufnehmen könnte.

Ich begrüße namenlose hellgrüne Wiesen, unzählige Möwen, den überall gelb blühenden Urmohn, der widerspenstig dem Geröll trotzt, und die schwarzgrünen Kiefern. Und mehr als einmal habe ich das Gefühl, dass die Natur mir Zeichen sendet, die mir zeigen sollen, dass sie sich freut: ein Sonnenstrahl, der die brechenden Wellen wie Diamanten funkeln lässt, eine Biene, die sich genüsslich in einer Blüte wälzt, ein

Stein am Boden, dessen Form so ungewöhnlich ist, als hätte ihn ein Troll in seiner Höhle behauen. Ob die Natur sich wirklich darüber freut, dass ich zurückgekommen bin, weiß ich natürlich nicht. Aber der Gedanke gefällt mir. Und sie ist mir gegenüber zumindest neutral eingestellt. Ich bin mir sicher, an diesem Ort hier richtig zu sein. Ich kann es fühlen, dass ich genau hier sein muss.

Diese Wiedersehenstouren in der Natur lassen mich ruhig werden und versöhnen mich ein wenig mit dem eher unterkühlten Empfang meiner Nachbarn.

Ich gehöre hier hin, denke ich, als ich nachmittags am Küchentisch sitze und mit einer Tasse Kaffee in der Hand durchs Fenster schaue. Ich weiß das. Und ich werde es schaffen, dass die Menschen es auch wissen. Und genau in dem Moment fällt mir auf, dass mich meine Wiedersehensrunde zwar durch die gesamte Umgebung geführt hat, ich aber unbewusst so gut wie alle Nachbarn und Bekannten ausgelassen habe. Ich habe mich bei Adler, Wiesel und Möwe zurückgemeldet, aber nicht bei den Menschen. Ein Teil in mir wollte anscheinend weitere Enttäuschungen vermeiden.

An einem Mittwochmorgen, ich stehe gerade mit einem Kaffee in der Hand auf der Plattform und plane den heutigen Tag, lässt mich ein dumpfes Knallen zusammenzucken. In regelmäßigen Abständen rummst es irgendwo hinter den Hügeln, wahrscheinlich in Kvalheim. Sofort bin ich in großer Anspannung, denn das Knallen erinnert an Kanonenschläge, und ich fühle mich sofort in meine Zeit auf See zurückversetzt, als ich an Deck auf das zerbombte Beirut schaute. Dann fällt es mir aber wieder ein: Heute ist grunnlovsdag, der Verfassungstag. Und wahrscheinlich der wichtigste Feiertag des Jahres für Norweger.

Bereits gestern, als ich kurz in Måløy war, fielen mir die zahlreichen norwegischen Flaggen auf, die vor den Häusern hingen. Und im örtlichen Supermarkt war deutlich mehr los als sonst. Im ganzen Land wird heute die Freiheit Norwegens gefeiert. In jeder Gemeinde finden Umzüge statt, zu denen die Bewohner stolz die traditionelle Tracht der Region tragen. Und den Start dieser Umzüge bilden die Salutschüsse, die ich gerade gehört habe.

Ich setze mich schnell ins Auto und fahre nach Kvalheim. Ein wenig ärgert es mich, dass ich diesen Termin verpeilt habe. Hatte Tor nicht in der letzten Woche auch noch davon erzählt? Aber mein Frust über den lieblosen Empfang, die anschließende Wiedersehenstour durch die Umgebung und meine Planungen, was ich in dieser Saison alles schaffen will, haben mich den grunnlovsdag glatt vergessen lassen. So sehr, dass ich selbst die herausgeputzten Häuser nicht wirklich wahrgenommen habe.

Vom Leuchtturm aus fahre ich über Kråkenes Richtung Kvalheim. Verfehlen kann ich das Dörfchen mit seinen vielleicht 150 Einwohnern nicht. Die Häuser ziehen sich wie eine Perlenschnur rechts und links entlang der einzigen Straße, die weiter über Raudeberg bis nach Måløy führt. Nach gut zehn Minuten erreiche ich die ersten Häuser, die zu Kvalheim gehören. Dann geht es links hoch zum Gemeindehaus. Der Platz davor ist bevölkert von Menschen. Kinder rennen umher, an einem Stand werden Waffeln und Kuchen verkauft. Fast jeder hier trägt eine Nordfjordbunad, die regionale norwegische Tracht. Bei den Frauen besteht sie oft aus einer weißen Bluse, die zusammen mit einem Rock unter einer reich bestickten Schürze getragen wird. Die Stickereien zeigen bunte, stilisierte Kronen oder Rosen, die geometrisch angeordnet sind. Mich erinnern sie völlig unpassend an die pixelige Grafik des

Computerspieleklassikers Space Invaders. An der Hüfte tragen die Frauen außerdem kleine schwarze Beuteltaschen, die ebenfalls bunt bestickt sind. Angeblich soll man an den Farben der Trachten erkennen können, aus welcher Region die Person stammt. Hier dominieren ganz klar die Farben Schwarz, Weiß und Grün. Das Outfit einiger Personen unterscheidet sich allerdings deutlich. Das sind jene Leuten, die in anderen Gegenden geboren wurden und in die Nordfjord-Region eingeheiratet haben.

Die Männer sind weniger farbenfroh gekleidet. Es dominieren weiße Hemden, die zu schwarzen Westen und ebenfalls schwarzen Kniebundhosen mit langen Wollstrümpfen getragen werden. Statt der Beuteltaschen haben sie an ihren Gürteln kleine, silberverzierte Messerscheiden, aus denen ein aufwendig ausgearbeiteter Messergriff aus Holz ragt. Øystein erzählte mir einmal vor Jahren, dass diese Bunadskniv genannten Messer aber reine Dekoration sind, die oft noch nicht einmal eine Klinge haben. Der Westen Norwegens mag rau und wild und ursprünglich sein, aber wenn das Gesetz sagt, dass keine Messer in der Öffentlichkeit getragen werden dürfen, dann trägt der Westländer kein Messer in der Öffentlichkeit.

Ich stelle den Wagen ab und mische mich unter die Leute. Ganz Kråkenes ist natürlich auch hier, weil sich solch ein Umzug mit gut zwanzig Bewohnern einfach nicht lohnt. »Bist spät«, sagt Aksel zu mir, als ich mich zu ihm stelle. Er trägt keine Bunad, was mich auch nicht wundert. Ein emotional so aufgeladenes Kleidungsstück würde nicht zu ihm passen.

»Ich habe es komplett vergessen. Keine Ahnung, warum.«

»Jetzt bist du da«, sagt er. Ich fühle mich an unser Wiedersehen vor anderthalb Wochen erinnert, und obwohl ich es nicht möchte, spüre ich kurz einen zuckend-wütenden Impuls in mir. So ganz bin ich mit dem lieblosen Empfang noch nicht fertig. Der Ärger darüber sitzt noch irgendwo in der Magengegend und ist anscheinend bereit, jederzeit wieder aufzuflammen, wenn sich die Gelegenheit dazu bietet.

Dann beginnt der Umzug. Vorneweg marschiert ein Spielmannszug, gefolgt von mehreren Fahnenträgern, die riesige Flaggen mit dem blau-weißen Kreuz auf rotem Grund durch die Luft schwingen. Immer wieder ruft irgendwer »Hurra«, worauf alle anderen ebenfalls »Hurra« rufen. Irgendetwas an all dem berührt mich. Vielleicht ist es diese Leichtigkeit, mit der die Norweger ihren Nationalfeiertag begehen. Sie feiern zwar Land, Verfassung und Freiheit, aber trotz Fahnen, Umzügen und Salutschüssen hat dort Arroganz keinen Platz. Es ist ein Patriotismus, der sich nicht gegen andere richtet oder sie herabsetzt. Die feiern sich einfach selbst.

Ich frage mich, wie sich so was in Deutschland wohl anfühlen würde, und muss mich fast schütteln. Umzüge mit Deutschlandflaggen? Da nähme ich schnell die Füße in die Hand, denn die Chance, dass hinter diesen Flaggen Menschen laufen, deren politische Überzeugungen ich nicht teile, wäre ziemlich groß. Es gibt Sachen, die gehen in Deutschland einfach nicht. Trotz der Wiedervereinigung. Oder gerade auch: wegen der Wiedervereinigung. Umso mehr freut es mich, wenn andere Nationen den Balanceakt zwischen Nationalstolz und dem angemessenen Respekt anderen Ländern gegenüber hinbekommen. Der 17. Mai in Norwegen kann dafür als gutes Beispiel dienen.

Den eher kühlen Empfang durch meine Nachbarn trage ich noch bis zum Sommer mit mir rum. Ich glaube Aksel und den anderen, dass sie sich aufrichtig freuen, dass ich wieder hier bin. Ich glaube sogar, dass sie mich mögen. Aber ich komme nicht gut mit der Tatsache zurecht, dass sie ihre Freude überhaupt nicht zeigen können. Mir fehlt die entsprechende Gestik, die Körpersprache, ein Lächeln, interessiert leuchtende Augen. Es muss wohl an der Landschaft liegen, am stürmischen Meer oder am vielen Regen, aber nicht wenige Westländer wirken oft ein wenig apathisch oder emotional schwingungsarm. Sie sind fokussiert aufs Wesentliche: arbeiten, gut durch den Winter kommen und immer das launische Meer im Blick haben.

Das verunsichert mich immer wieder, weil ich so ganz anders bin und es oft nicht schaffe, meine Gefühlsäußerungen zu kontrollieren. Wenn ich happy bin, bekommt es definitiv jeder in meiner Umgebung mit. Das geht gar nicht anders. »So sind die Menschen hier«, sagt Eystein an meinem Küchentisch, als ich ihm von meiner Unsicherheit erzähle. »Es ist nicht so, dass sie dich bewusst ablehnen oder dich nicht mögen. Aber hier macht man daraus keine große Sache.«

»Aber bei dir habe ich das Gefühl, dass es auch anders geht.«

»Ja. Aber andere Menschen, vor allen Dingen die älteren Leute, sind nie von hier weggekommen. Haben nie anders gelebt. Das hat sie geprägt. Bei mir war es anders.«

Ich erinnere mich an Øystein, der zwar hier geboren wurde, aber irgendwann wegzog. Über sein Verhältnis zu den Küstenbewohnern hat er oft ausführlich referiert, wenn wir unterwegs waren. Einerseits schwang dort viel Wertschätzung für das anpackende und gleichmütige Wesen der Westländer mit, andererseits waren ihm die Sturheit und das kleinkarierte Bygdedyret komplett zuwider. Immer wirkte es, als würde er zwischen Zu- und Abneigung oszillieren, ohne sich je für ein Gefühl entscheiden zu können. Ich fand diese Ambivalenz immer etwas seltsam und konnte nie so ganz verstehen, wie man gleichzeitig zwei so gegensätzliche Gefühle für eine Sache in sich tragen konnte. Jetzt, in diesem Augenblick mit Eystein, habe ich erstmals eine Ahnung, dass solche zwei Herzen wirklich in einer Brust schlagen können.

»Warum ich dich aber eigentlich sprechen wollte, hat einen ganz anderen Grund«, sage ich. »Du weißt ja, dass ich in den Wintermonaten viel in den Bergen unterwegs bin, Skiseminare anbiete und Reisen organisiere.«

»Ja, aber du kannst auch hier Ski fahren. Und besser als bei euch in Deutschland.«

»Im kommenden Jahr feiern wir in Deutschland ein Jubiläum. Hundert Jahre alpiner Skilauf. Und über die Uni Hamburg hat man mir die Möglichkeit gegeben, einen Stand auf einer der wichtigsten Fachmessen für die Tourismusbranche mitzugestalten.«

»Das ist gut.«

»Ich will auf jeden Fall Werbung für den Leuchtturm machen. Flyer auslegen, Fragen beantworten, mich zeigen. Ich denke, die Zimmer kontinuierlich an Touristen zu vermieten, ist eine lukrative Idee. So kommt Geld rein, das ich für die weiteren Renovierungen gut gebrauchen kann.«

»Und was willst du mit mir besprechen? Ich finde die Idee gut. Mehr Besucher auf dem Leuchtturm bedeuten auch mehr Besucher in der Gemeinde.«

»Genau«, sage ich und klatsche in die Hände. »Deswegen würde ich gerne auch Werbung für die Gemeinde machen. So hätten wir alle etwas davon.«

»Thomas, das ist toll.« Solche Ideen findet Eystein gut, weil er das Potenzial erkennt.

»Aber du weiß ja, wie es mit der Tourismusvereinigung ist. Ich zahle meine Beiträge, eingeladen werde ich immer noch nicht.«

»Dann geh doch einfach so hin. Ohne Einladung. Ich nehme dich mit.«

»Nein. Das kann ich nicht. So bin ich nicht. Ich dränge mich nicht auf.«

Eystein scheint zu ahnen, worauf ich mit meinem Gespräch hinauswill. »Und jetzt soll ich dein Fürsprecher sein?«

»Kein Fürsprecher. Aber wenn du ihnen von meiner Idee erzählst, ist die Chance größer, dass nicht sofort abgewunken wird. Und weil ich deine Landsleute ja inzwischen auch ganz gut einschätzen kann, kannst du ihre Bedenken, dass es zu viel Arbeit werden wird, direkt auflösen. Sie müssen sich um nichts kümmern. Ich übernehme die Arbeit, mache Flyer mit ein paar schönen Bildern aus der Gegend und regele alles. Selbst über die Kosten müssen sie sich keine Gedanken machen, das zahle ich aus eigener Tasche. Es kostet die Vereinigung keine einzige Krone.«

»Super. Nächste Woche ist wieder ein Treffen. Da werde ich das vorschlagen. Vielleicht rufe ich aber schon vorher ein, zwei Leute an.«

Anderthalb Wochen später sitzen Eystein und ich wieder zusammen, trinken wieder Kaffee. Der Wirtschaftsbeauftragte ist außer sich. So verärgert habe ich ihn seit letztem Jahr nicht mehr erlebt, als er mir von der geplanten Vereinigung der Freunde des Leuchtturms berichten musste. »Ich verstehe es nicht, Thomas. So engstirnig. So träge.«

»Dann ist es eben so. Mehr kann ich nun auch nicht machen.«

»Dass man solche Chancen einfach nicht nutzt. Das ist doch verrückt.«

»Und du denkst aber auch, dass sie sich nicht mehr umentscheiden werden, oder?«

»Nein, da ändert niemand mehr irgendwas. Stur wie Esel. Sie wollen keine Werbung. Sie wollen nicht, dass du sie auf der Messe vertrittst. Sie wollen, dass alles genauso läuft wie bisher.«

»Ich glaube ja, dass sie vor allen Dingen nicht in meiner Schuld stehen wollen. Als wäre mir so was wichtig. Aber okay: Wer nicht will, der hat schon, sagen wir in Deutschland dazu.« So abgeklärt ich mich im Gespräch mit Eystein gebe, bin ich innerlich nicht. Es wurmt mich. Es verletzt mich. Ich fühle mich macht- und hilflos. Und vor allen Dingen habe ich keine Ahnung, warum die Tourismusvereinigung mich weiterhin so ausgrenzt. Ich frage mich, woher diese Abneigung mir gegenüber kommt. Der kleine Junge in mir sitzt wütend und traurig auf meinem Schoß, will einfach nur gemocht werden und bekommt jedoch nichts als Ablehnung.

»Verrückt. Das ist komplett verrückt. Und irrational.« Eystein kann sich gar nicht mehr beruhigen. Er kennt diese Skepsis gegenüber allen innovativen und neuen Ideen. Es hilft mir ein bisschen, ihn so zu sehen. Das bestätigt mich. Ich bin nicht allein mit meiner Wahrnehmung, bin nicht der Geisterfahrer, der denkt, dass alle anderen auf dem falschen Weg sind.

»Egal«, seufze ich. »Wir werden es wohl nicht ändern können. Fahre ich halt allein auf die Messe und ziehe mein Ding durch. Das lasse ich mir nicht nehmen.«

Der zweite Sommer bringt mir deutlich mehr Besucher auf den Leuchtturm, und ich bin mehr als einmal erstaunt, über welche Kanäle sich Kråkenes fyr als Übernachtungslocation verbreitet. Meine ausgelegten Flyer, die vereinzelten Diavorträge vor meinen Skischülern und die Mundpropaganda der Gäste aus dem letzten Jahr wirken. Die Anfragen häufen sich. Oft sind es Tagesgäste, die nach einer Übernachtungsmöglichkeit fragen. Ich quartiere sie in den drei kleinen Zimmern oben in der Leuchtturmwärterwohnung ein. Um mehr Platz zu schaffen, beginne ich, das Assistentenhaus auf Vordermann zu bringen. Wieder kratze ich zentimeterdicke Salzschichten von den Holzrahmen ab, schleife die wunderschönen Bodendielen, lackiere sie und ziehe neue Trockenbauwände ein. Auch ein paar neue Wasserleitungen muss ich verlegen, was mir inzwischen gut von der Hand geht. Beim lokalen Installateur in Måløy habe ich mir das Material besorgt und ihn gebeten, mir alles zu zeigen und zu erklären, was ich für mein Projekt wissen muss. Die Arbeiten im Assistentenhaus sind anstrengend, und an den Abenden bin ich oft komplett geschafft. Aber gleichzeitig empfinde ich es auch total befriedigend, zu sehen, wie meine Arbeit Form annimmt und das alte, heruntergekommene Gebäude ganz langsam schöner und wohnlicher wird. Knapp 700 Arbeitsstunden im handwerklichen Bereich kommen so in meiner zweiten Saison zusammen. Und mehr Gäste im Leuchtturm bedeuten ja auch: mehr Arbeit für mich. Ich bereite das Frühstück vor, beziehe Betten, wasche Wäsche und richte die Zimmer für jeden neuen Besucher her. Das ist zwar weit weg von meinem ursprünglichen Plan, auf dem Leuchtturm psychologische Seminare für Führungskräfte abzuhalten, aber durch die ständig wechselnden Gäste ist auch richtig viel Leben auf dem Gelände. Und hier am Ende der Welt passieren die verrücktesten Dinge.

Einigen meiner Gäste bekommt die Einsamkeit so dicht am Meer nicht gut. Sie schlägt ihnen aufs Gemüt und lässt sie absurde Dinge tun.

Ein weiblicher Gast steht eines Nachts plötzlich in der Tür zu meinem Schlafzimmer. Ihre Brüste glänzen im Licht der Flurbeleuchtung., sie ist splitterfasernackt. Ich liege bereits im Bett, richte mich auf und bin gespannt, was das alles zu bedeuten hat. Wäre ich eine Comicfigur, würden genau jetzt über meinem Kopf gleich mehrere Fragezeichen aufploppen. »Darf ich reinkommen?«, fragt sie in einem Tonfall, der sowohl Angst als auch Begehren ausdrücken könnte. Ich nicke sprachlos und deute an, dass sie ins Zimmer kommen kann. »Ich habe so Angst und kann nicht schlafen. Im Turm gibt es so komische Geräusche?«

Sofort übernimmt der handwerkende Leuchtturmbesitzer in mir das Steuer. Vielleicht irgendein Defekt? Ein Rohrbruch? Vielleicht ist das Leuchtfeuer ausgefallen? Sind es die Stromleitungen draußen, die bei Wind immer leicht surren?

»Es ist so ein Heulen. Ziemlich laut und rhythmisch. Und dann dazu der Nebel. Das ist gruselig.« Ihr Blick sagt mir, dass sie wirklich Angst hat. Warum die Zeit aber anscheinend nicht ausgereicht hat, sich zumindest etwas überzuziehen, bevor sie mich aus dem Bett holt, weiß ich beim besten Willen nicht.

»Kann ich nicht hier bei dir schlafen?«

»Sicher«, sage ich und deute auf die unbenutzte Hälfte meines Doppelbetts. »Allerdings wirst du auch hier das Geräusch hören.«

»Ach, du weißt, was das ist?«, fragt sie, während sie sich ins Bett legt und unter der Bettdecke verschwindet.

»Ja. Nein. Ist ein bisschen schwierig. Also ich kenne das Geräusch. Es tritt nicht immer auf. Nur an nebeligen Tagen mit Dünungswellen.«

»Und woher kommt es?«

»Ich habe keine Ahnung. Weiß ich nicht. Aber ich kann dir versichern: Es sind keine norwegischen Trolle, die dir auf ihren Flöten ein Ständchen spielen.«

Ich mache das Licht aus, drehe mich um und schlafe weiter. Ängstlichen Frauen helfe ich immer gerne.

Neben solchen Gästen, die nicht uncharmant meine Nähe suchen, gibt es aber auch jene, denen ich nichts recht machen kann. Im Winter traf ich zufällig den sehr wohlhabenden Besitzer einer Hamburger Autoverwertung. Typ knallharter Schrotthändler, mit allen Wassern gewaschen. Untypisch für einen Hanseaten, aber er hat kein Problem damit, der ganzen Welt zu zeigen, wie viel Geld er besitzt. Wüsste ich es nicht besser, würde ich ihn eher im Rotlichtmilieu zwischen anderen, in die Jahre gekommenen Luden verorten.

Ich war auf der Suche nach zwei neuen Türen für meinen Bulli, da die alten an der Unterseite eigentlich nur noch aus Rost bestanden.

»Ja, ich glaube, ich kann dir weiterhelfen. Habe neulich erst zwei Testfahrzeuge reinbekommen. Sehen aus wie neu«, sagte er. Und dann noch: »Aber gib mir mal das Baujahr deines Fahrzeugs.«

»1992.«

»Das kann nicht sein«, belehrte mich der Schrotthändler. »Nach drei Jahren rostet keine Tür weg.«

»Wo ich wohne, schon«, antwortete ich grinsend und ein wenig stolz. Und dann erzählte ich ihm vom Leuchtturm, den Stürmen und dem Salzwasser, zog das Bild des Leuchtturms aus meinem Portemonnaie, das Bild, mit dem ich auch schon Bettinas Interesse geweckt hatte, und er buchte direkt für den folgenden Sommer. Zwei Wochen. Vorkasse.

Zum vereinbarten Termin kommt er mit seiner Frau. Allerdings nicht mit dem Auto, sondern mit einem riesigen Motorrad. Ich gehe raus und empfange die beiden noch auf dem Platz. Innerlich muss ich schmunzeln, versuche aber einen professionellen Gesichtsausdruck zu wahren. Vor mir steigt die Karikatur eines Millionärs in der Midlife-Crisis vom Motorrad. Er trägt eine Lederjacke, an deren Armen viele Lederfransen im Wind baumeln. Sein Gesicht versteckt er hinter einem Halstuch. Seine Maschine stammt aus Japan. 1400 Kubik, das Größte, was derzeit auf dem Markt ist. Die Kawasaki möchte gerne wie eine echte Harley-Davidson daherkommen, denn ungefähr jedes Metallteil an dem Motorrad ist blitzend verchromt. Der Sitz und die Seitentaschen sind aus hellbraunem Büffelleder. Am Lenker hat der Schrotthändler ernsthaft ein Rentiergeweih angebracht.

Seine Frau ist deutlich jünger als er und fährt dazu passend ein deutlich kleineres Modell mit 125 Kubik. Damit sie sich während der Fahrt auf ihren Maschinen unterhalten können, ist in den Helmen und an den Motorrädern eine wahrscheinlich sündhaft teure Funk-Wechselsprechanlage verbaut.

Schon bei der Begrüßung spüre ich, dass ihm die Umgebung hier nicht so richtig gefällt. Die Straßen zu schlecht, die Wege zu lang, die Tankstellen zu klein. Er hat wohl etwas anderes erwartet. Während das ungleiche Paar sein Zimmer bezieht, trottet Aksel neugierig auf den Hof, um zu sehen, wer denn mit diesem Schlachtschiff von Motorrad gerade an seinem Haus vorbeifuhr.

»Neue Gäste?«, fragt er und deutet mit dem Kopf auf die zwei Maschinen.

»Schwerreich. Aus Hamburg«, erkläre ich.

»Schöne Motorräder. Groß.«

Ich zucke schweigend mit den Schultern.

»Nur zu viel Chrom. Wie lange bleiben deine Gäste?«

»Ja, ist mir auch zu protzig. Zwei Wochen wollen die beiden bleiben. Warum fragst du?«

»Die Motorräder werden in zwei Wochen nicht mehr so schön glänzen.«

»Wegen des Salzwassers?«

»Genau. Chrom hat immer feine Haarrisse. Das ist normalerweise kein Problem. Da kann man auch zwanzig Jahre lang mit fahren. Aber nicht hier. Kommt Salzwasser da dran, dringt es in den Riss und lässt die Legierung abplatzen.«

»Ja, aber die beiden fahren mit ihren Maschinen schließlich nicht ins Wasser«, sage ich.

»Salz in der Luft, ein wenig Regen dazu. Das reicht«, antwortet Aksel und legt schmunzelnd nach. »Hast du nicht das Wetter für die kommende Woche gesehen? Zehn Grad, viel Westwind und Dauerregen.«

Ich verziehe das Gesicht. »Na, dann schöne Ferien!«

Es kommt, wie es kommen muss. Bereits am nächsten Tag erreicht uns die Schlechtwetterfront. Das Pärchen sitzt viel im Haus und fängt, vielleicht aus Langeweile, an, an allem rumzunörgeln. Dies hat man sich anders vorgestellt und jenes auch und so was hätte man ja auch noch nie erlebt. »Ich kann das ganz gut beurteilen«, sagt die Gattin des Millionärs. »Ich arbeite schließlich selbst in der Tourismusbranche.«

»Das ist ja schön und gut«, antworte ich und versuche, meine Worte so diplomatisch wie möglich zu wählen. »Aber ihr bekommt genau das, was ich anbiete. Einfache Zimmer. Einfache Verpflegung. Und nichts als Meer, wenn ihr aus dem Fenster guckt. Das hier ist immer noch ein Leuchtturm, kein Wellnesshotel.«

Nach einer Woche Dauerregen brechen die beiden ihren Urlaub ab. Ich treffe den Millionär, als er sein Motorrad belädt. Aksels Vermutung hat sich bestätigt, wie ich mit einem flüchtigen Blick erkennen kann. Die Karre sieht aus, als hätte sie mindestens einen Winter lang im Freien gestanden. Aber ich lasse mir nichts anmerken.

»Wir fahren jetzt gleich. Das bringt hier ja nichts. Der Regen ist mörderisch für die Maschinen. Selbst die Funkanlage ist geschrottet«, sagt er forsch, in dem typischen Tonfall eines Menschen, der es gewohnt ist, dass seine Vorstellungen unverzüglich umgesetzt werden.

»Das ist sehr schade«, antworte ich bemüht freundlich. »Aber an dem Wetter kann ich leider auch nichts ändern.«

»Ja, ja. Und am Rest hast du nichts geändert. Aber jetzt ist es sowieso egal.«

»Ich habe wirklich alles in meiner Macht Stehende versucht, euch einen angenehmen Aufenthalt zu bereiten.«

»Hat nicht gereicht. Wenn ich mit so einer Einstellung meinen Laden führen würde, wäre ich wahrscheinlich längst pleite.«

Ich ignoriere seine letzte Spitze und wechsle das Thema. Je weniger ich diskutiere, desto schneller ist er weg und macht Platz für Menschen, die diesen Ort zu schätzen wissen. »Okay, dann kann ich euch wohl nur noch eine gute Heimfahrt wünschen.«

»Und ob du noch was machen kannst, du kannst mir die Kohle für die zweite Woche zurückzahlen, die du bereits im Voraus einkassiert hast. Wenn ich nicht bleiben kann, dann zahle ich auch nicht.«

»Also so geht es nicht«, werfe ich jetzt hörbar genervt ein. »Ihr habt für zwei Wochen gebucht. Wenn ihr nach einer Woche fahren wollt, weil euch das Wetter zu schlecht ist, dann ist das eure Sache. Aber das Zimmer bekomme ich doch jetzt nicht mehr so kurzfristig vermietet.«

»Das ist nicht mein Problem. Der Kunde ist König. Zumindest ist das in meinem Business noch so.«

Inzwischen ist auch seine Frau auf dem Hof erschienen, hat unseren Disput verfolgt und stößt direkt ins gleiche Horn: »Ich kann dir versichern, dass wir im Recht sind. Natürlich können wir jetzt stornieren und unser restliches Geld zurückfordern. Das steht überhaupt nicht zur Debatte.«

Da ich kein Rechtsexperte bin und befürchte, dass die beiden recht haben, setze ich auf eine emotionale Argumentation und appelliere an das Gewissen eines ehrbaren Hamburger Kaufmanns. »Ihr habt euch wirklich nicht gut benommen, habt an allem etwas auszusetzen gehabt, und jetzt wollt ihr noch ums Geld feilschen. Was bist du denn für einer? Ein Millionär, der sein Hotelzimmer nicht bezahlen will. Aber Gott sei Dank habe ich immer viele nette Gäste aus Hamburg und Umgebung. Die hören gerne Geschichten von schwierigen Gästen.« Die Ansprache zeigt Wirkung. Er nörgelt zwar noch eine ganze Weile weiter, redet von Erpressung und davon, dass er nie wieder herkommen wird, letztendlich kann ich aber das Geld behalten.

Ein paar Tage später treffe ich die beiden noch einmal in Måløy. Offensichtlich war das Wetter wohl doch nicht so schlecht, um direkt nach Hause zu fahren. Aber immerhin schlecht genug, um dem Motorrad der werten Gattin des Schrotthändlers den Rest zu geben. Die Karre will einfach nicht mehr anspringen und muss vom örtlichen Autoschrauber zum Laufen gebracht werden. Ich glaube nicht, dass die beiden jemals wieder nach Norwegen fahren werden. Zumindest nicht auf Motorrädern.

13

Windstärke X

Meine zweite Saison in Kråkenes vergeht wie im Flug. Der Reiz des Neuen, der mich im letzten Jahr fast jeden Tag sehr intensiv hat erleben lassen, ist so nicht mehr vorhanden. Die Natur überwältigt mich weiterhin, und ich kann nicht genug davon bekommen, aufs Meer zu schauen und es jeden Tag anders vorzufinden. Mal sanft, mal verspielt, mal dunkel und melancholisch, mal wild, dominant und gefährlich. Aber es gibt Momente, in denen ich die Intensität des vergangenen Sommers vermisse. Jeder Tag brachte eine neue Erfahrung, und ich fühlte mich so lebendig, als wäre ich gerade erst auf die Welt gekommen und würde sie neugierig, Stück für Stück, entdecken. Irgendwann Ende September stehen Aksel und ich wie so oft auf dem Turm und schauen aufs Meer. »Morgen kommt der erste Herbststurm. Könnte ein Orkan werden. Es wird windig.«

»Ja, die Wetterdaten habe ich auch von der Küstenwache bekommen.«

»Sehr windig.«

»Muss ich mir Sorgen machen?«

»Du musst vorsichtig sein. Und im Haus bleiben.«

»Meinst du nicht, dass ich raus kann? Ich hatte gehofft, dass ich ein paar Wellenfotos machen könnte.«

Aksel schaut mich irritiert an. »Ich glaube, das ist keine gute Idee.«

»Na, mal schauen. Ich habe damals, als ich zur See gefahren bin, auch ein paar wilde Stürme an Deck erlebt. Schlimmer kann es ja bestimmt nicht werden.«

Aksel schmunzelt. »Wirst du morgen sehen.«

»Aber ich werde auf jeden Fall vorsichtig sein. Versprochen.«

Er zuckt die Schultern. Manchmal würde ich gerne in seinen Kopf schauen können. Das würde einiges einfacher machen.

Am kommenden Tag muss ich noch ein paar Sachen in Måløy einkaufen. Bereits vormittags auf der Hinfahrt stürmt es so sehr, dass der Regen fast waagerecht auf die Windschutzscheibe prasselt und ich Mühe habe, den Wagen auf der schmalen Piste zu halten. Gleichzeitig ist es beeindruckend zu sehen, wie der Wind die Regentropfen wie milchig weiße Fahnen über die grün bewachsenen Hügel treibt.

Vor dem kleinen Supermarkt direkt am Hafen in Måløy parkt kein einziges Auto, sodass ich meinen Wagen direkt vor der Eingangstür abstellen kann. Ich zähle im Kopf bis drei, öffne die Tür und renne, so schnell es geht, in den Laden. So leer habe ich ihn noch nie gesehen, und es fühlt sich ein wenig surreal an, mit meinem Einkaufskorb durch die leeren Gänge zu laufen. Schade, dass ich gerade keine Gäste auf dem Leuchtturm habe. Sie wären bestimmt fasziniert, wenn sie das ganze Spektakel aus allernächster Nähe erleben könnten. Auge in Auge mit dem Sturm. Mittendrin. Es wäre eine tolle Werbung. Nach ihrem Urlaub würden sie überall erzählen, dass Kråkenes fyr im Orkan ein einmaliges Erlebnis sei. Etwas so Außergewöhnliches, dass man davon noch seinen Enkeln berichten würde. Immer wieder. Zu jedem Weihnachtsfest würde die Geschichte wieder aufgewärmt. Wenn es einen Ort auf der Welt gäbe, zu dem man hinmüsse, dann sei es auf jeden Fall Kråkenes fyr.

An der Kasse sitzt eine etwas gelangweilt wirkende junge Frau, die bei diesem Wetter wahrscheinlich auch lieber zu Hause wäre. »Hei«, sage ich. »Alles sehr ruhig bei euch heute. Bleiben wohl alle daheim, was.« Sie zieht meine Artikel über den Laserscanner, wartet auf das bestätigende Piepen der Maschine und antwortet. »Ja, es wird schlimm. Du musst hoffentlich nicht aufs Festland. Die Brücke ist bereits gesperrt. Bei angekündigten Orkanböen ist das zu gefährlich.«

»Nein, über die Brücke muss ich zum Glück nicht mehr. Wird es denn wirklich so schlimm werden? Ich habe noch keinen schweren Sturm hier miterlebt. Erst recht keinen Orkan. Und hinten am Leuchtturm bekomme ich auch nicht so viel mit.«

»Ach, du bist der Deutsche von Kråkenes fyr?«, fragt sie interessiert. »Ist gut, dass dort wieder jemand lebt. Aber du solltest jetzt schnell nach Hause. Das Wetter wird noch schlimmer werden.«

Ich zahle meine Ware und bin plötzlich, trotz der düsteren Prognose der Kassiererin, leichten Mutes und gut gelaunt. Wie ein trockener Schwamm sauge ich auch die kleinste positive Rückmeldung zum Leuchtturm auf und freue mich, dass meine Arbeit wahrgenommen wird.

Der Rückweg nach Kråkenes wird dann allerdings wirklich abenteuerlich. Der Wind hat noch einmal zugelegt, und das Auto schwankt bei jeder Böe, als wäre es eine Pappschachtel. Wenn ich aus dem Seitenfenster schaue, sehe ich die Abgase meines Auspuffs, die, vom Wind getrieben, das Auto überholen.

Bei Kvalheim muss ich den Wagen anhalten, denn ich kann kaum glauben, was ich vor mir sehe. Aus dem kleinen Wasserfall, der normalerweise über die Klippen ins Meer stürzt, ist eine riesige Fahne aus Millionen kleiner Wassertropfen geworden, die der Sturm zurück über die grünen Wiesen tief ins Land drückt. So was habe ich in meinem ganzen Leben noch nicht gesehen. Ich steige aus dem Wagen aus, um mir die Sache genauer anzuschauen, und ziehe die Kamera von der Rückbank. Irgendeinem Impuls folgend, hatte ich sie gestern ins Auto gelegt, für den Fall der Fälle. Dass dieser Fall jetzt eintritt, ist überraschend. Und saugut!

Vorsichtig kämpfe ich mich vorwärts, gehe langsam und in ausreichendem Abstand zur Klippe. Die Böen zerren massiv an meinem Körper, und ich kann mich kaum auf den Beinen halten. Aber die Szenerie ist zu spannend, ich muss mir das anschauen. Immerhin schaffe ich es ein paar Meter näher zum Wasserfall und sehe es wirklich: Nur ein paar vereinzelte Wasserfäden finden ihren Weg nach unten, der Großteil des Wassers wird einfach weggeweht. Durch den Sucher fixiere ich die Wassertropfenfahnen, ändere dabei noch einmal meine Position. Zögere kurz, weil ich jetzt unvernünftig nah an der Klippe bin, aber: Wann bekommt man schon einmal solch ein Bild vor die Linse? Das muss jetzt sein. Der Auslöser klickt einmal, zweimal, dreimal. Nass bis auf die Knochen kehre ich schnell zum Auto zurück, ärgere mich, dass ich solche Motive gerne ohne Gefahr für Leib und Leben bei gutem Wetter einfangen würde, bis ich den Logikfehler selbst bemerke: Solche Szenen gibt es nur bei schlechtem Wetter. Diese Bilder erkämpft man sich mit Mut. Der Preis: die Gefahr, in die man sich begibt.

Ich komme unverletzt und heil am Leuchtturm an und fühle meine Anspannung in Wellen aufsteigen. Es ist eine hohe Erregung oder Aufmerksamkeit, kurz unterhalb jener Schwelle, ab der man ganz klar und eindeutig sagen könnte: Ich habe Angst. Die Gischt der aufgewühlten, rauen See wird über den Leuchtturm getrieben. Mehr als 40 Meter liegt er über dem

Meeresspiegel. Das sind nicht nur haushohe Wellen, die brutal auf die Felsenküste schlagen, das sind hochhausgroße Wellen. Und trotzdem werde ich nicht panisch vor Angst. Die Gewalt des Meeres hat etwas Faszinierendes. Ich fühle mich unendlich klein und verletzlich. Gleichzeitig aber auch authentisch und so lebendig wie schon lange nicht mehr. Als würde sich jede einzelne Zelle in mir daran erinnern, dass alles Leben vor dreieinhalb Milliarden Jahren im Wasser entstand und die brodelnde, aufgewühlte Brühe vor mir die sehnsuchtsvolle Erinnerung an die Heimat sei, aus der wir alle hervorgegangen sind. Minutenlang bleibe ich im Auto sitzen, sehe Welle um Welle, spüre die Erschütterungen sogar hier im Wagen und weiß ganz genau, dass niemand in diesen tobenden Fluten auch nur Sekunden überleben könnte.

Während meiner Zeit auf See haben mich solche Stürme nicht auf diese Art und Weise berührt wie dieser Orkan jetzt gerade. Ich merke, dass es daran liegt, dass ich festen Boden unter den Füßen habe. Auf dem Meer nimmt das Schiff die Bewegungen des Wassers auf. Man schwingt mit, ist Teil der Gewalt. Das ist fast wie der Tanz eines verliebten Paares, bei dem das Meer ganz männlich die Führung übernimmt und du als Braut einfach den Bewegungen folgen musst. Hier an der Küste aber hämmert die See gnadenlos ihre Energie gegen den Fels. Wasser und Land ringen um jeden Zentimeter Raum.

Ich versuche, einen Moment zwischen zwei Böen abzupassen, in dem der Wind für ein paar Sekunden nachlässt, damit ich halbwegs sicher vom Auto zum Haus gelange. Erstaunlicherweise wirkt es kurze Zeit später so, als würde es wirklich etwas ruhiger werden. Ich öffne die Autotür, kann kaum atmen, so sehr presst sich der Wind in meine Lungen, und laufe schnell mit meinen Einkäufen im Arm zum Leuchtturm.

In den nächsten Stunden sitze ich am Fenster und kann nicht aufhören, mir das Spektakel dort draußen anzuschauen. Ich unterbreche dieses hingebungsvolle Starren nur, um immer mal wieder in den Keller zu gehen und mir schwarz auf weiß die aktuellen Windgeschwindigkeiten auf der Wetterstation anzuschauen.

Ein schwerer Sturm wird laut Beaufortskala in die Windstärke 10 eingeordnet. Das sind Geschwindigkeiten von 24 bis 28 Meter pro Sekunde bzw. grob gerundet 90 bis 100 Stundenkilometer.

Ein orkanartiger Sturm schafft es auf 28 bis 32 Meter pro Sekunde. Das ist Windstärke 11.

Die offiziell letzte Kategorie ist dann Windstärke 12. Orkan. Geschwindigkeit: mehr als 118 Stundenkilometer. Danach kommt nichts mehr. Aber Aksel hat mehrfach erwähnt, dass man hier nicht mit der Beaufortskala arbeitet, weil es oft genug viel heftiger stürmt.

Irritiert und ein bisschen enttäuscht stelle ich fest, dass die Messstation als Spitzenwert nur Geschwindigkeiten von 32 Metern pro Sekunde zeigt. So, wie es da draußen zugeht, hätte ich höhere Werte erwartet. Gleichzeitig steigt mein Respekt vor den immensen Kräften. Was macht die Natur denn erst bei 35 Metern pro Sekunde? Oder bei 40? Oder noch mehr? Und vor allen Dingen: Bis in welche Bereiche können diese Werte überhaupt steigen? Gibt es so etwas wie ein definitives Ende? Eine Grenze, die – aus welchen Gründen auch immer – physikalisch nicht überschritten werden kann? Ich erinnere mich an eines meiner ersten Gespräche, in dem Aksel mir prophezeit hatte, dass hier mehr oder weniger regelmäßig die Stufe 12 der Beaufortskala überschritten wird. Und wie naiv ich damals war, weil ich glaubte, er würde kräftig Seemannsgarn spinnen.

Meine Kamera, die auf dem Küchentisch bereitliegt, schaue ich mehr als einmal sehnsuchtsvoll an. Eine ganze Weile lang bleibe ich vernünftig, aber irgendwann kann ich der Versuchung nicht widerstehen. Ich muss da jetzt rausgehen. Egal wie nass ich werde, egal wie gefährlich es ist, die Aussicht darauf, diese Naturgewalt auf Fotos festhalten zu können, ist zu verlockend. So war es schon immer. Auch auf See bin ich oft auf Deck geblieben, wenn alle anderen sich längst ins Trockene gerettet hatten. Also ziehe ich mir das Ölzeug an, damit ich zumindest halbwegs trocken bleibe, öffne die Tür des Leuchtturms und habe das Gefühl, mitten im Weltuntergang zu stehen. Ich zögere kurz, wäge noch einmal kurz ab, ob es klug ist, was ich hier tue.

Nein, ist es nicht.

Ich tue es trotzdem, kämpfe mich zur Plattform vor und bin froh, dass ich hinter der Betonbrüstung zumindest ein wenig geschützt bin. Bereits jetzt läuft das Wasser über meine Öljacke, als hätte man einen Eimer Wasser über mir ausgeleert. Der Wind dröhnt laut in meinen Ohren. Das Atmen ist unglaublich anstrengend. Meine Hände, Arme, Beine zittern vor Anspannung und Aufregung. Es ist, als würde sich der Körper mit jeder Faser gegen meine Entscheidung wehren. Das ist mit Abstand das heftigste Wetter, in das ich jemals geraten bin.

Viele Fotos werde ich nicht machen können, sonst sind Kamera und Film verloren. Mann, Mann, Mann, wie bescheuert bist du eigentlich, Bickhardt?, denke ich kopfschüttelnd und muss fast lachen über diese Blödheit. Aber ich kann nicht anders – ich muss versuchen, diese wahnsinnige Kraft, die sich gerade entlädt, in ein, zwei oder drei Bildern festzuhalten. Egal wie. Ich stütze meine Hände auf die Brüstung, um etwas mehr Stabilität zu bekommen, hocke mich hin und blicke immer wieder durch den Sucher, ob sich ein geeignetes Bild finden lässt, in dem die gesamte Atmosphäre der Situation zusammenkommt und sich zu genau der Stimmung verdichtet, die ich gerade fühle.

Klackklack

Ich drücke den Auslöser. Regen rinnt mir den Nacken hinunter. Wasser findet immer seinen Weg, denke ich völlig unpassend. Dann wieder:

Klackklack.

War es das? Habe ich festhalten können, was ich festhalten wollte? Die rohe, brachiale Kraft? Die Gefahr, die davon ausgeht? Und von allen Dingen diese Lebendigkeit, die damit einhergeht? Keine Ahnung. Wie hält man den puren, strahlenden Lebensfunken in einem Sturmbild fest? Weitermachen, je mehr Bilder ich habe, desto größer ist die Chance, dass eines genau das zeigt, was ich gerade fühle.

Klackklack. Klackklack. Klackklack.

Dann ebbt meine Energie ab. Zweifel und ein riesiger Respekt vor der Urgewalt übernehmen das Ruder auf der kleinen Nussschale namens Thomas. Ich kämpfe mich zurück ins Haus, mein Gesicht glüht, das Regenzeug setzt den halben Eingangsbereich unter Wasser, die Kamera scheint die Aktion einigermaßen unbeschadet überstanden zu haben. Ich fühle mich großartig. Wie neugeboren.

In diesen Stunden verändert sich mein Verhältnis zur See. Aus der überschwänglichen, vielleicht noch etwas naiven Verliebtheit eines jungen Mannes wird an diesem Tag eine tiefe, respektvolle und erwachsene Verbindung, die etwas von einer jahrzehntelangen Ehe hat: Da gibt es Liebe und Hass, Nähe und kribbelnde Spannung.

Das Meer kann eine wunderschöne Braut sein. Und sich innerhalb von Stunden in eine todbringende Bestie verwandeln. Auch in stillen Sommern muss ich damit rechnen, dass etwas unerwartet Gefährliches auftauchen kann. Eine plötzliche Welle, ein Wetterumschwung, überraschende Windstöße. Diese Erkenntnis gräbt sich an jenem Tag tief in mein Bewusstsein.

In der folgenden Nacht schlafe ich unruhig und wenig. Der Kampf zwischen Land und Meer draußen ist zu laut. Es ist ein Kampf, in dem ich kleiner Mensch sowieso keine Rolle spiele.

Kurz vor dem Saisonende bereite ich mich auf den nächsten Winter in Deutschland vor. Mit meinen Studenten werde ich wieder eine Reihe von Blockseminaren in den Alpen veranstalten und ihnen das Skifahren beibringen. Auch mit Franz biete ich noch Gruppenreisen in die Berge an. Am Telefon hat er ein paar gute Neuigkeiten für mich. »Ach übrigens, ich habe neulich die rothaarige Schönheit wiedergetroffen, die dir auf meinem Geburtstag den Kopf verdreht hat.« Verdutzt schweige ich einen Moment. Den ganzen Sommer über habe ich immer wieder an Bettina denken müssen. Hatte insgeheim bei jedem Anruf gehofft, dass sie am Apparat sei. Aber woher weiß Franz das jetzt schon wieder?

»Bist du noch da?«, höre ich am anderen Ende der Leitung.

»Ja, sicher. Bettina heißt die Dame. Aber woher weißt du, dass ich sie ganz nett fand, an dem Abend damals? Sie hat mir erst ihre Freundin aufgedrückt, sich selbst nicht mehr sehen lassen, und als ich ging, waren beide weg.«

»Nun, ich habe mich mit ihr unterhalten. Und sie kam auf den Abend zu sprechen und hat nach dir gefragt.«

»Sie hat nach mir gefragt?« Ein ganzer Schwarm Schmetterlinge flattert wie verrückt in meinem Bauch. Keine Ahnung, wo die jetzt alle herkommen. Fühlt sich aber sehr, sehr schön an.

»Ja. Und es klang ein wenig so, als wäre sie an dir interessiert. Hat ein bisschen nach dir gefragt, ob du immer noch in Norwegen bist und ob du dort allein lebst und so.«

»Das finde ich spannend«, sage ich mehr zu mir selbst als zu Franz. »Ich habe ihr ja damals meine Karte gegeben. Sie hätte mich also auch anrufen können. Da sie es nicht getan hat, habe ich mir keine großen Hoffnungen mehr gemacht. Aber so ganz habe ich sie trotzdem nicht vergessen können.«

»Ich habe sogar ihre Telefonnummer.« Mein Schmetterlingsschwarm im Bauch flattert noch wilder. Ich notiere mir die Nummer und wimmele Franz anschließend recht schnell ab. Diese Nachricht muss ich erst einmal verarbeiten.

Bis zu meiner Abreise nach Deutschland schaue ich fast jeden Tag auf den Zettel mit Bettinas Telefonnummer. Und mehr als einmal bin ich kurz davor, sie anzurufen, verschiebe es aber immer auf die Zeit, wenn ich zurück in Hamburg bin. Sie von hier aus anzurufen, das führt zu nichts. Ich will mich stundenlang mit ihr unterhalten, ihr zuhören, mich mit ihr verabreden, sie treffen, sie sehen, sie küssen. Da warte ich lieber noch ein paar Wochen. Es werden Wochen, die erstaunlich langsam vergehen. Schmetterlinge im Bauch scheinen einen Einfluss darauf zu haben, wie schnell die Zeit vergeht.

Es ist Anfang November, als ich ein letztes Mal für dieses Jahr mit Aksel zusammenstehe und aufs Meer blicke. Morgen fahre ich zurück. Und so schwer mir der Abschied auch in diesem Jahr wieder fällt, ich freue mich auch auf Hamburg.

»Ich hoffe, du hast einen guten Winter, und wünsche möglichst wenig Stürme«, sage ich zu ihm.

»Der Winter und die Stürme gehören zusammen. Beide kommen in jedem Jahr. Und beide gehen auch wieder.«

»Ach, eine Frage schwirrt mir seit Monaten durch den Kopf, die ich dir stellen wollte. Manchmal, wenn die See ziemlich ruhig ist, die langen Dünungswellen hier an Land aufschlagen und es dann noch nebelig wird, dann hört man hier rund um die Gebäude ein ziemlich lautes, rhythmisches Heulen. Mich haben sogar schon Gäste verängstigt darauf angesprochen. Ich habe ihnen versichert, dass es kein Leuchtturmgespenst ist, aber woher das Geräusch genau stammt, konnte ich ihnen auch nicht sagen.«

Aksel überlegt kurz und lächelt. Ich wundere mich, warum er das nicht häufiger macht, denn es steht ihm wirklich gut, und er wirkt schlagartig viel jünger, offener und liebenswerter. »Nein, das sind keine Leuchtturmgespenster. Aber ich weiß, was du meinst. Es ist eine Heultonne ein paar Meilen vor der Küste. Wenn der Wind richtig steht und das Meer relativ ruhig ist, kann man sie hier an Land hören.«

»Eine Heulboje!«, platzt es aus mir heraus. »Orrrr, das hätte ich auch selbst wissen müssen. Bin schließlich lange genug zur See gefahren und hab die Dinger oft genug auf See gehört.« Heultonnen, im Volksmund auch gerne Heulbojen genannt, sind weitverbreitete Seezeichen, die durch ein akustisches, kaum zu überhörendes Signal auf Gefahrenstellen hinweisen. Der Vorteil gegenüber herkömmlichen Tonnen liegt darin, dass sie auch bei Nebel und Dunkelheit zuverlässig arbeiten. Der Ton, ein rhythmisches Pfeifen, das ein wenig so klingt, als würde man in eine leere Flasche pusten, wird dabei durch den Seegang erzeugt. Er sorgt dafür, dass sich der Luftdruck in einem Zylinder laufend ändert. Installiert man nun an diesen Zylinder eine Pfeife, funktioniert das Ganze in etwa so wie eine Kirchenorgel. Klingt nur nicht so schön. »Das Heulen stammt von Skallen!« Ich schlage mir mit der flachen Hand auf die Stirn. »Natürlich. Mein Lieblingsplatz zum

Dorschfang.« Eigentlich heißt die Tonne, beziehungsweise die Untiefe, die die Tonne markiert, Havfruskallen. Havfru ist die Meerjungfrau, und Skalle ist die Bezeichnung für eine Untiefe. Aber hier nennen sie alle nur Skallen. Mein Gott, das hätte ich wissen können.

»Auf See wärst du vielleicht eher draufgekommen. Aber wir sind an Land. Das ist etwas anderes. Die Küste bricht den Ton. Streut ihn kreuz und quer, bis du nicht mehr lokalisieren kannst, woher er ursprünglich stammt. Auf dem Meer funktioniert der Mensch anders als an Land. Du hörst anders. Siehst und riechst anders. Du fühlst sogar anders als an Land.«

»Ja«, sage ich, »das habe ich in diesem Sommer auch gelernt.«

14

Wie ein neues Leben

Zurück in Hamburg geht dann alles sehr schnell. Endlich kann ich Bettina anrufen. Wir verabreden uns. Wir treffen uns. Und wir werden schnell ein Paar. Das traditionell schlechte Hamburger Schietwetter im Winter macht mir gar nichts. Ich laufe bis über beide Ohren grinsend durch die Welt, genieße jede Minute, die wir zusammen verbringen können. Bettina kann es sogar einrichten, mich zeitweise zu den Skiseminaren zu begleiten, die ich weiterhin gebe. Ich bin bis über beide Ohren verliebt in diese wunderschöne, tiefsinnige Frau mit ihren strahlend roten Haaren und den funkelnden Augen. Aber vom ersten Tag unserer Beziehung an steht ein großes Thema im Raum.

»Komm doch einfach im Mai direkt mit nach Kråkenes«, schlage ich vor.

»Und hier breche ich dann alle Brücken ab, schmeiße meinen Job. Und dann? Wie stellst du dir das vor, Thomas?«

»Weiß ich auch noch nicht genau. Aber das wird sich alles finden.«

»Wir lernen uns gerade erst kennen, und ich genieße die Zeit mit dir wirklich sehr«, sagt sie, und jedes ihrer Worte lässt ein kleines Glücksfeuerwerk in meinem Körper abbrennen. Ich fühle mich, als sei ich gerade fünfzehn geworden und würde das erste Mal in meinem Leben verliebt sein – so intensiv, groß, so überwältigend.

»Aber ich kann wirklich nicht einfach mit dir nach Norwegen

gehen. Ich kenne den Leuchtturm nur aus deinen Erzählungen. Ich glaube ja, dass es mir dort gefallen wird, aber ein bisschen mehr Zeit brauche ich schon.«

Auch wenn ich rational genug bin, um zu wissen, dass man natürlich nicht so einfach Hals über Kopf sein altes Leben abbricht, um irgendwo am Ende der Welt neu anzufangen, ist da ein kleiner Funken Hoffnung, dass es eben doch genauso passieren könnte. Ein Traum, ein Wunsch, von dem ich weiß, dass er sich nicht erfüllen wird. Und an dem ich trotzdem hänge. Bettinas Ansage ist aber eindeutig und lässt keinen Platz für solcherlei Träumereien. Entsprechend enttäuscht schaue ich aus der Wäsche.

»Jetzt guck doch nicht so traurig. Ich habe doch nicht gesagt, dass ich nicht mit nach Norwegen komme. Nur halt nicht komplett von jetzt auf gleich.«

»Aber ich will mit dir zusammen sein. Am liebsten jeden Tag. Aber wenn gut tausend Kilometer zwischen uns liegen und wir uns von Mai bis November nicht sehen können, ist mir das zu wenig. Da weiß ich nicht, wie ich das aushalten kann.«

»Ja, das wäre mir auch zu wenig. Aber wir werden eine Lösung finden.«

»Wir müssen eine Lösung finden. Weil ich dich nämlich dort oben in der Einsamkeit sehr vermissen werde. Und das möchte ich nicht. Das Alleinsein ist toll. Ich habe es mir ausgesucht und genieße es. Aber schöner wäre es, mit dir zusammen dort zu sein. Zu zweit in der Einsamkeit. Das wäre perfekt. Außerdem bin ich mir so sicher, dass du es lieben wirst. Es sieht aus wie in Irland. Und da wolltest du schließlich leben.«

Bettina lächelt. »Ich weiß. Wir sind zwei erwachsene Menschen, wir kriegen das hin.«

Die Monate in Hamburg sind wunderschön. Immer wieder gehen wir an der Elbe spazieren, führen lange, tiefgehende

Gespräche und wachsen mit jeder Minute enger zusammen. Dass es noch so etwas wie ein normales Leben gibt, mit Verpflichtungen und Aufgaben, ist fast ein wenig lästig. Lässt sich allerdings auch nicht vermeiden.

Meine kleine Ecke auf dem Stand der Tourismusmesse kommt beim Fachpublikum gut an, und ich führe unzählige Gespräche über den Leuchtturm, das Leben in Vestland und die paar Zimmer, die ich dort anbiete. Die von mir selbst gestalteten Visitenkarten, mit einem stimmungsvollen Bild von Kråkenes fyr, gehen weg wie warme Semmeln. Und obwohl es von der Tourismusvereinigung nicht gewünscht ist, kann ich es nicht lassen und preise den Interessenten natürlich auch ausgiebig die ganze Region an, lobe das malerische Måløy, den weißen Sandstrand von Refvik, Kannensteinen und natürlich das nahe gelegene Westkap.

Und mit jeder Karte, die in den Taschen und Mappen der Interessenten verschwindet, denke ich voller Enttäuschung an die Tourismusvereinigung. »Es könnte alles so einfach sein. Und so gut«, wiederholt es sich immer wieder in meinem Kopf, als wäre es das Messe-Mantra. Ich kann nicht verstehen, warum sie meinen Vorschlag nicht angenommen haben. Ich würde so gerne der Gemeinde etwas zurückgeben, als Ausgleich für diese glückliche Fügung, dass ich dort am Leuchtturm leben darf. Aber genau dieser Dank, diese Geste verweigert man mir. Und ich kann nur vermuten, dass die Leute von der Vereinigung, diese freien, sturen Vestländer, nicht in meiner Schuld stehen möchten. Mich verletzt das aber zutiefst. Ich bin verunsichert, ein Stück weit hilflos. Und mache trotzdem Werbung für die Region, denn der kleine Junge in mir hört nicht auf zu hoffen, dass die Vereinigung irgendwann doch noch ein Einsehen hat und sich für die tolle Unterstützung bedankt. Aber ich bemerke, dass der kleine Junge in mir einen erwachsenen, wehrhaften Anteil an die Seite bekommen hat. Und dieser Anteil beginnt, sich aus dem System zu verabschieden. Ein System, in dem es darum geht, die Anerkennung und das Lob anderer zu bekommen. Stattdessen beginnt er, sich um den kleinen Thomas zu kümmern. »Ich sorge für dich, für mich, für uns«, scheint er dem Kleinen zuzuflüstern. »Wenn sie es denn nicht wollen, machen wir eben unser eigenes Ding. Und darauf können wir sehr stolz sein. Ab jetzt gilt also: Kråkenes fyr first. Kråkenes fyrst sozusagen.« Dieser Gedanke tut mir gut, und das Wortspiel lässt mich lächeln. Ich spüre, dass ich am Beginn eines neuen Weges stehe. Wohin mich der Weg genau führen wird? Keine Ahnung. Aber ich glaube, dort, wo es mich hinziehen wird, werde ich weniger von der Meinung und Anerkennung anderer Menschen abhängig sein. Ich möchte meine Kraft von nun an nicht mehr an Widerstände verschwenden. Ich möchte auf Augenhöhe mit Menschen zusammenarbeiten. Menschen, die das ebenso wollen. Und falls das nicht klappen sollte, dann konzentriere ich mich eben auf mich selbst. Und das ist eine echt schöne Vorstellung.

Abends bin ich redlich geschafft von all dem Gerede und den vielen Menschen. »Ich sehe dort in einer Stunde mehr Menschen als in einem halben Jahr am Leuchtturm«, sage ich zu Bettina, als sie mich fragt, warum ich so still sei. »In Kråkenes gibt es Tage, da rede ich mit niemandem. Und ich sehe niemanden. Vielleicht spreche ich dann ein wenig mit dem Meer oder den Möwen. Und jetzt gerade, nach so vielen Messestunden, vermisse ich die Ruhe und Einsamkeit sehr.«

»Soso, du willst mich also gar nicht sehen«, scherzt Bettina mit gespielter Trauer und zieht einen Schmollmund.

»Ach, sehen ist nicht das Problem«, antworte ich und nehme sie dabei in den Arm. »Ich will dich immer sehen. Aber sprechen muss ich heute nicht mehr.«

15

Großes Glück und großer Ärger

Der Sommer 1996, es ist meine dritte Saison in Kråkenes, ist der beste Sommer meines Lebens. Bettina besucht mich zweimal für jeweils drei Wochen. Das sind intensive, verliebte Tage voller Nähe, und wenn ich nachts neben ihr im Bett liege, frage ich mich mehr als einmal, warum ich eigentlich so viel Glück habe: ein Haus direkt am Meer, in dem Land, in dem ich seit meiner Kindheit leben wollte. Und dann noch meine Traumfrau, ganz real und lebendig neben mir.

Aufgeregt zeige ich ihr die Insel und die Umgebung des Leuchtturms. Wir fahren nach Refvik und besuchen den weißen Strand, der in den 1980er-Jahren von der landesweit erscheinenden Tageszeitung *Dagbladet* zum schönsten Strand ganz Norwegens gewählt wurde. Anschließend spazieren wir um den nahe gelegenen See, der früher einmal eine Lagune war und jetzt unzähligen Vögeln als Brut- und Winterquartier dient. Begeistert zähle ich alle Fakten und Anekdoten auf, die ich in den vergangenen Jahren aufgeschnappt habe, preise jede noch so kleine Sehenswürdigkeit an, als hätte ich sie eigenhändig erschaffen. Wir setzen uns auf eine Bank, schauen über das schilfbewachsene Ufer. Erwartungsvoll blicke ich zu Bettina. »Und? Wie findest du das alles hier? Habe ich dir zu viel versprochen?«, frage ich.

»Nein«, sagt sie, »du hast nicht zu viel versprochen. Ich liebe es hier. Und ich liebe dich.«

»Ich würde gerne diesen Moment, diesen Tag, diese Woche in Harz gießen. Wie ein Insekt in einem Bernstein. Und so konservieren. Für immer.«

»Aber vielleicht würdest du dann auch ganz viel verpassen«, antwortet Bettina und küsst mich.

Ich muss der glücklichste Mann der Welt sein, dessen bin ich sicher. Denn glücklicher als ich kann niemand sein, ohne nicht zu zerplatzen vor all dem Glück.

In den Wochen und Monaten, in denen Bettina in Deutschland ist, führen wir die klassische Fernbeziehung, telefonieren viel und faxen kleine Liebesbekundungen. Unsere Telefonanbieter verdienen sich eine goldene Nase an unserer Liebe.

Fernbeziehung, das bedeutet vor allen Dingen: Es gibt keine Normalität. Nie kommt man gemeinsam in einen Alltag. Nie stellt sich eine Selbstverständlichkeit des Zusammenlebens ein. Immer ist es aufregend, spannend und anstrengend ambivalent.

Ich mag die Einsamkeit auf Kråkenes fyr.

Und ich liebe Bettina und mag die Zeit mit ihr.

Insbesondere in den ersten Tagen nach ihren Besuchen habe ich das Gefühl, mich neu ausrichten, mich wieder neu mit der Einsamkeit anfreunden zu müssen. Ich schwinge den ganzen Sommer lang zwischen zwei gegensätzlichen Zuständen, die ich beide mag. Das ist nicht per se schlecht, es kostet jedoch Energie und Aufmerksamkeit und lässt das unbefriedigende Gefühl zurück, mich nie vollkommen auf einen Zustand konzentrieren zu können.

Und trotzdem bleibe ich dabei: Der Sommer 1996 ist der beste meines Lebens.

Aber Bettina ist nicht der einzige Grund, warum der Sommer super ist. Ich weiß nicht, ob es an der Touristikmesse liegt oder an meinen zufriedenen Gästen aus der letzten Saison.

Auf jeden Fall ist das Haus in diesem Jahr rappelvoll. Mehrere Gruppen aus Deutschland quartieren sich in den Leuchtturm ein, mit vollem Programm. Sie sind über die Skifreizeiten sowie meine Diavorträge über den Leuchtturm und Westnorwegen auf Kråkenes aufmerksam geworden. Das sorgt jetzt dafür, dass ich meine Betten vermietet bekomme. In fünf noch recht einfach eingerichteten Zimmern quartiere ich inzwischen Gäste ein, die sich zwei Bäder teilen müssen. Das ist rustikal und alles andere als ein Luxusurlaub, aber den Besuchern gefällt es trotzdem.

Neben den Urlaubern aus Deutschland finden inzwischen auch immer mehr norwegische Tagestouristen den Weg nach Kråkenes fyr. Und da sogar einige Reiseveranstalter den Leuchtturm in ihr Programm aufgenommen haben, komme ich nun regelmäßig in den Genuss, die Manövrierfähigkeiten norwegischer Reisebusfahrer zu bestaunen. Der Verkehr mag hier ganz am Ende von Vågsøy überschaubar sein, de facto werden die letzten paar Hundert Meter Piste von den Besuchern des Friedhofs, ein paar Ausflüglern auf dem Weg zum Wanderparkplatz und den Leuchtturmmenschen genutzt. Aber die Fahrbahn ist recht schmal. Bereits zwei sich entgegenkommende Pkw kommen in Schwierigkeiten. Ein Bus hier oben – das bedeutet fast immer ratlose Gesichter, ängstliche Blicke, zögerliches Rangieren und schweißnasse Hände.

Für diese Ausflügler mache ich den Reiseleiter und berichte den Gruppen in einer kurzen Führung über die Gebäude und die Funktionsweise und Technik des Leuchtfeuers. Diese Runden dauern meist eine Viertel-, selten länger als eine halbe Stunde.

Vom Veranstalter bekomme ich dafür pro Teilnehmer ein paar Kronen. Das ist kein nennenswerter Betrag, aber ich mache diese Vorträge echt gerne, und in Anbetracht der investierten Zeit, des geringen Aufwandes und der Gruppengröße sind es leicht verdiente Kronen.

Zumindest sollten sie leicht verdient sein. Denn auch diese Geschichte hat wieder eine Haken, den die Tourismusvereinigung ausgeworfen hat.

Vom Reiseleiter bekomme ich nämlich kein Bargeld, sondern lediglich einen Voucher pro Reisegruppe. Die Zettel sammle ich ein und kann sie anschließend bei der Tourist-Info, die die Abrechnung mit den Reiseveranstaltern übernimmt, einreichen. Dieses Vorgehen hat eigentlich viele Vorteile: Die Besucher müssen sich nicht ums Geld kümmern, ich muss mich nicht mit Wechselgeld rumärgern, der ganze Ablauf ist zeitlich optimiert. Doch die Tourist-Info wird von der Tourismusvereinigung betrieben. Und das macht die ganze Sache etwas schwieriger.

Wenn ich nach ein paar Touren genug Voucher gesammelt habe, tausche ich sie bei der Vereinigung ein. Das kostet mich jedoch bei jedem Mal Überwindung, denn es kommen eigentlich immer irgendwelche Sprüche. Keine bösen Gemeinheiten, aber subtil gesetzte Spitzen, die mir zeigen, dass die Leute von der Vereinigung immer noch ein riesiges Problem mit mir und meinem Engagement am Leuchtturm haben. Dass sich der Deutsche wieder sein Geld abholen würde. Dass da wieder der Goldesel käme. Dass das Geld eigentlich für den Leuchtturm sei und nicht für mich. Kommentare wie diese bekomme ich nahezu bei jedem Besuch. Und das ist auf Dauer sehr ermüdend. Wie ein kleiner Splitter unter der Haut, der ja auch nicht brutal wehtut, aber dafür ein konstantes unangenehmes Gefühl hinterlässt. Ich bin inzwischen dazu übergegangen, solche Sticheleien wegzulächeln, weil jede andere Reaktion von mir sowieso am stoischen Gemüt der Vestländer abprallt wie an einer Gummiwand. Das Weglächeln funktioniert auch gut. Bis mir eines Tages wirklich der Kragen platzt.

In Måløy besuche ich eine Informationsveranstaltung, auf der es um die Zukunft von Hendanes fyr geht, ein anderer Leuchtturm auf Vågsøy. Er liegt südlicher als Kråkenes, in der Nähe des Kannensteins, ist ebenfalls ein sogenanntes Fahrrinnenfeuer und fast noch schöner in die Landschaft eingebettet als Kråkenes. Wie ein Seeadlerhorst klebt das kleine Gebäude an der Steilküste, das man nur zu Fuß erreichen kann, und bietet einen wahnsinnigen Blick auf die kleine Bucht 50 Meter unter ihm.

Zu dem Treffen sind Mitglieder der Gemeindeverwaltung gekommen, Vertreter von Kystverket und ein paar interessierte Bürger, die wissen wollen, wie es mit dem leer stehenden Gebäude weitergehen könnte.

Die Veranstaltung ist gut besucht. Etwa dreißig Menschen sitzen in dem Saal des Gemeindehauses. Eine ganze Weile nach Beginn betritt ein etwas grobschlächtiger Mann polternd den Raum, zwängt sich an ein paar Teilnehmern vorbei, grüßt ein paar andere mit einer Handbewegung und lässt sich unmittelbar vor mir auf einen Stuhl fallen. Seine Körpersprache, die grobmotorischen Bewegungen, der ganze Habitus erinnern mich an die typischen Halunken aus einem Italo-Western. Er nutzt die erstbeste Gelegenheit, um das Wort zu ergreifen, stellt sich als Harald vor und legt direkt los: »Ich habe mir Gedanken über Hendanes gemacht und ein Konzept erstellt, wie ich den Leuchtturm renovieren werde.« Für seinen Vortrag ist er aufgestanden und erklärt den Anwesenden mit großen Gesten, was er alles an dem Gebäude machen will und wie er es finanzieren möchte. Innerhalb von zwei, drei Sätzen entlarvt er sich allerdings als Schaumschläger. Das, was er sich vorstellt, hat mit der echten Sanierung eines Leuchtturms nichts zu tun.

In den vergangenen zwei Jahren habe ich so viel lernen dürfen über alte Bausubstanz, Leitungen, Farben und Böden, dass ich gut einschätzen kann, was realistisch ist und was nur naive Träumerei. Und Cowboy Harald sitzt vor mir und träumt. »Es ist wichtig, dass dieses wichtige Kulturgut endlich wieder für die Öffentlichkeit zugänglich ist, damit auch unsere Kinder etwas über die Geschichte des Vestlandes lernen.« Harald versucht jetzt seine potenziellen Unterstützer über die emotionale Schiene zu erreichen. Die Gesichter der Teilnehmer zeigen jedoch, dass das nicht so richtig funktioniert.

»Und bei dieser Gelegenheit können wir mein Konzept auch direkt auf Kråkenes fyr anwenden«, sagt er nun. Die Lautstärke seines Vortrags hat er noch einmal nach oben geschraubt. Nachdem er die ganze Zeit über mit dem Rücken zu mir gestanden hat, dreht er sich nun theatralisch um, blickt mir direkt in die Augen und redet weiter. »Denn in Kråkenes passiert doch auch nichts. Die Anlage kann nicht besichtigt werden. Alles ist geschlossen.« Sein Gesicht ist inzwischen puterrot, so sehr hat er sich in Rage geredet. »Da nistet sich ein Deutscher ein und wohnt in Gebäuden, die für alle zugänglich sein sollten. Sie sind Teil unserer Geschichte.«

Mit offenem Mund höre ich seine Anklage. Ich habe das Gefühl, dass alle Augen im Raum auf mich gerichtet sind. Und einige der Anwesenden sehe ich auch wirklich zustimmend nicken. Was passiert hier gerade eigentlich?

Vor meinem inneren Auge rattern in einem Karussell Hunderte von Erwiderungen auf Harald's unverschämte Lügen vorbei. Aber ich bin wie paralysiert und nicht in der Lage, mich für irgendeine von ihnen zu entscheiden. Ich bleibe schweigend sitzen.

In der Psychologie nennt man dieses Verhalten in extremen Stresssituationen »Fight-Flight-Freeze«. Es ist ein evolutionäres Überbleibsel und kann bei fast allen Säugetieren beobachtet werden, denn es sichert letztendlich das Überleben. Erscheint also am Horizont der stattliche, hungrige Löwe, gibt es drei Möglichkeiten: kämpfen, flüchten oder sich totstellen. Dass der Cowboy Harald jetzt, hier auf dieser Versammlung, eher zahnloser Tiger als todbringender Löwe ist, kommt im Stammhirn, das für die Stressreaktion verantwortlich ist, aber nicht an. Das bekommt nur mit: Stress. Und reagiert dann so, als ginge es ums nackte Überleben.

Gott sei Dank hat eine Frau im Saal ein Einsehen und unterbricht mit einer Sachfrage an den Versammlungsleiter Haralds Monolog. Der restlichen Diskussion kann ich nur noch oberflächlich folgen. Immer wieder grüble ich über Haralds Vorwürfe. Frage mich, wie er auf solche Geschichten kommt. Hat er sich diese Lügen selbst ausgedacht? Hat er sie nur als Gerücht gehört und einfach weitergetragen? Und warum spricht er mich nicht direkt an, wenn er anscheinend genau weiß, wer ich bin?

Nach der Veranstaltung stehe ich vor dem Gebäude und atme mehrmals tief durch. Bewusstes Atmen ist so einfach und so effektiv. Harald steht mit einigen anderen ein paar Meter von mir entfernt. Wieder redet er ohne Punkt und Komma. Nach und nach verabschieden sich die Umstehenden, bis niemand mehr da ist, der ihm zuhören könnte. Ich bin inzwischen wieder auf der Höhe, habe die Schockstarre überwunden und bin bereit für ein Duell gegen den Cowboy. Der Freeze-Zustand ist vorbei, jetzt probiere ich es im Fight-Modus. High Noon. Langsam gehe ich auf ihn zu. Sein Blick klebt an mir. Ich dann kontrolliert und ruhig: »Was fällt dir eigentlich ein?«

»Was meinst du?«

»Na, die ganzen Lügen, die du verbreitest?«

Sein Mund verzieht sich zu einem gequälten Grinsen, der Rest des Gesichts ist schon wieder feuerrot. »Ich weiß nicht, wovon du redest.«

»Du weißt nicht, wovon ich rede? Ich erkläre dir, wovon ich rede. Kråkenes fyr ist nicht geschlossen. Im Gegenteil. Ich habe laufend Gäste auf dem Leuchtturm. Touristen, Besuchergruppen, die die gesamte Anlage besichtigen können. Jeder darf kommen. Weil ich mich nämlich seit zwei Jahren um das ach so schützenswerte Kulturgut kümmere. Von euch wollte das ja niemand machen. Weil euch die Anlage nämlich egal war.«

»Ach, das wusste ich gar nicht.« Sein Grinsen wird noch etwas breiter.

»Natürlich nicht. Das wusstest du nicht.« Ich lache sarkastisch. »Man bekommt hier ja auch nichts mit auf der Insel. Hör doch auf.«

»Und wenn schon. Dann habe ich mich eben geirrt.«

Mir reicht es. Ich kann gegen ihn sowieso nicht gewinnen. Denn dazu müsste er seine Niederlage eingestehen. Aber so ignorante Menschen machen das nicht. Sie leugnen einfach Fakten, versuchen die Diskussion in eine andere Richtung zu lenken oder bezeichnen das alles als ein Missverständnis, an dem sie keine Schuld tragen. Mit solchen Menschen zu diskutieren, sei wie eine Partie Schach gegen eine Taube, hat irgendein kluger Kopf mal gesagt. Man könne noch so gut in diesem Spiel sein, am Ende würde die Taube alle Figuren umwerfen, aufs Brett kacken und herumstolzieren, als hätte sie gewonnen. In meinem Fall ist Harald vielleicht keine Taube, aber er ist garantiert ein Dorftier.

Ich drehe mich um und gehe. Was ich sagen wollte, habe ich gesagt. Doch ich befürchte, dass die Geschichte damit noch nicht beendet sein wird. Harald ist keine singuläre Erscheinung, kein einzelnes Problem, das nur gelöst werden muss, und alles ist wieder schön. Harald ist mehr Symptom als Ursache. Da ist weiterhin die Tourismusvereinigung. Da ist weiterhin Lisa, die Dame aus Måløy, die zwar ihre Pläne für die Vereinigung der Leuchtturmfreunde fallen lassen musste, jedoch keine Gelegenheit auslässt, um mich in ein schlechtes Licht zu rücken. Da ist Kystverket, mit all den Vorschriften und Regeln. Alle zusammen wirken auf mich ein. Unabhängig voneinander, aber nicht ohne einen gewissen Einfluss aufeinander. Sie beeinflussen sich gegenseitig, bestärken sich in ihrer Skepsis mir gegenüber. Ob bewusst oder unbewusst, kann ich nicht sagen. Ich merke nur, dass es so ist.

Neben diesem Ärger gibt es aber auch echte Highlights. Eines davon bereitet mir das Magazin *GEO-Saison*. Eine junge Journalistin interviewt mich am Telefon. Es wird ein sehr langes, nettes Gespräch. Über mein Angebot, ihr ein paar schöne Fotos vom Leuchtturm für den Artikel zur Verfügung zu stellen, freut sie sich sehr. Als das Heft rauskommt, bin ich überwältigt: Auf drei vollen Seiten wird Kråkenes fyr vorgestellt. Und meine Bilder kommen richtig gut zur Geltung. Das ist endgültig der mediale Durchbruch für den Leuchtturm und für mich. Kaum ist das Heft im Handel, steht das Telefon nicht mehr still. Eine Flutwelle von Nachfragen und Buchungen bricht herein, so viele, dass ich zahlreichen Interessenten absagen muss. Ich bin ausgebucht. Zum ersten Mal.

Die vielen Menschen hier oben um mich herum machen Spaß, bedeuten aber gleichzeitig auch jede Menge Arbeit. Damit habe ich eigentlich kein Problem, es ist nur Arbeit, die ich in dieser Größenordnung im Vorfeld nicht eingeplant hatte. Andere Sachen bleiben dadurch liegen. Ich werde immer mehr zum Gastronom, der sich ums Frühstück kümmert, kocht und

Betten bezieht oder inzwischen laufend nach Måløy fährt, um Lebensmittel, Putzutensilien oder Toilettenpapier zu kaufen. Trotzdem bringe ich es in dieser Saison noch auf knapp tausend Arbeitsstunden. Im Assistentenhaus starte ich den ersten großen Rundumschlag: Ich erneuere die Elektrik, lege Wasserrohre und Anschlüsse und schaffe es sogar, noch einen neuen, drei Kubikmeter großen Abwassertank ans Assistentenhaus anzuschließen. Auf dem felsigen Untergrund bedeutet das verdammt viel Arbeit!

Eine Herzensangelegenheit ist es mir, die Wände beider Häuser und die Betonmauer um den Leuchtturm weiß zu malen. Als Zeichen für die Nachbarn und die Gemeinde. Alle sollen sehen, dass auf dem Leuchtturm von Kråkenes mit jedem Sommer etwas mehr Leben Einzug hält. Und notwendig ist der Anstrich sowieso. Ich recherchiere nach besserer Farbe, schreibe verschiedene Hersteller an, frage Aksel, frage Tor, aber niemand macht mir große Hoffnung. »Streichen gehört zum Leuchtturm«, sagt Aksel zu mir, wortkarg wie eh und je. »Du kannst die teuerste Farbe nehmen oder die billigste Farbe, nach einem Winter musst du wieder streichen. So oder so.«

Ich will mich mit diesem Gleichmut nicht abfinden und starte eine Testreihe, indem ich verschiedene Wände mit unterschiedlichen weißen Farben streiche und mir vornehme, im kommenden Jahr die Farbe auszuwählen, die dem Winter am besten standgehalten haben wird. Auch die Rückmeldungen eines Herstellers stimmen mich positiv. Nach mehreren Telefonaten habe ich den Farbproduzenten so weit, dass er meinen Leuchtturm als eine Art Härtetest für seine neuen Produkte ansieht. Er hofft darauf, Farbe liefern zu können, die so robust ist, dass sie den Belastungen von Wind, Salzwasser und Sonneneinstrahlung dauerhaft standhalten wird.

Und so schön dieser Sommer auch ist, erneut schafft es Eystein mit einigen schlechten Nachrichten, mir dunkle Wolken ins Gemüt zu schicken. Ich stehe gerade auf der Leiter und streiche die Wand des Assistentenhauses, als der Wirtschaftsbeauftragte auf den Hof gefahren kommt. Ich streiche die restliche Farbe aus dem Pinsel und steige von der Leiter. »Hei, Eystein, was führt dich zu mir? Willst du mir beim Malern helfen? Ich habe neue Farbe von einem Hersteller bekommen und soll sie ausprobieren. Er produziert auch die Farbe für den Eiffelturm. Aber das ist ja auch keine Herausforderung. Wenn die Farbe hier länger als einen Winter durchhält, dann ist es eine gute Farbe.«

»Hei, Thomas. Danke, nein. Wenn ich dir helfe, hast du wahrscheinlich mehr Arbeit, als wenn ich es sein lasse. Außerdem müssen wir etwas besprechen. Es gibt ein Problem, der Stromversorger hat sich bei der Gemeinde gemeldet.«

»Manchmal habe ich das Gefühl, dass es immer nur Probleme gibt, wenn du zu mir rausgefahren kommst.«

Eystein zuckt mit den Schultern. »Wie auch immer. Kystverket hat in den vergangenen Jahren die Stromrechnungen für den Leuchtturm nicht gezahlt.«

»Na, da kommt dann ja eine hübsche Summe zusammen. Aber was hat das jetzt mit mir zu tun? Soll ich jetzt etwa den Strom bezahlen, weil ich hier wohne?«

»Genau.«

Ich stelle den Pinsel zurück in den Farbeimer. »Nicht dein Ernst!«

»Doch, wir haben die Rechnungen weitergeleitet bekommen, die du bezahlen sollst.«

»Wie kommt das Versorgungsunternehmen darauf, dass ich den Strom bezahlen soll? Der Leuchtturm ist schließlich immer noch regulär in Betrieb. Und damit Sache der Behörde.«

»Aber weil du dort wohnst und Zimmer vermietest, argumentiert Kystverket, dass sie dafür nicht mehr zuständig wären.«

»Aber irgendwer muss doch schließlich dort wohnen. Es gibt ja sogar ein Assistentenhaus, damit man dort wohnen kann.«

Eystein fasst an seine Brille, streicht mit Zeigefinger und Daumen über den Rand. Das macht er immer, wenn es um schwierige Themen geht. »Ja. Es bleibt schwierig mit der Behörde.«

»Jetzt fang du doch bitte nicht auch noch an. Du weißt schließlich ganz genau, was ich hier schon alles an Geld hineingesteckt habe. Die zahlen mir doch noch nicht einmal die Farbe für die Häuser. Dass ich Hersteller anschreibe und sie um Kooperationen bitte, mache ich auch, weil ich dadurch meine Kosten senken kann. Wenn Kystverket mir für jede Saison ein paar Eimer Farbe vors Haus stellen würde, bräuchte ich das nicht machen. Und was den Stromverbrauch angeht: Da spart Kystverket eher jede Menge Geld. Als das Haus leer stand, liefen die Heizkörper ununterbrochen auf höchster Stufe. Als ich das erste Mal den Leuchtturm betreten habe, dachte ich, ich stünde in einer Sauna. So warm war es dort. Das war alles egal, da hat sich niemand drum geschert.«

»Reg dich bitte nicht so auf, Thomas. Ich weiß es und bin auf deiner Seite. Wir schauen mal, wie die nächsten Schritte aussehen werden. Die Gemeinde hängt da schließlich auch noch mit drin. Denn wir vermieten den Leuchtturm ja an dich.«

»Und wie geht es jetzt weiter?«

»Wir warten ab. Ich versuche, es über die Gemeinde zu regeln, und rede mit dem Versorger und Kystverket.«

»Dann hoffen wir mal, dass du erfolgreich sein wirst. Aber hast du eigentlich Lust auf einen Kaffee? Wir stehen hier draußen, und ich habe dir noch nicht einmal etwas zu trinken angeboten.«

»Gerne. Ich habe da nämlich noch eine Sache.«

»Na, dann komm mal lieber mit rein.«

Etwas später sitzen wir beide am Küchentisch, und ich schwärme von den drei Wochen, in denen Bettina hier war, und kann meine Vorfreude auf die Zeit, in der sie noch einmal hier hochkommen möchte, nicht verbergen. Der Wirtschaftsbeauftragte versucht aufrichtig, sich mit mir zu freuen, aber ich bemerke, dass sein Lächeln etwas gequält wirkt. »Aber du hattest doch noch etwas, das du besprechen wolltest. Ich hoffe, du hast nicht noch mehr schlechte Nachrichten für mich.«

Eystein lächelt verlegen. »Nein. Oder doch. Ach, ich weiß nicht.«

»Jetzt mach es nicht so spannend. Muss ich mir Sorgen machen?«

»Also gut. Für mich ist es eine gute Nachricht. Ich werde meinen Job aufgeben und das Vestland verlassen. Ich habe ein interessantes Angebot aus Ålesund bekommen, in der Finanzberatung. Ich hoffe sehr, dass mir die Arbeit dort etwas leichter fallen wird und ich meine Ideen auf fruchtbareren Boden streuen kann.«

Die Nachricht trifft mich unerwartet hart. Obwohl wir hauptsächlich geschäftlich miteinander zu tun hatten und viele Dinge rund um den Leuchtturm gemeinsam angegangen sind, ist er mir ans Herz gewachsen. Seine Offenheit und seine Vision, diese karge und ruppige Region ins nächste Jahrtausend zu transformieren, haben mir von Anfang an imponiert. »Das wird ein echter Verlust für die Gemeinde sein«, sage ich ehrlich. »Und ich finde es auch schade. So ganz persönlich. Denn immerhin warst du es, der mir das hier alles ermöglicht hat.«

»Ja. Das habe ich gerne gemacht und hätte am liebsten noch viel mehr für dich und Kråkenes fyr getan, aber …«

»Ich weiß«, unterbreche ich ihn. »Aber Bygdedyret ist hartnäckig.«

»Hoffen wir, dass mir dieses Tierchen nicht folgen wird.«

»Ach, das glaube ich nicht«, sage ich lachend. »Es mag mich viel zu sehr.«

»Dann hoffe ich für dich, dass ihr euch vielleicht noch etwas besser anfreunden könnt.«

»Das glaube ich nicht mehr. Aber wenn es anders kommt, werde ich dich sofort informieren.«

16

Zwischenzeit

Die nächsten drei, vier Jahre, bis kurz vor der Jahrtausendwende, sind ein stetiges Wachsen. In meinem Leben ist alles in Bewegung, und erstaunlicherweise fügen sich so viele Puzzleteile zusammen, dass ich das Bild meines Lebenstraums am Leuchtturm schon erahnen kann. Lediglich die Unsicherheit bezüglich der Pachtverträge ist ein konstantes Ärgernis. Es bleibt dabei, dass ich überhaupt nicht langfristig planen kann. Der erste Vertrag umfasste immerhin noch zwei Jahre. Alles, was danach kam, hatte immer den Beigeschmack von Willkür. Für die Verlängerungen musste ich mir ein Bein ausreißen, und mehr als einmal hatte ich das Gefühl, dass die Verantwortlichen überhaupt nicht wollen, dass ich weitermache. Vielleicht hätten andere Menschen auch wirklich die Segel gestrichen und das Projekt beendet, nachdem der Pachtvertrag ausgelaufen war und noch kein neuer abgeschlossen wurde. Aber ich bin einfach geblieben, Pachtvertrag hin oder her, und habe Kystverket weiter genervt, bis ich dann doch wieder einen Vertrag bekam. Zwar nur für ein Jahr, aber immerhin.

Das alles passiert gleichzeitig unter dem Sog des stetig näher kommenden Jahres 2000. Eine Zahl nur, aber so sehr aufgeladen, so anziehend, dass die Bedeutung anderer Ereignisse wie in einem schwarzen Loch verschwindet.

Bettina kündigt in Deutschland ihren Job als MTA und kommt erstmals für eine ganze Saison mit nach Kråkenes und zieht über den Jahreswechsel 1997/1998 mit mir in meine Hamburger Wohnung. Das Zusammenleben mit ihr ist intensiv und nah und wahnsinnig schön.

Ich lebe an einem der spektakulärsten Orte der Welt.

Ich lebe dort mit der tollsten Frau der Welt.

Ich lebe meinen Traum!

Ab Mai 1998 brechen wir die Winterbrücke nach Deutschland ab und leben ganzjährig am Leuchtturm. Die Skiseminare mit meinen Studenten habe ich an den Nagel gehängt, dafür geht es mit einer Gruppe aus Hamburg auf eine Skifreizeit hier in Westnorwegen.

Wir ziehen vom Leuchtturm ins Assistentenhaus, um mehr Zimmer vermieten zu können – 16 Betten sind es inzwischen. Durch Bettinas Einfluss verändert sich auch noch einmal das ganze Ambiente der Zimmer. Sie bringt ihre Einrichtungsideen mit ein, wir tauschen nach und nach die Möbel aus, bis alle Räume einen individuellen Stil haben. Sie lernt Norwegisch und nimmt kurz darauf ihren ersten Job in Måløy an. Sie kümmert sich um demente Senioren, die in einer Wohngemeinschaft zusammenleben. Anders als in großen anonymen Seniorenheimen, können die Alten hier ein relativ selbstbestimmtes Leben führen. Mit ihrer Ausbildung und ihrer Persönlichkeit ist Bettina dort genau richtig. Sie kümmert sich liebevoll und empathisch um die alten Menschen. In dieser Zeit lernt sie intensiv Norwegisch. In der vergangenen Saison hat sie kaum Gelegenheit dazu gehabt. Wie auch? Unsere Urlauber auf dem Leuchtturm kommen nahezu ausschließlich aus Deutschland. In Måløy und bei den Nachbarn kam sie mit ein paar Brocken Norwegisch aus. Ich war ja schließlich auch noch da. Aber um mit den Alten in einen engen Kontakt zu kommen, braucht es deutlich mehr. Ist ja schon schwer genug, demente Personen zu verstehen, die deutsch sprechen, weil ihnen viele Begriffe nicht mehr einfallen oder sie Dinge anders benennen. Wenn dann noch die Sprachbarriere dazukommt, wird eine gute Verständigung nahezu unmöglich. Also paukt Bettina fleißig Vokabeln, macht Übungen und studiert diverse Lehrbücher.

Unser erster gemeinsamer Winter ist ebenso herausfordernd wie wundervoll. Eine große und neue Erfahrung am Leuchtturm, die wir gemeinsam machen. Endlich einmal habe ich keinen Wissensvorsprung mehr, weiß nicht sofort, was zu tun ist, weil ich nicht auf Erfahrungswerte zurückgreifen kann. Komplett auf Augenhöhe erleben wir schwere Winterstürme, sitzen tageweise ohne Strom bei Kerzenlicht am Fenster und sind sogar viel in der Natur unterwegs. Bei schönem Wetter strahlt das Licht hier oben auf eine Art und Weise, wie ich es noch nie wahrgenommen habe. Ganz anders als im Sommer. Die Landschaft wirkt schärfer, als würde man durch ein frisch geputztes Objektiv schauen. Auch das Meer ist viel klarer als im Sommer. Ich kann den Grund in 10, 15 Metern Tiefe sehen. Und dann erst das Blau des Himmels. Leicht und hell legt es sich auf Berge, Häuser, Menschen, alles. An solchen fast schon ätherischen Tagen genießen wir die außergewöhnliche Lage von Kråkenes ganz besonders. Durch seine Lage auf dieser Landzunge bietet der Leuchtturm eine tolle Rundumsicht aufs Meer. Wir können uns morgens vor den Leuchtturm setzen und der Sonne zusehen, wie sie langsam und in einem sehr flachen Winkel hinterm Horizont aufgeht. Und wir können uns am Nachmittag vor den Leuchtturm setzen und sehen, wie sie ebenso langsam wieder im Nordmeer versinkt.

Aber solche Tage sind nicht die Regel. Eigentlich gibt es hier im Winter auch nur eine einzige Regel. Und die lautet:

Kein Tag ist wie der andere. Alles ist in einem fortwährenden Wechsel. Pechschwarze Wolken können den Himmel innerhalb von einer halben Stunde so sehr verfinstern, dass man sich völlig sicher ist, dass der Weltuntergang unmittelbar bevorsteht. Und keine Stunde später strahlt die Sonne wieder, als wäre nie etwas gewesen.

Anstrengend sind die Fahrten nach Måløy über die Berge. Obwohl ich mich direkt bei den ersten Schneefällen ins Auto setze und das Fahren auf dem rutschigen Untergrund übe, geraten Bettina und ich bei Kvalheim während eines Schneesturms von der Fahrbahn. Uns passiert nichts, dem Auto auch nicht, aber auf der weiteren Fahrt nach Bergen muss ich mich extrem konzentrieren und bin anschließend stehend k. o.

Die Außenwände der Anlage muss ich weiterhin einmal im Jahr malen. Aber immerhin schließe ich mit einem Hersteller eine langfristige Kooperation. Er wirbt damit, dass seine Farbe sogar an einem der windreichsten Orte Europas zum Einsatz kommt. Im Gegenzug bekommt das Unternehmen eines meiner Lieblingsbilder von Kråkenes fyr, auf dem man das Gebäude unter einer riesigen Gischtfahne verschwinden sieht. Es ziert fortan die Farbbüchsen des Herstellers, und egal in welchen Baumarkt ich gehe, immer sehe ich in irgendeinem Regal eine ganze Reihe der sturmerprobten Kråkenes-Farbe mit meinem Bild.

Kystverket und die Tourismusvereinigung bleiben ebenfalls ein konstanter Unruheherd in unserem Leben am Leuchtturm. Die Fragen, wer für die Stromrechnungen des Leuchtturms verantwortlich ist, wer welchen Anteil zahlt, wie viel Strom für den reinen Betrieb benötigt wird und was eigentlich genau zum reinen Betrieb des Leuchtturms zählt, beschäftigen uns viele Monate.

Die Tatsache, dass Eystein als wichtiger Vermittler mit viel diplomatischem Geschick nicht mehr da ist, macht diese Konflikte nicht leichter zu lösen. Immerhin: So nach und nach schaffe ich es, dass die Sachbearbeiter bei Kystverket auch direkt mit mir sprechen. Diese Kontakte sind fragil, und immer wieder gibt es Rückfälle ins alte Verhalten, gar nicht mit mir zu kommunizieren, aber ich werde nicht mehr komplett ignoriert. Rückblickend wird mir klar, dass dies der Punkt war, der mir am allermeisten zusetzte. Man kann sich streiten, man kann zu bestimmten Dingen unterschiedliche Positionen haben, und man kann sogar das Handeln des anderen doof finden, damit kann ich gut umgehen. Ich mag es sogar, mich gelegentlich über politische oder gesellschaftliche Themen stilvoll zu streiten. Dabei entsteht ja Energie, wenn man sich aneinander reibt und abarbeitet.

Wenn mich mein Gegenüber jedoch ignoriert und ich sozusagen gar nicht für ihn existiere, dann kommt das der Höchststrafe nahe. Insbesondere der kleine Junge in mir kann damit überhaupt nicht umgehen. Er fühlt sich oft genug nicht gesehen. Und solche Aktionen verstärken das Gefühl immens. Final gelöst wird der Streitfall Stromrechnung allerdings erst, nachdem der neue Ordfører, der Bürgermeister, von Måløy interveniert. Der dynamische junge Mann ist mit viel Mut zur Veränderung gestartet. Nachdem er von meinem Ärger erfahren hat, nimmt er sich prompt meines Falles an, legt offiziell Beschwerde ein und leitet die ganze Geschichte auch noch zusätzlich an die Presse weiter. Im Gegensatz zum Verwaltungschef der Gemeinde, dem Rådmann, kann der Bürgermeister bei solchen Sachen etwas offensiver nach vorne gehen. Er repräsentiert die Gemeinde nach außen, der Rådmann ist hingegen derjenige, der den Betrieb am Laufen halten muss.

Die Intervention des Bürgermeisters hat schließlich Erfolg. In der Zeitung ist zu lesen, dass der Deutsche, der den Leuchtturm gerettet hat, den Strom für gleich drei norwegische Behörden bezahlen soll. Für Kystverket, das den Leuchtturm als Schifffahrtssignal nutzt, für das Meteorologische Institut, das auf die Wetterdaten zurückgreift, und sogar für das Verteidigungsministerium, das auf Kråkenes fyr eine Radarstation betreibt. Sie alle ziehen ihren Nutzen aus dem Leuchtturm, aber wenn es ums Zahlen der Rechnungen geht, schieben sie sich gegenseitig die Verantwortlichkeiten zu. Nichtsdestotrotz sorgt die Berichterstattung dafür, dass die Behörden ein Einsehen haben und die offenen Stromrechnungen bezahlt werden.

Feiern kann ich diese kleinen Siege aber nicht mehr, weil ich ganz genau weiß, dass der nächste Konflikt nicht lange auf sich warten lassen wird.

Mich bringen diese offensichtlichen Ungerechtigkeiten an meine Grenzen. Ich bleibe der Fremdkörper, egal wie viel Arbeit und Geld ich in diese Anlage stecke, die ja dem Staat gehört. Weiterhin glaube ich felsenfest daran, dass wir alle das Gleiche wollen: dem alten Leuchtturm Leben einzuhauchen und ihn in ein Schmuckstück zu verwandeln. Aber wir kämpfen viel zu oft gegeneinander, anstatt an einem Strang zu ziehen. Und nach ein paar Jahren hier in Kråkenes beschleicht mich immer häufiger ein Gefühl, dass dieser Kampf niemals aufhören wird. Egal wie viele Etappen ich gewinnen werde, egal wie viele Siege ich einfahren werde. Es wird immer so weitergehen. Wie im Märchen mit dem Hasen und dem Igel hetze ich durch die Rennen, komme in Wirklichkeit als Erster ins Ziel und gewinne trotzdem nicht. Im Märchen geht es so Runde um Runde um Runde. Bis der Hase irgendwann tot umfällt. Das möchte ich gerne vermeiden. Denn eines ist für mich klar – und dieser Gedanke trägt mich durch diese Konflikte, lässt mich als Hase sozusagen immer wieder ins Rennen gehen: Ich will meinen Traum vom Leben am und mit dem Meer weiterleben. Dieser Gedanke lässt mich immer wieder in meine Kraft kommen. Einfach, weil ich weiß: Mein Traum ist so groß und schön, dass es sich lohnt, für ihn in jeden Kampf zu ziehen.

Kråkenes fyr ist ein sehr spezielles Gebäude, an einem sehr speziellen Ort. Beide Umstände fordern von mir fast zwangsläufig ein sehr spezielles Leben ein. Das ist der Preis, den ich zu zahlen bereit bin. Und wenn ich ins Zweifeln komme, weil wieder einmal etwas nicht funktioniert, der Strom stundenlang ausfällt oder ich bei Behörden gegen unsichtbare Mauern renne, dann mache ich einmal mehr eine Rechnung auf. Was setze ich ein? Was bekomme ich heraus? Und bisher lag ich mit dieser Rechnung noch immer in den schwarzen Zahlen. Der Preis, den ich für meinen Traum zahle, ist nicht zu hoch.

Im letzten Frühling des alten Jahrtausends will ich mir endlich einen lang gehegten Wunsch erfüllen und mir ein eigenes, kleines Boot kaufen. Ich will raus aufs Meer, aber nicht mit den großen Fähren oder Fischerbooten, sondern in einer ganz kleinen Nussschale. Ich liebe dieses direkte Gefühl, ganz nah, ganz dicht dran. Viele meine Freunde in Deutschland konnten das nie verstehen. »Das wäre nichts für mich«, hieß es dann immer und »zu gefährlich«. Für mich gibt es jedoch kaum etwas Schöneres auf dieser Welt. Das war immer auch Teil meines Traumes vom Leben hier oben in Norwegen. Diesen Teil habe ich jahrelang vernachlässigt, weil andere Sachen wichtiger waren. Aber es ist nie gut, die eigenen Träume aus den Augen zu verlieren. Ein Boot, das ist für mich so etwas wie

Selbstfürsorge. Wenn ich in solch einem kleinen Boot draußen bin und die großen, breiten Wellen, die schon seit Tagen durchs Meer rollen, es wie ein Papierschiff auf und ab heben, dann ist es, als spürte ich den Puls des Ozeans. Seinen Atem. Drei, vier Meter geht es hinauf, und alles, was ich sehen kann, ist Himmel. Drei, vier Meter geht es hinab, und alles, was ich sehen kann, ist Wasser. Das ist für mich der Rhythmus des Lebens. Ganz einfach, ganz archaisch.

Am liebsten würde ich mir ein kleines Kunststoffboot kaufen, weiß aber, dass ich dafür jede Menge Spott bekäme. Hier hat man ein Holzboot, oder man hat kein Boot. Also werde ich mir auch ein Holzboot kaufen.

Ein wenig hatte ich darauf spekuliert, dass mir irgendjemand ein altes, reparaturbedürftiges Wrack schenken würde. Aksel, Tor oder sonst irgendwer, egal. Denn jeder hat hier drei, vier, fünf dieser Wracks in der Scheune oder auf dem Hof stehen, wo sie ungenutzt vor sich rumgammeln. Hat aber niemand gemacht. Deswegen setze ich eine Annonce in die Zeitung.

Es dauert nicht lange, bis sich der erste potenzielle Verkäufer meldet. Noch am selben Tag fahre ich zu ihm und begutachte sein angebotenes Schätzchen. Das Boot ist locker sechzig Jahre alt, hat einen Motor mit 5 PS, Einzylinder. Und es ist aus Holz. Man sieht ihm an, dass es schon lange nicht mehr das Wasser gesehen hat. Auf Anhieb sehe ich Stellen, die repariert werden müssen. Aber das ist mir da bereits egal. Ich habe mich längst verliebt. Die Vorstellung, in ein paar Wochen, spätestens im Sommer, in diesem Boot auf dem offenen Meer zu treiben, hat sich bereits in meinen Kopf gefressen. Ich kann die See bereits riechen, das Schwanken unter meinen Füßen spüren. Ohne zu zögern oder über den Preis zu verhandeln, kaufe ich es für umgerechnet 500 Euro. Auf einem geliehenen

Anhänger bringe ich das Boot nach Kråkenes, wo ich es in einer nicht mehr genutzten Scheune unterhalb des Leuchtturms abstelle. Es dauert keine Viertelstunde, da steht Aksel in der Scheune und begutachtet mein Schnäppchen. Ein paar Minuten später kommt Tor dazu, dann Svein, der 80-jährige Bauer aus dem Dorf, mit dem ich mich ungern unterhalte, weil ich ihn nie verstehe. Sein harter Dialekt und seine unaufhörlich im Mund rumschwimmende Zahnprothese lassen jede Silbe so klingen, als käme er aus einem fernen Land mit einer mir vollkommen fremden Sprache. Schließlich kommt auch noch Anders, der Sohn von Svein. Wenn es in dem Tempo weitergeht, ist in zwei Stunden ganz Kråkenes in der Scheune und bestaunt das Boot des Deutschen. Zu viert stehen sie jetzt ums Boot herum verteilt und fachsimpeln untereinander. »Ja, das ist ein gutes Boot«, sagt Aksel.

»Musst du natürlich viel dran reparieren«, sagt Tor.

Svein wirft ebenfalls eine Bemerkung ein, die ich nicht verstehe, und beginnt an den oberen Brettern des Bootes herumzureißen. Innerhalb von Sekunden hat er eine halbe Planke in der Hand, hält sie mir unter die Nase und sagt halbwegs verständlich: »Aber das hier muss weg.«

Dann zerrt Tor an einer Spannlatte im Innern des Bootes. Es knirscht einmal kurz, dann hat er den Großteil davon in der Hand. »Und das muss auch raus. Ist ja ganz morsch.«

Ich weiß gar nicht, wie mir geschieht. Den Stolz auf mein Boot haben mir die vier Einheimischen bereits madig gemacht. Und was fällt ihnen überhaupt ein, hier alles kurz und klein zu hauen? Andererseits haben sie recht. Was morsch ist, muss eh ausgetauscht werden, das weiß ich selbst. Trotzdem fühle ich, wie sich eine Enttäuschung in mir breitmacht. Ich hatte mich so gefreut. Und jetzt machen sie mir alles kaputt. Doch all diese Gedanken kommen mir nicht über die Lippen. Ich stehe mehr oder weniger schweigend neben den Experten und versuche, gute Miene zum bösen Spiel zu machen – wieder einmal.

Die Fachleute zeigen mir noch eine Weile lang weitere Schadstellen, reißen hier, zerren da, und der Holzhaufen vor meinem Boot wird immer größer. Dann sagt Aksel: »Ja, dann einen schönen Tag noch. Ich muss los.« Als wäre dies ein Aufbruchssignal, verabschieden sich die anderen ebenfalls und lassen mich allein zurück. »Danke für eure Tipps«, sage ich, als ich mir sicher bin, dass alle außer Hörweite sind. »Ihr seid mir wirklich eine große Hilfe.« Dann schießen mir die Tränen in die Augen. Vor Wut? Vor Enttäuschung? Ich kann es gar nicht genau benennen. Mit dem Fuß schiebe ich die herausgerissenen Holzstücke zusammen. Ich ahne, dass es diese physische Übergriffigkeit ist, die mich so mitnimmt. Das Grobe, das Körperliche, das Machen, ohne zu reden. Das ist mir so fremd. Ich bewundere immer wieder den Pragmatismus der Menschen hier. Aber er verträgt sich nicht immer mit meinen Träumen.

Am nächsten Tag hat sich mein Frust ein wenig gelegt, und ich gehe zu Tor, um seine Aktion gestern zu besprechen. »Heisan Tor.«

»Hei.«

»Das war gestern eine scheiß Aktion. Ihr habt mir das halbe Boot zerstört.«

Im Blick des Tischlers und Bootsbauers kann ich das schlechte Gewissen erkennen. Im Gegensatz zu Aksel kann Tor echt empathisch sein. »Ja, du hast recht. Ich hätte nicht die Planken herausreißen müssen. Aber sie waren morsch und müssen ausgetauscht werden. Aber ich helfe dir auch gerne, wenn du es reparierst.«

»Das wäre klasse. Denn jetzt gerade habe ich nichts. Ich habe kein Boot mehr. Meine Freude daran habt ihr gestern auch ein Stück weit zerstört. Und vor allen Dingen habe ich keine Ahnung, was zu reparieren ist und wie ich das anstelle.«

»Ich helfe dir. Und wir machen das Boot wieder flott.«

Tor hält sein Versprechen, und wir arbeiten jeden Nachmittag ein, zwei Stunden gemeinsam an meinem Boot. Obwohl ich selbst kaum etwas allein machen kann, weil mir das Wissen fehlt und ich von Tor abhängig bin, genieße ich diese Zeit sehr. Ich lerne viel von ihm, ich sehe Fortschritte bei unserer Arbeit, und vor allen Dingen fühlt es sich echt gut an. Nah. Vertraut. So, als würde ich dazugehören. Jeden Sonntag, pünktlich um halb zehn, wird dieses Gefühl aber wieder zunichtegemacht. Dann kommen Svein und seine Jungs zur Scheune, scharen sich ums Boot und kommentieren die Fortschritte. Es wird hier angefasst, dort gerüttelt, hin und wieder fällt sogar ein Lob, öfter jedoch versucht Svein mit dem Bootsbauer zu diskutieren, weil er Sachen natürlich ganz anders gemacht hätte. Aber mithelfen tut keiner von ihnen. Nach einer Viertelstunde gehen sie wieder alle, und der Spuk ist vorbei. So geht es bald zwei Monate. Dann kommt der große Tag, und ich kann das Boot ins Wasser lassen. Ich platze vor Stolz und Vorfreude, als ich in mein kleines Boot springe. Das Schwanken unter meinen Füßen fühlt sich so vertraut an, als hätte ich in den vergangenen Jahren auf diesem Boot gelebt. Ich mache die Leine los, ziehe am Seilzug des Motors – nichts passiert. Ich ziehe erneut – nichts passiert. Seufzend probiere ich es ein drittes, viertes, fünftes Mal, und nichts passiert. Ich atme tief durch, vor Anstrengung, aus Frust, aus Angst vor der Enttäuschung, heute doch nicht aufs Meer zu kommen. Probiere es noch einmal, der Motor stottert und wehrt sich, beginnt dann aber doch unruhig und holpernd seinen Dienst zu tun. Ich greife ans Steuer, gebe Schub und halte Kurs. Richtung egal. Einfach raus.

Mit jedem Meter, den ich mich vom Festland entferne, habe ich das Gefühl, ein wenig leichter zu werden. Als würden nach und nach Steine von meiner Brust ins Wasser fallen, kann ich viel befreiter atmen.

Nach einer halben Stunde mache ich den Motor aus und lasse das Boot einfach auf dem Wasser treiben. Und mich. Erst jetzt wird mir bewusst, wie sehr ich das hier vermisst habe. Wie sehr ich mich zwischen den ganzen Baustellen am Leuchtturm, den Gästen und dem Ärger mit Kystverket verloren hatte. Und wie wenig ich eigentlich benötige, um mich wirklich frei zu fühlen. Einfach ein kleines Boot. Und das Meer drum herum, das da ist und mich nicht braucht. Das ist für mich der Inbegriff der Freiheit. Mehr brauche ich nicht.

17

Windstärke 14

Das alte Jahrtausend endet einmal mehr mit reichlich Arbeit. »Was hältst du von der Idee, ein Café aufzumachen? Inzwischen kommen so viele Tagestouristen und Ausflügler nach Kråkenes fyr, dass sich das wirklich lohnen könnte«, sagt Bettina irgendwann im Herbst 1999 zu mir.

»Ein Café?«, frage ich skeptisch.

»Ja. Denk doch mal, wie oft die Leute von den Bustouren schon enttäuscht rumgezickt haben, weil es hier kein Restaurant gibt.«

Ich imitiere die aufgebrachte Stimme eines Interessenten am Telefon: »Kann man bei Ihnen nichts essen? Ach, das ist ja schade.«

»Genau. Natürlich können wir kein Restaurant aufmachen. Aber ein Café, nur ein paar Tische, selbst gebackener Kuchen, Kaffee und Tee, fertig. Das würde ich mir zutrauen.«

»Und wo willst du die paar Tische aufstellen?«

»Ich dachte ans Haupthaus.«

»Ans Haupthaus, also. Mmhh, ich sehe vor meinem inneren Auge gerade noch nicht, wo und wie wir die Gäste an deine paar Tische bringen sollen. Ehrlich gesagt, ich sehe noch nicht einmal Platz für ein paar Tische.«

»Ich habe mir da schon etwas überlegt«, sagt Bettina, kommt zu mir und umarmt mich. »Aber dafür müsstest du noch mal ein wenig umbauen.«

Ich lache laut auf und drücke sie fest an mich. »Ach so. Na da hätte ich doch gleich drauf kommen können. Aber schieß mal los. Ein Umbau. Warum nicht. Hatten wir ja schon mindestens ein Jahr lang nicht mehr.«

Nachdem Bettina mir genauer erklärt hat, wie sie sich ihr Leuchtturm-Café vorstellt, bin ich allerdings auch begeistert. »Die Idee ist gut. Und weil ja bald Weihnachten ist, schenke ich dir deinen Traum. Baue ich eben noch mal um.«

In den letzten Wochen des Jahres bin ich einmal mehr der Handwerker Thomas, der Wände versetzt, Böden und Leitungen legt und Malerarbeiten macht. Bettina hilft, so gut sie kann, aber wenn es an die schweren Arbeiten geht, muss ich ran. Ein Blick in ihre vor Freude leuchtenden Augen reicht aber, um die Anstrengungen zu vergessen. Ich liebe sie. Und ich liebe es, wie sehr sie sich über etwas freuen kann.

Silvester 1999 ist hier oben für uns beide weit weniger bedeutsam als für den Rest der Welt. Seit Monaten fiebert gefühlt jeder auf den Jahreswechsel hin. Oft mit der Hoffnung verbunden, dass mit dem Jahr 2000 alles anders, alles besser werden wird. Wenn ich in ruhigen Momenten ans kommende Jahr denke, habe ich diese irrationalen Hoffnungen nicht. Ich lebe am schönsten Ort der Welt, ich liebe die schönste Frau der Welt – was sollte denn noch besser werden? Ein anderer Grund, warum mir der Jahreswechsel nicht so wichtig ist: Das Haupthaus ist komplett ausgebucht, eine große Gruppe hat sich angekündigt. Und ein volles Haus bedeutet auch immer viel Arbeit. Damit genug Platz ist, ziehen Bettina und ich sogar ins Assistentenhaus.

Um Mitternacht stoßen wir beide mit einem Sekt an, küssen uns und gehen vor die Tür. Ein Feuerwerk, wie man es aus

Deutschland kennt, gibt es in Kråkenes nicht. Unsere Leuchtturmgäste jagen ein paar einsame Raketen in den ziemlich leeren Himmel. Wir wünschen ihnen ein frohes Neues und gehen den Weg runter.

Irgendwo im Dorf ballern Menschen Leuchtmunition Richtung Meer. Signalwaffen gehören zur Bootsausstattung, die hat hier jeder. Im Gegensatz zu Raketen sinkt die verschossene Signalmunition nur sehr langsam zu Boden oder zu Wasser und leuchtet strahlend hell mehrere Minuten lang am Himmel. Ich mag dieses Ritual irgendwie, obwohl es offiziell nicht erlaubt ist. Als Schiffskapitän sollte man zu Silvester besser nicht an der Westküste Norwegens in Seenot geraten. Da könnte man eine ganze Batterie an Leuchtmunition in den Himmel jagen – zu Hilfe eilen würde niemand. Aber an Land würden sich alle fragen, wer denn da wohl im Lotto gewonnen hat, um so verschwenderisch seine Signalmunition abzufeuern.

Aber es ist typisch für die stolzen, sturen Vestländer: Regeln, Gesetze, Vorschriften gibt es viele. Man hält sich pflichtbewusst daran. Zumindest so lange, wie diese Regeln für den Einzelnen Sinn ergeben. Ist das nicht der Fall, haben die Vorschriften eher den Charakter von optionalen Handlungsvorschlägen.

Wir treffen Aksel und Tor, wünschen ihnen ein frohes neues Jahr. Um halb zwei sind wir im Bett. Happy New Year.

Im Januar 2000 besucht uns Uli mal wieder am Leuchtturm. Gemeinsam mit seiner Freundin Carmen will er ein paar ruhige Tage hier oben verbringen. Leider ist das Wetter ziemlich schlecht. Und die Wettervorhersagen warnen vor einem gewaltigen Orkan, der vom Atlantik auf die Westküste zurollt. Dass es sich um etwas wirklich Großes handeln muss, merke ich schon daran, dass sich ein Fernsehteam bei mir gemeldet hat, um direkt vor Ort Eindrücke von Küstenbewohnern und Urlaubern einzufangen. »Carmen, Uli, habt ihr Lust, ins norwegische Fernsehen zu kommen und ein paar Statements abzugeben, warum Kråkenes fyr bei Sturm der romantischste Ort der Welt ist?«

Uli schaut kurz zu Carmen. »Auf jeden Fall. Wir können ihnen auch noch sagen, warum dies der romantischste Ort bei Sonnenschein, Nebel, Schnee, Regen, Ost-, West- und Südwind ist. Nur beim Nordwind müsste ich flunkern. Aber jetzt mal ernsthaft: Soll es wirklich so schlimm werden, dass sogar das Fernsehen kommt?«

»Ja, da kommt schon ein dicker Brocken angezogen. Das wird ungemütlich. Aber wo sollte es sicherer sein als hier im Leuchtturm? Der ist sturmerprobt.«

»Dann sind wir dabei.«

Am späten Vormittag kommen die Fernsehleute an. Draußen stürmt es bereits ganz schön wild. Ich helfe dem Team beim Ausladen ihres Equipments und bringe sie ins Haus. Drinnen packen sie ziemlich schnell ihre Sachen aus und beginnen damit, einige stimmungsvolle Bilder aufzunehmen. Uli und Carmen möchten sie jedoch lieber draußen vor dem Haus interviewen. Das Wetter wird immer übler. Der starke Wind ist eine Sache, der Regen, der nahezu waagerecht durch die Luft getrieben wird, ist noch mal eine ganz andere. »Willst du wirklich so raus?«, frage ich die Kamerafrau und deute auf ihre Profikamera, die sie notdürftig mit einem Stofftuch abgedeckt hat. »Ich bin kein Fachmann für Hightech-Profigeräte, aber ich bin ein Fachmann für das Wetter hier oben. Und so wie es schüttet, ist das Teil in ein paar Minuten hin. Zu viele Anschlüsse, Buchsen, Schalter. Der Wind treibt die Feuchtigkeit in die kleinste Ritze. Und wenn da erst mal das Salzwasser drin ist, kannst du die wahrscheinlich wegschmeißen.«

Wir verpacken das Gerät in eine Plastiktüte und kleben das Paket so gut wie möglich zu. Dann gehe ich noch einmal in den Keller und schaue mir die Echtzeitdaten der Wetterstation an. Wir sind jetzt bereits bei konstanten 30 Metern pro Sekunde. Das ist Windstärke 11, ein orkanartiger Sturm. In Spitzen zeigt das Messgerät aktuell auch Werte von bis zu 45 Metern pro Sekunde. Das ist heftig. Ich gehe zu den anderen zurück und rede dem Fernsehteam ins Gewissen: »Bevor wir rausgehen, solltet ihr euch allerdings darauf einstellen, dass das jetzt wirklich gefährlich werden kann. Hier oben kommt der Wind mit wahnsinniger Energie an. In Böen haben wir aktuell eine Windgeschwindigkeit von 170 Stundenkilometern. Und wenn ihr euch fragt, was das bedeutet: Stellt euch vor, ihr macht auf der Autobahn bei einer Geschwindigkeit von 170 Stundenkilometern die Autotür auf. Oder haltet den Kopf aus dem Fenster. Genau so ist es jetzt da draußen. Der Leuchtturm prescht sozusagen mit 170 Stundenkilometern über eine Autobahn. Wenn euch das Atmen schwerfällt, versucht euch leicht seitlich in den Wind zu stellen. Trifft er euch frontal, bleibt euch im wahrsten Sinn des Wortes die Luft weg.« Inzwischen muss ich hier drinnen fast schreien, weil der Orkan so unglaublich laut ist. Jedes Brett, jeder Stein, jeder Fensterrahmen vibriert unter dem Winddruck. Kråkenes fyr stemmt sich stoisch und massiv gegen die Naturgewalt. Alles ächzt und stöhnt, zittert und schwankt. Die Sinfonie, die die Natur angestimmt hat, ist gewaltig, laut, dramatisch, pathetisch. Kein Mozart, kein Verdi oder Beethoven. Das ist Wagner. Mindestens. Der Ritt der Walküren. Beeindruckend und einschüchternd. Muss man wollen.

Vor dem Haus macht das Team ein paar Aufnahmen. Auf dem leicht ansteigenden Weg vom Assistentenhaus zum

Leuchtturm wird die Kamerafrau im Stand locker zwei Meter über den Schotter gedrückt. Ich muss ihr im wahrsten Sinne des Wortes unter die Arme greifen und sie festhalten. Trotzdem schiebt uns der Orkan beide mehrere Meter über den Weg.

Nach wenigen Minuten hat der Redakteur ein Einsehen. »Das hat so keinen Sinn«, sagt er.

»Ich denke, wir haben hier genug Material im Kasten«, fasst die Kamerafrau zusammen. »Aber ich würde auch gerne noch einmal direkt ans Wasser.«

»Echt?«, schreie ich gegen den Wind an. »Wir können hier vorn runter zum Wasser. Aber da müsst ihr noch vorsichtiger sein und genau das machen, was ich euch sage. Wenn einer von euch ins Wasser fällt, wird er innerhalb von Sekunden ertrinken.«

Langsam und vorsichtig gehen wir Schritt für Schritt Richtung Wasser. Das nasse, lockere Geröll ist glatt wie Schmierseife. Hier unten gehen Land, Meer und Himmel fast völlig ineinander über. Eine Wasserkante zum Strand ist kaum noch auszumachen. Ebenso wenig wie es eine klare Trennung zwischen Himmel und dem Meer gibt. Es ist, als würde die See alles um sie herum verschlingen. Bis zu den Knien stehen wir in einem weißen Schaum. »Was ist das?«, schreit die Kamerafrau in mein Ohr. »Waschmittel?«

»Später«, schreie ich zurück. »Sieh zu, dass du jetzt erst einmal deine Aufnahmen machen kannst.«

Wieder halte ich die Kamerafrau an den Hüften fest, damit sie unfallfrei einige Aufnahmen machen kann. Dann kehren wir, so schnell es unter diesen Bedingungen möglich ist, wieder ins Haus zurück.

»Ich hätte ja gedacht, dass die Wellen imposanter wären«, sagt die Kamerafrau leicht enttäuscht, als sie sich die pitschnasse Jacke auszieht.

»Ja, wenn ihr große Wellen filmen wollt, müsst ihr noch einmal wiederkommen, wenn das Wetter besser ist«, sage ich gelassen und hänge meine Öljacke an den Haken.

»Bei besserem Wetter? Wir wollen doch über den Orkan berichten.«

»Ich kann leider nichts dafür. Das ist reine Physik. Ab einer gewissen Windgeschwindigkeit werden die Wellen wieder kleiner, weil sie vom Sturm sozusagen niedergedrückt werden. Flach geblasen sagen wir hier dazu. Ein guter Gradmesser, wie schlimm es in dem Moment gerade ist. Stürmt es wie verrückt und ist die See relativ flach, dann habt ihr das Ende der Windstärkenskala überschritten. Dann seid ihr jenseits der Windstärke 12. Seht ihr haushohe Wellen, dann liegt ihr noch irgendwo innerhalb der Skala.«

»Und was war das jetzt für ein Schaum da draußen am Wasser?«

»Das ist Eierschaum. Tierisches Plankton. All die im Wasser schwebenden Kleinstlebewesen werden an den Felsen durch die Wellen regelrecht zu Eierschaum geschlagen. Das ist pures Eiweiß. Und sogar essbar. Allerdings ziemlich salzig.«

Im Haus werden weitere kurze Statements von Bettina, Carmen, Uli und mir aufgenommen, und dann macht sich das Team auch wieder auf den Weg zurück. »Fahrt vorsichtig!«, brülle ich zum Abschied über den Hof. Ich glaube nicht, dass sie mich hören können. Außerdem ist mein Hinweis bei den Bedingungen da draußen nichts als eine Floskel. Natürlich fahren sie vorsichtig. Anders geht es gar nicht.

Während der Wagen des Fernsehteams hinter der ersten Kurve verschwindet, schaue ich einmal über das Gelände. Der Wind zerrt an den Stromleitungen. Die singen so laut wie nie zuvor. Das Auto steht noch unbeschadet da, kein Steinschlag ist vom Hügel abgegangen. Das ist gut.

Auf dem Hügel oberhalb des Leuchtturms ist die Satellitenschüssel mit vier 10er-Stahlbolzen auf ein Betonfundament angebracht. Zur Sicherheit habe ich noch Stahlseile an die Parabolantenne befestigt und gespannt. Als ich meinen Kontrollblick dorthin bringe, staune ich nicht schlecht. Die Schüssel zittert bedrohlich im Wind. Ich befürchte, dass sie der Gewalt nicht lange standhalten wird und dann direkt ins Dach des Leuchtturms knallt.

»Ich muss noch mal raus und nach der Antenne schauen«, sage ich zu den anderen. Bettina schaut mich skeptisch an. »Wirklich? Sei bloß vorsichtig!«

»Ja, ich pass schon auf.«

Draußen kämpfe ich mich durch den Orkan und versuche, den Hügel über die flachere, nur von Gras bewachsenen Rückseite zu erklimmen. Zur Antenne sind es vielleicht noch 50 Meter.

Auf allen vieren krieche ich auf der windabgewandten Seite den Hügel hoch, denn es gibt nichts, an dem ich mich festhalten könnte.

40 Meter.

Regen, Dreck und Sand werden mit solcher Wucht in mein Gesicht geschleudert, als würde jemand mit einem Hochdruckreiniger auf mich zielen.

Noch 30 Meter.

Dann erwischt mich eine brutale Böe. Ich werde in die Luft gezogen. Für einen schrecklich langen Augenblick hänge ich in der Luft. Nicht meterhoch, aber hoch genug, um den Überlebensmodus in mir zu aktivieren. Dann knalle ich auf den Boden. Ich habe Todesangst und bin gleichzeitig sehr klar im Kopf. Ich Idiot habe vergessen, dass der Wind hinter solchen Erhöhungen einen rollenden Wirbel erzeugt, der den Hügel hinabwalzt und dabei alles in die Höhe schleudert. Ich muss hier weg. Hier ist es lebensgefährlich. Zentimeterweise krieche ich rückwärts den Hügel wieder hinab. Die Schüssel ist egal, soll sie ins Dach krachen, kann ich reparieren. Ich kann alles reparieren. Aber dazu muss ich lebend ins Haus zurückkehren. Eine weitere Windwalze will mich in die Höhe zerren. Ich kralle meine Finger ins nasse Gras, versuche mich so flach wie möglich zu machen, eins zu werden mit dem Boden, auf dem ich liege. Den linken Fuß zehn Zentimeter tiefer setzen, dann den rechten Fuß zehn Zentimeter tiefer setzen. Links. Rechts. Bis ich irgendwann am Fuß des Hügels ankomme. Immer noch auf allen vieren krieche ich seitlich aus der Windschneise und spüre, wie das Gezerre an meinem Körper nachlässt. Ein paar Augenblicke lang verschnaufe ich, schwer atmend. Trotz des weiterhin brachialen Windes, der mit der Lautstärke eines startenden Flugzeugs an meinen Ohren vorbeirauscht, höre ich meinen Herzschlag pochen.

»Wie siehst du denn aus? Bist du gefallen?«, fragt mich Bettina, als ich wieder im Haus ankomme, nass bis auf die Knochen und ziemlich dreckig.

»Lass mich kurz durchatmen.« Ich schäle mich aus den Klamotten, ignoriere die fragenden Blicke von Uli, Carmen und Bettina und lasse mich auf einen Stuhl fallen. Dann erzähle ich.

Gegen Abend lässt der Orkan etwas nach. Immer wieder gehe ich in den Keller, um mir die Werte anzuschauen. Aus Interesse, aber auch, um mich zu beschäftigen und die Angst von gerade abzubauen. Die Windanlage misst in Spitzen 64 Meter in der Sekunde. 32 Meter pro Sekunde sind ein Orkan. Der Leuchtturm stand also vorhin mitten in einem Doppelorkan. Und ich hatte die Idee, den Hügel hinaufzuklettern. Keine Ahnung, was mich da geritten hat.

Am nächsten Tag werfe ich erneut einen Blick auf das Display der Wetterstation und stelle fest, dass keine Daten mehr ankommen. Der Windmesser steht still. Bei einer späteren Kontrolle stellt sich heraus, dass das Lager des Windmessers verbrannt ist und sich im Gehäuse festgefressen hat. Das soll laut Gebrauchsanweisung gar nicht möglich sein.

Der Techniker, der ein paar Tage später einen neuen Windmesser einbaut, kann auch nicht verstehen, wie so etwas passieren kann. Erst, als ich ihm von den 64 Metern in der Sekunde erzähle, nickt er anerkennend. »Ja. Das sind die Jahrhundertstürme, die es laut Wahrscheinlichkeitsrechnung gar nicht geben darf. Unwahrscheinliche Ereignisse, auf die man sich nicht vorbereitet.«

»Und unwahrscheinlich gefährlich«, antworte ich.

Eine dieser epischen Nächte, in denen alles stimmt. Kaltes, klares Wetter, die Milchstraße und Nordlicht.

Der Kannestein, ein lokales Monument: Nicht das Wasser schleift den Stein.
Es sind kleinere Steine, die das Meer stetig über die Felsen rollt.

Bedingt durch den Golfstrom vor der Tür, gibt es nicht viele Tage am Leuchtturm, an denen so viel Schnee liegt.

Brede am Westkap mit dem Leuchtturm im Hintergrund. Skifahren ist in Norwegen die wichtigste Sportart.

Oskar springt vom Dach des Westkapphauses.
Von diesem Bild habe ich jahrelang geträumt.

Für das letzte Buch »Panorama Nordfjord« fahre ich viel durch den Distrikt. Im Hintergrund der tiefste See Europas bei Hornindal (Hornindalsvatnet/514 M).

Mein Lieblingsplatz auf der Kanzel des Leuchtturms.
Im Sommer wird es nicht dunkler als auf diesem Bild.

Wenn die Sonne den Horizont küsst und die Wellen dazu den Takt schlagen, finde ich ein Gefühl von tiefem Frieden. Hier am Strand von Ervik, direkt am Westkap.

Adler waren immer meine Begleiter im »wilden« Westen. Aber unter Tausende
Fotos ist dieses ein Besonderes: im tiefen Winter, bei untergehender Sonne.

Das Norwegenklischee des Fjordlandes übertrifft sich selbst.
Die Welt spiegelt sich im Strynsvatnet, einem Gletschersee im Distrikt Stryn.

Wellenbilder brauchen auch gutes Licht. Beides zusammen ist selten.
Wenn dann noch eine Möwe das Model spielt, ist das Bild perfekt.

Dieses Bild begleitet mich überall hin: mein Meer.
Es hängt jetzt auch bei mir in Hamburg.

Die surrealistische Stimmung hat mich verzaubert. Candle-Light-Dinner für Gäste hinter der Scheibe der Nordatlantik – Leuchtturmwärterromantik.

Was ich am meisten vermisse: das einzigartige Licht!
Die blaue Stunde im Westen, mit angeleuchtetem Haus.

Der aufgehende Mond im kalten Winterlicht der untergehenden Sonne.
Keine Montage, aber mit einem 1000 mm Objektiv gemacht.

Diese schroffen Felsen, die sich dreist ins Meer stürzen,
umgeben von grünen Hängen, das war der Traum, dem ich gefolgt bin.

Hinten am Horizont, Kråkenes,
die Krähennase mit dem Leuchtturm.

Der Leuchtturm, frisch gestrichen und bereit für den Nationalfeiertag. Den Flaggenmast habe ich später im Orkan verloren. Kontraste!

18

Der Fotologe

Bereits in den ersten Wochen und Monaten des neuen Jahrtausends passieren in so vielen Bereichen meines Lebens massive Veränderungen, dass ich kaum weiß, wo mir der Kopf steht. Wie aus dem Nichts und ohne mein Zutun fragt ein Verlag an, ob ich nicht Fotos für einen Bildband über norwegische Kirchen machen möchte. Es scheint sich wohl rumgesprochen zu haben, dass der deutsche Typ auf Kråkenes fyr ganz passabel mit der Kamera umgehen kann. Ich sage zu und freue mich, dass meine Bilder gesehen und geschätzt werden. Letztendlich fotografiere ich so viele hübsche und außergewöhnliche Kirchen, dass der Verlag sogar zwei Bände herausgibt.

Es ist einer der ersten freundlichen Tage des Jahres. Einer dieser Tage, an denen der Winter noch nicht ganz vorbei ist, aber die Luft schon leicht nach Frühling riecht und die Sehnsucht nach dem Sommer weckt. Øystein und ich sitzen vor dem Leuchtturm und halten unsere Gesichter in die Sonne. »Weißt du noch, wie du mir damals zum ersten Mal die Gegend hier gezeigt hast. Das war Jahre, bevor mir der Leuchtturm angeboten wurde. Und ich habe mich direkt in die Gegend hier verliebt.«

»Die Gegend ist schön, das stimmt«, sagt Øystein, streckt sich und atmet einmal tief ein, als müsse er beweisen, dass sogar die Luft hier besonders rein ist. »Aber die Menschen, die hier leben, sind speziell«, ergänzt er seinen vorherigen Satz.

Ich lache auf. »Ja, das stimmt wohl. Und ich weiß noch, dass du auch schon damals über sie geschimpft hast.«

»Ich weiß nicht, ob ich geschimpft habe. Aber damals habe ich es hier nicht ausgehalten. Das war alles zu klein. Trotz der weiten Landschaft. Ich musste weg. Die Menschen hier sind, wie sie sind.«

»Aber dadurch, dass du weggegangen bist, hast du dich zu dem Menschen entwickelt, der du heute bist. Glaubst du, du wärst Radio- und Fernsehjournalist geworden, wenn du hiergeblieben wärst?«

»Auf jeden Fall nicht beim staatlichen NRK. Vielleicht würde ich für *Fjordenes Tidende* schreiben. Über die Eröffnung eines neuen Hotels. Oder darüber, welcher Fischer die größten Fische fängt.«

»Eben. Zum Wachsen muss man fortgehen. So als bräuchte man den Abstand, um überhaupt erst einmal genug Raum zu haben«, sage ich zu ihm. »Ich bin sogar freiwillig hier hingezogen. Vielleicht auch, weil einem Teil von mir klar war, dass ich mich nur hier entwickeln kann. Und was die Menschen angeht, die hier leben: Vielleicht sind sie wie die Landschaft, weil sie hier eben nicht wegkommen.«

In Øysteins Augen blitzt irgendetwas. »Das Land macht die Menschen? Und das Meer? Das ist eine schöne Idee.«

»Und du lernst immer so viele interessante Menschen kennen. Keine Ahnung, wie du das schaffst, aber sie erzählen dir immer die wildesten Geschichten.«

»Die Geschichten sind wirklich spannend. Die müsste man mal sammeln.«

»Und sie dann in Verbindung zu Vågsøy setzen. Und schauen, wie das alles zusammengehört.«

»Thomas, das ist es. Du machst Fotos. Ich sammle Geschichten. Lass uns ein Buch über die Gegend hier machen. Mit Bildern vom Leuchtturm und den Menschen, die um ihn herum leben.«

Øystein strahlt eine Energie aus, die sofort auf mich überspringt. »Die Idee ist klasse. Ich habe jahrelang genau nach solch einem Buch gesucht und nichts gefunden. Das gibt es nicht.«

»Sehr gut, Thomas. Dann machen wir eben dieses Buch.«

Wir sitzen an diesem Frühlingstag noch lange zusammen und entfachen ein kreatives Feuerwerk von Ideen. Abends steht mehr oder weniger ein Konzept für ein Buch mit Bildern und Geschichten vom Leben rund um den Leuchtturm.

Durch die Anfrage für den Bildband über Kirchen habe ich passenderweise sogar einen richtig guten Kontakt zu einem Verlag an der Hand. Øystein lacht sich fast schlapp, als ich ihm davon erzähle. »Ich bin hier geboren. Ich habe dich auf diese Gegend aufmerksam gemacht. Und kaum wohnst du ein paar Jahre hier, bist du der Experte mit Verlagskontakten. Thomas, du hast es weit gebracht.«

Kontakt hin oder her: Wir überzeugen die Verleger, und sie wollen das Buch mit uns machen. Unsere Kernidee: Wir wollen die Region und ihre Menschen porträtieren. Im Gegensatz zu anderen Landstrichen, die der Mensch geprägt, gestaltet und nach seinen Vorstellungen verändert hat, ist es hier anscheinend anders. Hier formt die Natur den Menschen, gräbt tiefe Falten in Gesichter, formt Persönlichkeiten und schleift mit Wind und Salzwasser die Seele des Menschen, bis er sich nahtlos in die schroffe Landschaft einpasst.

Bei den entscheidenden Verhandlungen mit dem Verlag passiert mir dann allerdings ein grober sprachlicher Fehler: Statt zu sagen, dass mir der rote Faden des Verlages nicht ganz passt, sage ich, dass mir die Vergewaltigung nicht ganz passt. Für Norweger sind solche drastischen Worte, auch wenn sie offensichtlich ein Fehler sind, nur schwer auszuhalten. Mir ist schon häufiger vorgeworfen worden, dass ich schon sehr drastisch fluchen würde. Dabei stimmt das gar nicht. Und in Deutschland hat mir noch nie jemand so etwas gesagt. Immerhin können Øystein und ich die Wogen mit viel diplomatischem Geschick wieder glätten. Der Verlag und die Herren Rakkenes und Bickhardt sind sich einig. Wir machen ein Buch, es wird Havlandet heißen, Meeresland.

Mehr als anderthalb Jahre lang sammeln Øystein und ich Material. Er findet die Menschen mit ihren Geschichten, führt unzählige Gespräche. Ich mache die Bilder dazu. Bei den Interviews halte ich mich im Hintergrund auf und schieße die Porträts mit einem recht großen Objektiv. Ich will die Menschen so zeigen, wie sie sind. Nicht, wie sie sich geben, wenn sie vor einer Kamera stehen. Und weil Øystein ein Talent dafür hat, andere zum Reden zu kriegen, kommen jede Menge Geschichten aus dem rauen Alltag zusammen. Natürlich findet Aksel den Weg ins Buch, Tor auch, der Leuchtturm und jede Menge Bilder von meinem geliebten Meer.

Gemeinsam mit dem Verlag kommt dann der vielleicht herausforderndste Teil des Projektes: Wir müssen eine Auswahl treffen. Bei den vorgestellten Personen und den dazugehörigen Porträts geht es noch irgendwie. Bei den Landschaftsaufnahmen fällt es mir hingegen unglaublich schwer. Jede Entscheidung für ein Motiv ist die Entscheidung gegen mindestens vier, fünf andere. Ich würde am liebsten die gesamte Region in Bildern festhalten, einfach um der Welt zu zeigen, wie schön es hier ist.

Als das Buch im November 2001 erscheint, platze ich vor Stolz. Es ist genau das Buch, das ich in den vergangenen Jahren gerne gelesen und in die Hand genommen hätte. Und es ist toll geworden. Die Arbeit mit Øystein war intensiv, lustig, aufregend, lehrreich. Ich habe das Gefühl, dass er mir noch ein wenig mehr ans Herz gewachsen ist. Mit dem Verlag gab es ein paar Streitigkeiten, aber die Wogen haben sich wieder geglättet.

Die Buchpräsentation organisieren wir am Leuchtturm. Passend zu den aufwühlenden Geschichten und Bildern tobt draußen ein Orkan und schafft ein stürmisches Ambiente. Am folgenden Tag sollen wir auf Wunsch des Verlags in Måløy Bücher signieren. Das Wetter ist immer noch schlecht: viel Wind, viel Regen. »Ich glaube nicht, dass viele Leute kommen werden«, sage ich zu Øystein, als wir uns auf den Weg in die Stadt machen. »Warum sollte jemand bei dem Wetter aus dem Haus gehen? Nur, damit ein gut aussehender Fotograf und ein gut aussehender Journalist ihre Namen in ein neu gekauftes Buch schreiben?« Øystein zuckt mit den Schultern. »Weiß nicht. Aber vielleicht kommen ja wenigstens ein paar Leute, damit uns nicht langweilig wird.«

Die Måløyer belehren uns eines Besseren: Schon als wir in der Buchhandlung ankommen, warten zahlreiche Käufer auf uns. Die Schlange wird immer länger und reicht irgendwann bis raus zur Straße. Wir schreiben uns an diesem Tag die Finger wund und bekommen viel Lob für unser Buch. Ich platze fast vor Stolz und Rührung.

Mit diesem Buch habe ich mir einen großen Traum erfüllt. Ich wollte die Schönheit der Natur festhalten. Und ich wollte den Menschen, die hier leben, diese Schönheit wieder näherbringen. »Was wir gewohnt sind, zu sehen, sehen wir kaum«, hat Øystein mal gesagt, als ich mich – und ihn wahrscheinlich auch – fragte, warum die Einheimischen nie darüber reden, wie unfassbar schön es hier ist. Mit *Havlandet* haben wir die schönsten Orte, die emotionalsten Stimmungen und die beeindruckendsten Menschen gesammelt, zwischen zwei Buchdeckel gepackt und ihnen geschenkt. Mir gefällt der Gedanke, dass vielleicht der eine oder andere ganz besonders grimmige Fischer, Schäfer oder Seemann das Buch in die Hand nimmt, darin rumblättert und sich seine Mundwinkel nach oben bewegen. Ein paar Millimeter nur. Kaum sichtbar. Aber in meiner Vorstellung doch weit genug, um mich für ein paar Augenblicke lang vollkommen mit Glück auszufüllen.

Havlandet ist nicht das letzte Buch, das ich mache – im Gegenteil. Es ist der Beginn einer Phase, in der ich meine Fotos immer wieder in Bildbänden und Zeitschriften veröffentliche.

Aber mit zwei Auflagen und einer fünfstelligen Zahl an verkauften Exemplaren ist es mein erfolgreichstes Buch. Wahrscheinlich hat es auch deshalb einen besonderen Platz in meinem Herzen.

19

Bygdedyret 3

Ein Jahr nachdem ich endlich mein eigenes Boot ins Wasser lassen konnte, werde ich in die Küstenkulturvereinigung aufgenommen und zu einer siebentägigen Segeltour nach Bergen eingeladen. In einem zehn Meter langen Wikingerboot wird es, per Ruder und Segel, übers offene Meer gehen.

Doch bevor es losgehen kann, gilt es erst noch, ein neues Segel anzubringen. Das Tuch ist auch bereits da, aber die Taue des Bootes müssen noch eingenäht werden.

»Ich kann euch das machen«, schlage ich Mats, dem Sprecher des Vereins, vor. »Ich kann segeln und kenne mich auch ein wenig mit solchen Einmastern aus.«

»Das ist super, Thomas. Wie lange wird es dauern?«

»Ich denke, zwei, drei Wochen, dann habe ich alles eingenäht und verbunden, und wir haben ein großartiges neues Segel für das Boot.«

»Danke! Dann wird ja noch alles für unsere Tour nach Bergen rechtzeitig fertig.«

Anderthalb Wochen lang fahre ich täglich zum Bootshaus des Vereins und nähe ein paar Stunden an dem großen Segel. Es ist eine zeitaufwendige Handarbeit, die aber auch etwas Meditatives hat. Und ich kann mich in den Verein einbringen. Nach etwa zehn Tagen ist ein Großteil der Arbeit getan. Das Segel kann bereits gehisst werden, aber eine ganze Reihe von Tauen ist bisher nur provisorisch mit dem Segel verknotet und muss noch fest vernäht werden. Plötzlich steht Mats vor mir, hinter ihm ein kleines Trüppchen von weiteren Leuten: Aksel ist dabei, zwei alte Fischer, die ich nur vom Sehen kenne, und Lars, in Begleitung von gleich zwei Damen mittleren Alters. Ich mag Lars nicht besonders, weil er sich regelmäßig in jede Unterhaltung einklinkt und stets immer alles besser weiß. Lars ist sehr anstrengend. »Hei, was macht ihr denn hier?«

»Wir wollten ein bisschen raus aufs Wasser, ist so schönes Wetter heute. Willst du mitkommen?«, fragt mich Mats.

»Ja, klar«, antworte ich und lege mein Nähzeug beiseite.

Gemeinsam mit den anderen mache ich das Boot startklar und weise Mats darauf hin, dass das Segel noch nicht fertig ist. »Ja, ja«, tönt Lars seitlich von mir. »Das machen wir schon.« Seine beiden Begleiterinnen haben es sich in dem Boot bereits gemütlich gemacht, verteilen Knabberzeug an die anderen und kichern unpassend wie eine Jungfrau beim ersten Erlebnis.

»Lass uns mal einmal um den Leuchtturm fahren«, sagt Lars und erntet dafür sofort lauten Zuspruch von seinen Freundinnen.

»Das geht nicht. Das Boot ist ja noch gar nicht klar.«

Lars winkt ab, wendet sich demonstrativ von mir ab und sagt, ohne mich weiter anzuschauen: »Ach, davon verstehst du nichts.«

»Hör mir mal zu. Ich habe das Segel vernäht und weiß, was schon fertig ist und was nicht.« Ich deute auf eine Stelle, an der das Tau nur am Tuch festgeknotet ist. »Das siehst du doch. So können wir nicht um den Leuchtturm. Ihr könnt doch gar nicht mit solch einem Boot segeln. Es ist Nordwind, das bedeutet, dass wir eine Wende fahren müssen. Dazu muss das Segel gedreht werden. Das würde ich euch gerne ein paar Mal zeigen, bevor wir damit loslegen.« Meiner Stimme kann man entnehmen, dass ich richtig sauer bin. Der Spruch, dass ich nichts vom Segeln verstünde, hat gesessen. Doch Lars lässt sich nicht überzeugen: »Wenn du mitmöchtest, dann setz dich hin, Thomas. Wenn du Angst hast, kannst du besser aussteigen. Natürlich kann ich mit solch einem Boot segeln. Ich segele seit meiner Kindheit.«

»Du hast ein paar Mal im Jahr neben deinem Vater gesessen, wenn er rausgefahren ist, um die Lachsnetze einzuholen. Dann kannst du auch deinen zehnjährigen Sohn ans Autosteuer lassen. Der hat bestimmt auch schon oft genug zugeschaut, wenn du gefahren bist.« Ich ärgere mich maßlos. Über den Streit an sich, aber auch darüber, dass ich mich überhaupt auf solch einen seemännischen »Meiner-ist-länger«-Vergleich einlasse. Und trotzdem kann ich nicht aufhören und versuche, Lars und die anderen argumentativ zu überzeugen. »Ich meine das überhaupt nicht böse, aber ich kenne das Segel, ich kenne das Boot und ich habe zehntausend Seemeilen als Wachführer auf Frachtseglern hinter mir, mit Zertifikaten und allem Drum und Dran. Ich weiß, wovon ich rede. Bei dem Wind, Stärke vier oder fünf, da wird es echt gefährlich, wenn wir um den Leuchtturm rum wollen.«

Die Freundinnen von Lars gackern weiter, und ich komme mir inzwischen wirklich richtig blöd vor. »Ich finde das echt armselig von euch. Ich bin der Einzige hier auf dem Boot, der das Segeln richtig gelernt hat. Mit Papieren und so. Wenn irgendwas passiert, weil ihr ja so viel mutiger seid als ich, dann bin ich derjenige, der dafür verantwortlich gemacht wird. Ist euch das klar?«

»Thomas, es reicht«, interveniert Aksel.

»Nein, es reicht noch nicht, Aksel. Sich hier ins Boot zu setzen, keine Ahnung zu haben und mir stattdessen vorzuwerfen, ich hätte keine Ahnung von der Seefahrt und wäre feige, das ist schon ein starkes Stück.«

Immerhin versteht mich Mats und versucht, Lars ein wenig zu beruhigen. Die beiden alten Fischer stimmen ihm zu. Schließlich auch Aksel. Aber selbst ihre Unterstützung wirkt auf mich, als wäre sie ein höflicher Akt des Schlichtens. Inhaltlich sagt niemand klipp und klar: Lars, du bist im Unrecht. Thomas hat recht. In erster Linie will man einfach, dass alle harmonisch miteinander auskommen. Und dazu ist es nicht unbedingt von Vorteil, wenn einer der Streitenden inhaltlich als Gewinner vom Feld geht. Dieses Ausgleichende, das Vermeiden von klaren Positionierungen, ist etwas typisch Norwegisches. Und so schön der Gedanke auch ist, dass alle irgendwie immer Sieger sein sollen – es bringt mich regelmäßig auf die Palme. Vor allen Dingen dann, wenn es um mein Fachgebiet geht, die anderen einfach überhaupt keine Ahnung haben und auch nichts Neues dazulernen wollen. Da entsteht dann ein Ungleichgewicht, das ich nur schwer ertragen kann. So hilfsbereit sie sind, ein Fremder mit mehr Fachwissen hat es hier nicht einfach. Und manchmal habe ich die Befürchtung, dass man hier auch sehr lange der Fremde bleibt. Diese Erkenntnis zieht erste Kratzer in mein makelloses Norwegen-Bild. Und sie sind so tief, dass ich nicht einfach über sie hinwegsehen kann.

20

Die Leuchtturmhochzeit

Pünktlich zu Ostern 2000 sind unsere Umbauarbeiten im Haupthaus abgeschlossen und Bettina kann zu den Feiertagen ihr Café eröffnen. Natürlich haben wir im Vorfeld ein wenig Werbung gemacht – was in einer solch dünn besiedelten Gegend, in der nahezu jeder jeden kennt oder jeder mit jedem verwandt ist, bedeutet, dass wir ein paar Leuten die Info zur Eröffnung gegeben haben und *Fjordenes Tidende* eine kleine Ankündigung gebracht hat. Den Rest macht in der Regel sehr zuverlässig das Gerede der Leute. Trotzdem haben wir keine Ahnung, ob überhaupt irgendjemand kommen wird. Aufgrund der Feiertage kaufen wir jede Menge Lebensmittel, Kaffee, Tee sowie reichlich Mehl und Eier für Waffeln ein. Wir planen dabei mit einer eher niedrigen Anzahl an Gästen. Tatsächlich werden wir jedoch überrannt. Die wenigen Tische im Haupthaus sind durchgehend besetzt, und ich stelle weitere Stühle und Tische auf den Vorplatz, damit die Besucher wenigstens irgendwo sitzen können. Bettina backt am Fließband Waffeln, kommt aber trotzdem ins Hintertreffen und kann kaum die kontinuierlich reinkommenden Bestellungen abarbeiten. Uns fehlen einfach ein, zwei, drei weitere Waffeleisen. Trotz der längeren Wartezeiten sind unsere Gäste begeistert, gratulieren uns zur Eröffnung und versprechen, auf jeden Fall wiederzukommen. Ostermontag sind wir ausverkauft, müssen bei unseren Nachbarn um Kaffee und Mehl betteln und setzen 4 500 Euro um. So kann es weitergehen. Und das tut es auch. Das Café ist ein Angebot, das in den vergangenen Jahren gefehlt hat. Wir haben in den Sommermonaten immer ein volles Haus und werden mehr und mehr zu Vollzeitgastronomen. Bettina ist voller Energie und stürzt sich begeistert in die Arbeit. Ich bemerke hingegen, dass ich die Arbeit mit Øystein an unserem Buch und die Fotoaufträge für das Buch über die Kirchen sehr genieße. Mir gefällt die Anerkennung für meine Bilder. Mir gefällt aber auch, dass ich dadurch die Möglichkeit habe, mich aus dem Tagesgeschäft am Leuchtturm ein Stück weit rauszuziehen. Es ist, als könne ich an Tagen, an denen ich mich nicht um den Leuchtturm kümmern muss, befreiter durchatmen. Als mir dies das erste Mal bewusst wird, erschrecke ich kurz. Fragen ploppen in meinem Kopf auf: Bin ich unzufrieden? Bin ich irgendwann falsch abgebogen? Ist das noch mein Traum, den ich leben wollte? Kann ich gegensteuern? Meine Antworten: Ja. Vielleicht. Auf jeden Fall. Ja.

Diese Unzufriedenheit hat einen weiteren Grund. Die ständigen Konflikte mit Kystverket, die immer neuen Probleme, zehren an meinen Nerven. Die einzelnen Auslöser für weitere Streitigkeiten sind oft keine großen Sachen, aber auf jeden dieser einzelnen Auslöser folgt der nächste einzelne Auslöser. Tropfen für Tropfen für Tropfen schafft es die Behörde, meinen Vorrat an positiver Energie auszuhöhlen. Und immer, wenn ich denke, alle Unstimmigkeiten seien beseitigt, kommt der nächste Katastrophentropfen. Dann fühlt es sich manchmal so an, als sei ich eine Chimäre aus dem Windmühlen bekämpfenden Don Quichotte und dem steinrollenden Sisyphos, die als Protagonist eines Kafka-Romans vergeblich gegen nicht greifbare Autoritäten kämpft.

Die Verlängerung unserer Pacht ist solch ein Beispiel. Es ist nicht möglich, längerfristig zu planen, weil selbst unsere ein- oder zweijährigen Verträge inzwischen gar nicht mehr verlängert werden. Für Kystverket ist es okay, dass wir trotzdem weitermachen, aber dadurch haben wir natürlich keinerlei Sicherheit.

Als wir dann auch noch von der Behörde offiziell aufgefordert werden, auszuziehen, weil das dauerhafte Wohnen auf der Anlage nicht erlaubt sei, denke ich zum ersten Mal darüber nach, alles hinzuschmeißen. Gegen einen bürokratischen Behördenapparat hat man als Einzelner keine Chance, das ist bei Kafka ja auch so. Ich will alles hinschmeißen. Aber nur kurz. Dann beginne ich, nach einem Haus für uns zu suchen.

In dieser Zeit fahre ich viel mit meinem Boot raus und angele. Dann kann ich den Ärger und Frust über Bord werfen und fühle mich für ein paar Stunden ganz frei. An Land bin ich oft unfrei, weil so vieles klebrig an mir hängt. Auf dem Wasser bin ich nur. Gebe mich ganz den Bewegungen des Meeres hin, lasse mich treiben und genieße das Gefühl, von Weite und Leere. Es ist skurril, weil ich in diesem kleinen Holzboot auch nur ein Spielball von größeren Mächten bin, genau wie an Land. Aber ich bin fest davon überzeugt, dass das Meer es – im Gegensatz zu Kystverket – gut mit mir meint.

Nach zwei, drei gemeinsamen Jahren in Kråkenes sind Bettina und ich ein eingespieltes, aber immer noch sehr verliebtes Team. Ich bin mir sicher, dass sie die Frau für den Rest meines Lebens ist, und möchte sie heiraten. Wochenlang gehe ich mit der Idee schwanger, formuliere in meinem Kopf unzählige Anträge, verwerfe sie wieder, suche nach passenden Gelegenheiten und finde keine. Immer ist irgendetwas: neue Gäste, ein kaputtes Auto, der wöchentliche Großeinkauf in Måløy. Einen Heiratsantrag macht man nicht zwischen Tür und Angel. Bei einem Heiratsantrag muss alles stimmen. Aber nie stimmt alles. Irgendwas ist immer. Im November 2000, als Bettina für ein paar Wochen in Deutschland ist, um ihre Eltern zu besuchen, habe ich eine Idee. Die Idee schlechthin!

Romantisch, originell, superverbindlich und ein bisschen schräg.

Eine Idee, die zu mir passt. Ich schicke ihr ein Fax!

Auf dem Papier steht folgender Wortlaut:

Liebe Bettina,

was könnte ich nicht alles schreiben, und doch wäre es zu klein. Du bist die Frau, auf die ich all die Jahre gewartet habe. Und das Leben mit dir hat meine Träume noch übertroffen. Spannend ist es und immer in Bewegung. Neue Dinge fast täglich und nie langweilig.

Ich bin ein bisschen aufgeregt, aber das gehört sich auch so, und außerdem würde ich Dir viel lieber dabei ins Gesicht sehen.

Meine Blume, Du Frau meiner Träume, meine irische Prinzessin, meine norwegische Kaffeekönigin.

Möchtest Du mich heiraten, so wie ich Dich gerne heiraten möchte?

Möchtest Du die Mutter meiner Kinder sein, so wie ich der Vater der Deinen sein möchte?

Möchtest Du Dein Lager und Dein Essen mit mir teilen, so wie ich es mit Dir teilen will (plus der vielen Fische, die ich nach Hause bringe)?

Möchtest Du Windeln zusammen mit mir wechseln, des Nachts Babybrei zubereiten, Schulranzen packen und Liebeskummer besänftigen?

Möchtest Du schließlich auf ein erfülltes Leben mit mir zurückblicken? Enkelkinder auf dem Schoß haltend, der Hund wohlig zu unseren Füßen schlafend. Meine Hand in der Deinen, der Schaukelstuhl leise knarzend im Sonnenuntergang und vielleicht »eigentlich haben wir doch alles gehabt« denkend?

Ach, meine Blume, mein Zuckerklumpen, mein rothaariger Teufel, meine allerliebste Lieblingsfrau, möchtest Du das alles, so wie ich es will? (Ich bin nicht betrunken und im Vollbesitz meiner körperlichen und seelischen Fähigkeiten.)

Ich jedenfalls sage laut und deutlich: »Ich will.«

In Liebe, Dein Mann Thomas

Mein Brief landet nach einer knatternd-zirpenden Runde durchs Faxgerät in der Auffangvorrichtung, und ich weiß gar nicht wohin mit mir. Vor lauter Glück, vor lauter Ungewissheit, vor Ungeduld, wie es nun weitergeht. Meine Idee hat einen entscheidenden Haken – ich habe keinerlei Rückmeldung, sehe nicht in ihr Gesicht, kann ihre Reaktionen nicht deuten. Ich bin fest davon überzeugt, dass sie sich freut und mich ebenfalls heiraten möchte, aber so ganz ohne Rückmeldung ist es jetzt auch doof für mich.

Ich sitze eine ganze Weile lang vor dem Faxgerät, hoffe darauf, dass es nach einem kurzen Piepton ratternd einen der leicht gräulichen, immer etwas schmuddelig aussehenden Papierbögen ausspuckt, auf dem »Ja« steht. Nichts sonst. Nur »Ja«. Das würde mir gefallen. Aber es kommt nichts. Kein Piepton, kein Papier, keine Antwort. Ich gehe zum Telefon, nehme den Hörer ab. Es ertönt des Freizeichen. Die Leitung funktioniert, sie könnte also auch anrufen und nur ein »Ja« ins Telefon sprechen. Das würde mir auch gefallen. Aber es passiert einfach gar nichts.

Den ganzen restlichen Tag lang laufe ich wie ein Käfigtiger auf und ab. Kein Fax, kein Telefonanruf. Ich rechne aus, wie schnell sie hier sein könnte, falls sie sich überglücklich, direkt aus Deutschland auf den Weg gemacht hat, und checke die benötigten Fährverbindungen. Sie kann frühestens morgen hier sein.

Doch es kommt keine Reaktion, weder an diesem Tag noch an den folgenden. Wir telefonieren ein paar Mal, aber ich mache einen Bogen um dieses Thema, jetzt ist Bettina am Zug. Ich habe sie etwas gefragt, sie muss antworten. Doch da kommt nichts. Unsere Telefonate laufen völlig normal ab, so als wäre nichts gewesen, als hätte es dieses Fax nie gegeben. Ich bin zutiefst verunsichert. Ist das Fax angekommen? Ist es, warum auch immer, an irgendeine andere Nummer gegangen? Fragt sich jetzt vielleicht gerade irgendeine Renate in Unterföhring, wer sie wohl heiraten möchte? Ich weiß das alles nicht. Ich weiß gar nichts. Bickhardt, die Sache mit dem Fax hast du nicht bis ins letzte Detail durchdacht.

Als Bettina schließlich wieder in Norwegen ist, traue ich mich kaum, sie nach dem Fax zu fragen. In meinem Kopf spiele ich Möglichkeiten durch. Die meisten davon enden nicht sehr positiv. Ich befürchte, dass es ungefähr so ablaufen könnte:

»Sag mal«, fange ich an und nehme sie in den Arm. »Hast du eigentlich ein Fax bekommen, als du in Deutschland warst?«

Bettina atmet hörbar aus. Das ist noch kein Seufzen, aber ein deutliches Zeichen, dass Bettina das Fax nicht so aufgenommen hat, wie ich es mir erwünscht und vorgestellt hatte.

»Ja, dein Fax habe ich bekommen.«

Ich sehe sie an. Schweigend. Hoffe auf eine Antwort.

»Und jetzt mal ehrlich, Thomas: Das war eine ziemlich bescheuerte Idee von dir.«

Ich sacke innerlich zusammen, sie fährt fort. »Wie kommt man nur auf so eine Idee? Einen Heiratsantrag per Fax? Ernsthaft?«

»Ich finde das total romantisch. Du warst nicht da, ich habe dich vermisst. Für mich ist das absolut stimmig. Es ist schriftlich. Es ist verbindlich. Du hast meine Liebe sozusagen schwarz auf weiß.«

»Ich finde es überhaupt nicht romantisch. Aber du hast recht: Es ist stimmig, denn auf solche Ideen kommt außer dir niemand. Aber hast du vielleicht einmal kurz darüber nachgedacht, ob diese Aktion auch für mich stimmig ist? Zum Heiraten gehören schließlich immer zwei Personen.«

Jeder ihrer Sätze trifft mich bis ins Mark. Ich fühle mich wie ein Fünfjähriger, dem erklärt wird, warum es keine gute Idee war, die Tapeten mit seinen Wachsmalstiften in allen Farben des Regenbogens anzumalen. Ich lasse Bettina los und schaffe es immerhin, die Frage, ob ihre Antwort jetzt ein Ja oder ein Nein sei, runterzuschlucken.

Mit solchen Fantasien im Kopf schleiche ich tagelang um sie herum. Bis der Druck der Ungewissheit größer ist als meine Angst vor einer Abfuhr. Und wieso überhaupt Abfuhr. Jetzt sagt sie ja auch nichts.

»Sag mal«, fange ich an und nehme sie in den Arm. »Hast du eigentlich ein Fax bekommen, als du in Deutschland warst?«

Bettina atmet hörbar aus. Das ist noch kein Seufzen, aber ein deutliches Zeichen, dass Bettina das Fax nicht so aufgenommen hat, wie ich es mir erwünscht und vorgestellt hatte. »Ja, dein Fax habe ich bekommen.«

Ich sehe sie an. Schweigend. Hoffe auf eine Antwort.

»Der Weg, der vor uns liegt, wird holprig sein. Das weiß ich. Ich brauche Zeit, mich zu entscheiden, Thomas.«

Ich lasse Bettina nicht los, halte sie weiter im Arm und schaffe es irgendwie, die Frage, ob ihre Antwort jetzt ein Ja oder ein Nein sei, runterzuschlucken.

In den folgenden Wochen kehrt wieder der gewohnte Alltag bei uns ein. Das vor der Tür stehende Weihnachtsfest bedeutet wie immer viel Arbeit und viele Gäste, um die wir uns kümmern müssen. Aber ich bin hyperaufmerksam und beobachte sehr genau, wie sich Bettina verhält und ob es sich irgendwie anders anfühlt. Tut es aber nicht. Zwischen uns ist es so schön wie vor meinem Antrag. Alles ist gut. Aber für mich trotzdem enttäuschend.

Silvester feiern wir bei Aksel und seiner Frau. Um Mitternacht stoßen wir alle an und wünschen uns ein gutes neues Jahr. Ich jage ein paar einsame Raketen in den leeren Himmel und schaue ihnen lange nach. Sie zeichnen ein trauriges Bild, denn niemand sonst brennt hier ein Feuerwerk ab. Die hohen Berge, der schwarze Himmel und mein leicht angetrunkener Zustand lassen mich melancholisch werden. Dann kommt Bettina zu mir und umarmt mich lange. »Ja«, flüstert sie in mein Ohr.

»Ja? Ja, was?« Ich sehe sie fragend an. Sie lächelt verschmitzt, küsst mich und sagt noch mal, etwas deutlicher und bestimmter: »Ja!«

Dann fällt bei mir der Groschen. Pfennigweise und in Zeitlupe. Ich schaue ihr lange ins Gesicht, strahle selbst bis über beide Ohren. »Ja?«

»Ja! Ja! Ja!«

Ich packe Bettina und wirbele sie um mich und brülle ein weiteres »Jaaaaaaaa« in den Neujahrshimmel. Aksel und seine Frau schauen uns irritiert und fragend an. »Wir werden heiraten«, erkläre ich den beiden, immer noch vor Freude tänzelnd. »Bettina und ich werden heiraten.«

Ein, zwei Stunden und ein paar Sekt später gehe ich noch einmal allein zum Wasser, als müsste ich dem Meer die schönen Neuigkeiten berichten. Aber das Meer weiß natürlich längst davon und umarmt mich mit einem beruhigend-monotonen Brandungsrauschen. »Ich werde Bettina heiraten«, sage ich zu mir und zu allem um mich herum. Tränen laufen mir über die Wangen. »Ich werde Bettina heiraten.« Ich schaue in den wolkenverhangenen Himmel, in der Hoffnung, einen funkelnden Stern zu entdecken, finde aber nichts als Dunkelheit. Auf dem Wasser sehe ich das Positionssignal eines Schiffes, das sich langsam südlich schiebt. Das ist zwar kein Stern, aber es ist das Funkeln des Meeres. »Danke!«, rufe ich aufs offene Wasser hinaus, wische mir die Tränen von den Wangen und wiederhole leiser: »Danke!« Dann schwanke ich den Weg zum Leuchtturm hoch und falle als glücklichster Mensch der Welt ins Bett.

Am 27. September 2001 heiraten Bettina und ich, oben auf der Kanzel des Leuchtturms. Doch die Stimmung in den Wochen davor ist surreal. Die barbarischen, unfassbaren Terroranschläge auf das World Trade Center am 11. September haben die Welt auf den Kopf gestellt. Selbst hier in der Einöde gibt es kaum ein anderes Gesprächsthema. War ich bis zum 10. September noch voller Vorfreude, so änderte sich am nächsten Tag alles, und von jetzt auf gleich weiß ich nicht mehr, wie und was ich fühlen soll. Ich bin erschüttert. Ich bin besorgt. Ich will mich auf meine Hochzeit konzentrieren und mich freuen. Dann habe ich wieder ein schlechtes Gewissen und halte mich für egoistisch, weil mir die eigene Trauung anscheinend wichtiger ist als das Leben von fast 3 000 Menschen. Irgendwann finde ich einen guten Mittelweg, in dem ich mir klarmache, dass auf der ganzen Welt immer diese ambivalente Gleichzeitigkeit herrscht und ich durchaus bestürzt über die Terroranschläge sein kann und mich trotzdem gleichzeitig auf meine Hochzeit freuen darf. Das ist Leben. In jeder Sekunde wird irgendwo ein Mensch geboren, und in der gleichen Sekunde stirbt an anderer Stelle jemand. An einem Ort feiern glückliche Menschen, an einem anderen Ort herrscht großes Leid. In einem Drei-Sterne-Restaurant speisen die Feinschmecker, und nur eine Straßenecke weiter sitzt ein Obdachloser und bettelt um ein paar Cent.

Die Hochzeit feiern wir bewusst im ganz kleinen Kreis und ohne unsere Familien. Das ist der Preis unseres Auswandererlebens. Erstaunlicherweise fühle ich jedoch kein schlechtes Gewissen, im Gegenteil. Ich fühle ich mich befreit und ein bisschen so, als müsste ich dies jetzt allein, ohne meine Eltern, tun. Um ein unabhängiger, erwachsener Mensch zu werden. Um das Kind Thomas hinter mir zu lassen. Um endlich, nach einer langen, turbulenten und beschwerlichen Reise, mitten in meinem eigenen Leben anzukommen.

»Und? Bist du aufgeregt?«, fragt mich Øystein ein paar Stunden, bevor die Standesbeamtin zu uns auf den Leuchtturm kommen wird. Für mich stand von Anfang an fest, dass er mein Trauzeuge werden muss. Denn mit ihm fing alles an, damals, vor fünfzehn Jahren, als er mir diesen Ort zeigte und ich sofort verliebt war. Wer weiß, wo ich ohne Øystein jetzt stünde? Und ob ich jemals Bettina kennengelernt hätte?

»Natürlich bin ich aufgeregt«, antworte ich und kämpfe mit meiner Fliege, die nicht so gut ausschaut, wie ich es gerne hätte. »Ich heirate gleich die Liebe meines Lebens! Da darf ich doch wohl aufgeregt sein, oder?«

Øystein drückt meine Hände von der Fliege und bindet sie nahezu perfekt mit wenigen Handgriffen. »So, fertig. Du bist der perfekte Bräutigam. Zumindest siehst du so aus!« Er schlägt mir auf die Schultern. »Ich freue mich für dich, Thomas.«

»Und ich freue mich, dass du mein Trauzeuge bist. Das macht mich sehr stolz!«

»Es ist mir eine Ehre und ein Vergnügen.«

Für die Trauung und die anschließende Party haben wir nur unsere Trauzeugen und ein paar Nachbarn eingeladen. Das Buffet ist selbst gemacht, und geschmückt haben wir auch nicht. Alles soll möglichst einfach und ungezwungen ablaufen. Nur bei unserer Kleidung haben wir uns für etwas Edles entschieden. Ich trage einen schwarzen Smoking mit dunkelrotem Kummerbund und passender Fliege, Bettina ein bodenlanges, anthrazitfarbenes Satinkleid.

Die Trauung selbst findet oben auf der Kanzel unseres geliebten Leuchtturms statt. Das Schreien der Möwen und das Rauschen des Meeres bilden einen akustischen Hintergrund, der mich zutiefst berührt. Immer wieder driftet meine Aufmerksamkeit zu diesem Leuchtturmklang, als wären Meer und Möwen diejenigen, die unsere Ehe besiegeln würden und nicht die Standesbeamtin direkt vor mir. Ich kann ihr kaum folgen, so aufgeregt bin ich. Sie redet viel und ist von ihrer Ansprache so ergriffen, dass sie zwischendurch zu weinen beginnt. Wieder lausche ich, was das Meer zu erzählen hat und wovon die Möwen berichten. Wann stellt die Standesbeamtin endlich die Frage, auf die wir hier alle – und Bettina und ich am allermeisten – warten?

»Möchtest du, Thomas Bickhardt, die hier anwesende Bettina Vick heiraten? Dann antworte mit Ja.«

Es ist, als würde in diesem Moment die Anspannung von Jahrzehnten aus mir herausplatzen. Ich springe von meinem Stuhl auf und schreie inbrünstig und aus tiefstem Herzen: »Jaaaaaaa!«

Die Standesbeamtin guckt mich irritiert an, Øystein muss sich offensichtlich ein Lachen verkneifen, Bettina rollt sehr laut mit den Augen.

Ich setze mich wieder hin.

Dann fährt die Beamtin fort: »Möchtest du, Bettina Vick, den hier anwesenden Thomas Bickhardt heiraten? Dann antworte mit Ja.«

»Ja.«

Dann sind wir verheiratet.

21

Neue Aussichten

2002 mieten wir ein kleines, altes und schlecht isoliertes Haus im Dorf, da Kystverket weiterhin darauf besteht, dass wir nicht dauerhaft auf dem Leuchtturm wohnen dürfen. Anfangs fühlt es sich ungewohnt an, nicht mehr direkt auf der Anlage zu leben, und ich frage mich, ob das eigentlich noch mein Traum ist, den ich lebe. Andererseits ist der Abstand zum Leuchtturm auch ganz schön. Arbeit und Freizeit sind jetzt stärker getrennt. Und aus der aufgezwungenen Distanz entstehen neue Möglichkeiten und Freiräume im Kopf.

Trotzdem mache ich anfangs nur das Nötigste an Renovierungsarbeiten in unserem neuen, alten Haus, weil ich noch mit dem Umbau der Hochzeitssuite im Leuchtturm beschäftigt bin. Die Idee dazu hatte Bettina nach unserer Hochzeitsnacht im Turm. Die Suite besteht aus drei Zimmern und nimmt die gesamte obere Etage ein. Direkt nach Fertigstellung kommen die ersten Buchungen rein. Die Hochzeitssuite wird ein großer Erfolg und ist fast ständig belegt – trotz des Preises von fast 200 Euro pro Nacht.

Meine Motivation, im neuen Haus doch noch etwas mehr zu renovieren, steigt schlagartig, als Bettina eines Tages vor mir steht und mich anstrahlt.

»Was ist los?«, frage ich. »Du hast doch irgendwas.«

»Ja, das stimmt«, antwortet sie. »Aber eigentlich haben wir sogar etwas.«

»Na, da bin ich jetzt gespannt.«

»Setz dich lieber mal hin.«

Ich lasse mich auf einen Stuhl fallen und blicke sie fragend an. »Und? Was haben wir denn nun?«

Sie sieht mich an, schweigt ein, zwei Sekunden länger als nötig. »Ich bin schwanger. Wir bekommen ein Kind.«

Ich habe zwar gehört, was sie gesagt hat, aber mein Gehirn braucht etwas, um die Information zu verarbeiten. »Wir sind schwanger? Ehrlich?« Ich springe auf und nehme Bettina in den Arm.

»Ja Thomas, wir werden Eltern.«

»Das ist, das ist, das ist wundervoll.«

Ich erinnere mich, als mir vor Jahren Laras Mutter das Gleiche sagte. Und das schlechte Gewissen steigt in mir hoch. Ich war nicht genug für Lara da, bin nach Norwegen gegangen und habe es verpasst, sie aufwachsen zu sehen. Vielleicht habe ich es unbewusst sogar vermieden. Meine Auswanderung war vielleicht keine Flucht vor der Verantwortung, aber diese Verantwortung hat mich auch nicht daran gehindert, nach Norwegen zu gehen.

»Hey, was ist los? Was denkst du gerade?«, fragt mich Bettina mit sorgenvollem Blick.

»Alles gut. Wirklich. Ich freue mich irre. Ich dachte nur gerade an Lara und daran, dass ich es diesmal besser machen will.«

Bettina küsst mich. »Das wirst du. Da bin ich mir sicher.«

Die meisten unserer Freunde, Nachbarn und Bekannten freuen sich mit uns. Es gibt aber auch die besorgten Zweifler und Mahner, die bemerkenswerterweise überwiegend nicht hier wohnen. Ein Kind in dieser rauen Einsamkeit, kilometerweit vom nächsten Arzt entfernt, ohne festes Einkommen, ohne Familie als Back-up und nur zu zweit – das sind die Bedenken, die immer wieder an uns herangetragen werden.

Aber erstaunlicherweise sind wir beide von Anfang an sehr gelassen und entwickeln eine Art von Urvertrauen, das uns trägt. Auch hier, kurz vorm Ende der Welt, werden seit Jahrhunderten Kinder geboren, wachsen frei und gesund auf und werden sturmerprobte Menschen. Und wenn uns Großstadtmenschen wieder einmal erklären wollen, dass die Klippen rund um den Leuchtturm lebensgefährlich für ein Kind sind, frage ich, ob die vielbefahrenen Straßen in der Stadt, all die Autos, die Abgase und der Verkehr nicht viel gefährlicher für ein Kind sind.

Neben den Folgen des 11. Septembers, mit dem Krieg in Afghanistan und einer bisher völlig unbekannten subtilen Bedrohungslage in ganz Europa, gibt es ein weiteres Thema, über das auf der ganzen Insel gesprochen wird: der Bau von Windkraftanlagen auf Vågsøy. Obwohl ich diese Entwicklung anfangs positiv sehe und ein Befürworter solcher Windräder bin, stehe ich irgendwann fassungslos am Straßenrand und sehe das erste Windrad auf dem Plateau bei Kvalheim. Die Anlage ist riesig, und erst jetzt wird mir bewusst, was diese Windmühlen mit der Landschaft machen.

Unter den Einheimischen ist die Stimmungslage geteilt. Die Gegner argumentieren zu Recht, dass solche Industrieanlagen in unserer unberührten Natur eine denkbar schlechte Lösung seien, die Befürworter halten dagegen, dass sie aufgrund des Klimawandels und der Notwendigkeit, die regenerative Energieerzeugung auszubauen, alternativlos seien.

Ich mache mich wochenlang schlau, lese Statistiken, Prognosen und die Argumente der politischen Entscheider und bin zwar anschließend schlauer, aber auch deutlich wütender. Auf Politiker, auf staatliche Unternehmen und auf eine Windkraftbranche, die vor allen Dingen Windkraftanlagen verkaufen möchte. Fakt ist nämlich: Mehr als 90 Prozent des produzierten Stroms in Norwegen stammen aus regenerativen Energien, nämlich aus einem der mehr als 1 600 Wasserkraftwerke, die überall im Land zu finden sind. Bei diesen Zahlen kann kein anderes Land in Europa mithalten.

Trotzdem gibt es in der Politik Bestrebungen, die Anzahl der Windkraftanlagen massiv zu erhöhen, schließlich ist es – insbesondere hier bei uns im Vestland – meistens ziemlich windig. So könne man das europäische Festland mit grünem Windstrom versorgen, wird immer wieder argumentiert. Für die Hersteller solcher Anlagen ist das ein riesiges Geschäft, für den norwegischen Staat ebenso. Für die Menschen vor Ort und für die einzigartige Tier- und Pflanzenwelt, in der sie leben, ist es ein Problem. Eine Lösung für dieses Dilemma habe ich auch nicht zur Hand. Aber so brutal, wie die Landschaft hier auf Vågsøy verändert wird, ist es nicht gut.

22

Meereskind

Am 9. Dezember kommt schließlich unsere Tochter Ananda auf die Welt. Es ist eine bitterkalte Frostnacht. Ich fahre uns, so schnell es mit dem alten Wagen eben geht, über eisbedeckte Straßen, über die Berge, nach Måløy und von da aus weiter nach Nordfjordeid ins nächstgelegene Krankenhaus. Fahrtzeit: gute anderthalb Stunden. Wir schaffen es gerade so. Mutter und Kind sind wohlauf, und für mich beginnen die vielleicht intensivsten und innigsten Jahre in Norwegen.

Bereits einen Tag nach ihrer Geburt schafft es Ananda schon auf die Titelseite der *Fjordenes Tidende* und wird recht schnell von den Einheimischen nur noch »das Leuchtturmmädchen« genannt.

In mir verändert sich durch Anandas Geburt etwas. Sie ist der wundervollste Beweis für die Verbundenheit zwischen Bettina und mir, das lebendige, wunderschöne Zeichen unserer Liebe. Manchmal stehe ich neben ihrem Bettchen, schaue zu, wie dieser kleine Mensch schläft, und kann es gar nicht so richtig begreifen, dass das alles hier in Norwegen geschieht.

Jetzt zahlt es sich auch aus, dass Bettina und ich keinen Nine-to-five-Job in irgendeinem Büro haben. Wir verbringen fast die ganze Zeit zu dritt, denn Ananda ist einfach immer bei uns. Im Bauchgurt trage ich sie bei mir, wenn ich bei Bettina im Café aushelfe, wenn ich neue Gäste im Leuchtturm einchecke oder beim Einkaufen in Måløy. Den Gästen gefällt es, und es entstehen viele schöne Gespräche über moderne Kindererziehung, Bindung und Eltern, die sich die Erziehung ihrer Kinder wirklich teilen.

»Das ist ein echtes Geschenk, dass wir so leben können«, sage ich zu Bettina.

»Das ist kein Geschenk, das haben wir uns so ausgesucht und erarbeitet«, antwortet sie. Und sie hat recht.

Durch Zufall lernen wir eine deutschsprachige Frau kennen, die in Selje wohnt, eine gute Autostunde von Kråkenes entfernt. Von ihr bekommen wir einen heißen Tipp: Zu ihrem Hof, auf dem sie mit ihrem Mann lebt, gehört auch noch ein Haus. Das steht leer und kann gemietet werden. Schon beim Besichtigungstermin verlieben wir uns beide in das Haus. Es ist schön, es ist gut isoliert, und es wohnen viele Nachbarn in der direkten Umgebung.

»Und? Was meinst du?«, frage ich Bettina auf der Heimfahrt.

»Das Haus ist ein Traum! Kein Vergleich zu unserer Bude in Kråkenes.«

»Aber auch ganz schön weit weg vom Leuchtturm, eine gute Stunde.«

»Aber das ist ein richtiges Dorf. Nicht nur drei, vier, fünf verstreute Häuser auf einer Fläche, die so groß ist wie Monaco. Man hat Menschen um sich. Für die Kleine ist es mittelfristig auf jeden Fall auch besser. In Kråkenes gibt es nichts. Keinen Kindergarten, keine Schule. Und erst recht keine anderen Kinder in ihrem Alter. Wie soll das in ein paar Jahren funktionieren? Soll sie mit Aksel in seiner Werkstatt spielen? Oder dem alten Svein auf dem Hof helfen?«

Jedes Argument, das Bettina vorbringt, ist ein gutes Argument. Und obwohl ich weiß, dass der Umzug nach Selje die einzig richtige Entscheidung ist, zögere ich. Oder irgendein Teil in mir zögert.

»Das stimmt alles, Bettina. Selje wäre eine kluge Wahl. Und obwohl dort die Zahl unserer direkten Nachbarn größer ist als die gesamte Einwohnerschaft von Kråkenes, wird es wahrscheinlich trotzdem ruhiger sein. Einfach, weil wir Abstand zum Leuchtturm bekommen. Und uns nicht mehr Horden von Tagestouristen belagern. Jetzt, mit der Kleinen, sollten wir auch mal schauen, ob wir uns nicht Unterstützung fürs Café holen. Die Arbeit ist kontinuierlich mehr geworden. Zusammen mit den ganzen handwerklichen Sachen waren wir auch schon vor Ananda bis zum Anschlag ausgelastet.«

»Aber obwohl du gerade nur Argumente für Selje aufgezählt hast, klang es so, als wärst du dir nicht ganz sicher.«

»Rational betrachtet sollte ich mir sicher sein. Allein mein Herz macht mir Sorgen. Ich bin damals zum Leuchtturm gezogen, weil ich genau dort leben wollte. Einsam. Direkt am Meer. Mit kreischenden Möwen und einer Straße, die an meinem Haus endet, weil dahinter nichts mehr kommt. Wenn wir jetzt nach Selje ziehen, weiß ich nicht, ob das noch mit meinen ursprünglichen Ideen zusammenpasst.«

»Kommt jetzt wieder das Argument, dass du ja eigentlich viel lieber Seminare und Trainings geben würdest?«

»Genau. Und das muss ich zumindest für mich klarkriegen.«

»Dann denk mal darüber nach«, sagt Bettina. »Die Chance auf dieses Haus sollten wir ergreifen.«

Die Entscheidung für das Haus in Selje treffen wir dann aber doch überraschend schnell. Bereits am nächsten Tag sind meine Bedenken verflogen. Ich frage mich, warum ich gestern noch so skeptisch war, denn die Unsicherheit, wie es auf dem Leuchtturm weitergehen wird – oder ob es überhaupt weitergehen wird –, ist größer als in den ersten Tagen meiner Auswanderung. Da hatte ich zumindest einen Zweijahresvertrag. Jetzt haben wir gerade gar nichts mehr. Kystverket bewegt sich überhaupt nicht, und die Gemeinde hat keine Verträge mehr für uns. Und vielleicht ist Selje ja auch für meine Seminare, die ich gerne geben würde, ein gutes Pflaster.

Im Herbst ziehen wir um, und alles fühlt sich wieder richtig an. Hier kann Ananda glücklich groß werden. Die deutschsprachige Nachbarin, die uns von dem freien Haus erzählte, ist ganz vernarrt in unser kleines Mädchen, passt gelegentlich mit Freude auf sie auf und wird im Laufe der Zeit Anandas Bonus-Oma.

Im Winter stehe ich im Garten und hacke Holz, als mich wie aus dem Nichts eine tiefe, entspannende Seelenruhe überkommt. Ich stelle die Axt beiseite und gehe eine Runde durch den Garten. Alles hier strahlt Ruhe aus. Oder bin ich es einfach, der ruhig geworden ist? Ich blicke durchs Fenster in unser neues Heim. Bettina trägt unsere Tochter im Tragetuch. Ananda schläft wahrscheinlich darin. Sie liebt es, getragen zu werden und unsere Nähe zu spüren. Auf der Fensterbank liegt Maja, unser Kater, den wir seit ein paar Wochen haben. Ein Lächeln zieht sich über mein Gesicht. Und dann weiß ich, was es mit der Ruhe auf sich hat: Ich habe zum ersten Mal seit langer Zeit das Gefühl, wirklich angekommen zu sein. Vielleicht sogar zum allerersten Mal in meinem Leben. Es ist ein gutes Gefühl.

In den folgenden Jahren besucht uns das norwegische Fernsehen häufiger und berichtet über das Leuchtturmmädchen. Als sie etwa drei Jahre alt ist, filmt ein Team sogar den Alltag von Ananda und macht einen langen Beitrag über das Mädchen vom Ende der Welt. Dass sie eigentlich gar nicht am Leuchtturm wohnt, erwähnen die Fernsehleute in ihrem Bericht nicht.

Mit dem Umzug nach Selje bekommen meine Tätigkeiten jenseits des Leuchtturms auf einmal wieder neuen Schwung. Mit dem örtlichen Hotel entwickelt sich eine gute Zusammenarbeit zu dem Thema »Gesundheit und Tourismus«. Das »Seljeprogram« ist eine Kursreihe für Burn-out-Betroffene, die innerhalb eines halben Jahres für zwei mal zwei Wochen nach Selje kommen und behandelt werden. Ich bin Projektleiter und behandelnder Psychologe.

Über einen Bekannten aus Måløy bekomme ich erstmals Zugang zu einigen lokalen Betrieben, die an meinem Know-how als Wirtschaftspsychologe interessiert sind. Es steht im Raum, dass ich ein Traineeprogramm leiten und Führungskräfte in ihrer persönlichen Entwicklung unterstützen soll.

Und auch für meine Fotografie interessieren sich immer mehr Menschen. Ich bekomme Aufträge für Hochzeiten, Bücher und Portkarten. Ein Verlag will zwei weitere Bücher mit mir machen.

Es ist, als hätte sich durch den Umzug nach Selje alles gefügt und die vielen zerstreuten Einzelteile würden jetzt, nach und nach, ein Bild ergeben. Es ist ein schönes Bild.

23

Dr. Seekrank

»Hallo?«

»Hallo.«

»Ja, hallo. Wer ist denn da?«, sage ich etwas genervt in den Telefonhörer. Mit »hallo« allein kann ich wenig anfangen.

»Hallo. Ich bin Kyrre«, knarzt es aus dem Hörer. »Bist du Thomas aus Kråkenes? Der Psychologe?« Der Anrufer klingt sehr alt. Wäre ich in Deutschland, würde ich ihn auf mindestens fünfundachtzig Jahre tippen. Hier im Vestland altern die Menschen jedoch schneller. Wahrscheinlich ist Kyrre nicht älter als sechzig, aber Wind und Meer nagen an den Körpern, biegen den Rücken krumm, graben tiefe Falten in die Gesichter und lassen die Stimme brüchig und verwittert klingen. »Hallo, Kyrre. Ja, ich bin Thomas vom Leuchtturm. Was kann ich für dich tun?«

»Du musst mir helfen«, sagt er, und seine Stimme klingt nun nicht nur alt, sie klingt alt und verzweifelt. »Ich habe gehört, dass du bei Seekrankheit helfen kannst. Stimmt das?«

Ich stutze. Mit der Seekrankheit habe ich mich erstmals Anfang der 1990er-Jahre beschäftigt. Da fuhr ich als Bootsmann und Psychologe auf dem Museumssegelschiff *Undine von Hamburg*. Ein halbes Jahr lang war ich in einem pädagogischen Projekt mit schwer erziehbaren Jugendlichen unterwegs. Aber auch den scheinbar harten Teenagern mit ellenlangem Vorstrafenregister wurde es ab Windstärke vier oder fünf ganz schön flau im Magen. Statt Konflikte zu klären oder sie zur Selbstreflexion zu bringen, musste ich anfangs vor allen Dingen emotionale Aufbauarbeit leisten, weil nahezu alle Teilnehmer früher oder später seekrank wurden. Das Elend dauerte jeweils zwei, drei Tage, und dann schien sich der Körper an die schwankenden Schiffsbewegungen gewöhnt zu haben. Also machte ich mir Gedanken, was bei Seekrankheit eigentlich auf psychischer und physischer Ebene abläuft und ob man diesen natürlichen Anpassungsprozess nicht steuern und beschleunigen könnte. Daraus entwickelte ich eine Art Training. Das habe ich hier in Norwegen aber bisher eher selten angeboten oder beworben.

»Ja, ich habe ein Training, das zuverlässig bei Seekrankheit hilft. Leidest du daran?«

Die knarzige Stimme lacht rau. »Ich bin Fischer und mehr als dreißig Jahre zur See gefahren. Ich werde nicht seekrank.«

»Und um wen geht es dann?«

»Mein Sohn. Er hat die Ausbildung zum Seemann gemacht. Er liebt die See, und sein Herz will ihn aufs Meer schicken. Aber ihm wird schon übel, wenn er nur ein Schiff sieht.«

»Und warum will er dann Seemann werden?«

»Wir fahren alle zur See. Hier fahren alle zur See. Schon immer.«

Ich seufze. Solche Traditionen gibt es seit Hunderten von Jahren auf der ganzen Welt, sie sind immer noch weitverbreitet. Und sie führen nach wie vor zu sehr viel Unglück. »Okay. Ich kann ja mal mit deinem Sohn sprechen.«

»Wirklich? Das ist gut. Denn er muss in drei Tagen auf große Fahrt. Und ich befürchte, er wird ohne deine Hilfe nicht einmal das Schiff betreten.«

»In drei Tagen? Ernsthaft?«

»Ja. Wann kann er zu dir kommen?«

»Puh. Äh. Ja dann soll er morgen mal kommen. Aber ich kann nichts versprechen. Das ist jetzt sehr kurzfristig und klingt zusätzlich so, als sei es wirklich stark ausgeprägt. Da weiß ich nicht, ob ich ihm wirklich helfen kann.« Meine Zweifel scheint der alte Fischer überhört zu haben. Ich höre, wie er erleichtert aufatmet. Sofort bekommt seine Stimme einen lebendigeren Klang. »Danke, Thomas. Vielen Dank.«

»Du musst mir nicht danken, Kyrre. Ich habe noch nichts gemacht.«

Am folgenden Tag erscheint Kyrres Sohn Erik pünktlich zum abgesprochenen Termin. Er ist ein stattlicher junger Mann, breitschultrig und wuchtig. Sein Blick hingegen ist der eines scheuen Rehs. Seine Augen sind ständig in Bewegung, als müssten sie immerfort die Umgebung nach Gefahren absuchen. Dazu passt auch seine ganze Körperhaltung: eingefallen, in sich zusammengesunken, als drücke eine tonnenschwere Last auf seine Schultern. Ich bin fest entschlossen, ihm die Seefahrt auszureden, weil ich denke, dass diese Berufswahl vor allen Dingen seinen Eltern und der Tradition geschuldet ist. Doch in unserem Gespräch wird schnell deutlich, dass er das Meer wirklich liebt und unter seiner Seekrankheit leidet. Er will aufs Meer.

Ich mache ein kurzes Training mit Erik, zeige ihm ein paar Übungen und erkläre, was in seinem Körper eigentlich passiert, wenn der Boden unter seinen Füßen anfängt zu schwanken. Als er ein paar Stunden später geht, bin ich trotzdem skeptisch. Ich weiß nicht, ob eine so kurze Intervention wirklich ausreichen wird, um ihn durch die wochenlange Zeit auf See zu bringen. Doch ein paar Wochen später ruft er mich voller Glück vom Schiff aus an. Nach ein paar Tagen des Übens an Bord haben sich die Seekrankheit und vor allen Dingen seine Angst davor gelegt. Jetzt, genau in dem Moment, in dem er anriefe, wäre stürmische See mit acht, neun Windstärken. Und ihm gehe es blendend. Ich bin völlig von den Socken. Die Bedingungen bei ihm waren nun wirklich nicht gut. Und wenn mein Training trotzdem solch ein Erfolg ist, dann sollte ich vielleicht doch noch mal etwas mehr Energie in dieses Projekt stecken – meine Erfahrungen bündeln, meine Trainingsideen systematisieren und weiter zu diesem Thema forschen.

Ich sichte alles, was ich seit meinen ersten Gedanken zu diesem Thema im Jahr 1991 gesammelt habe, und bringe mich auf den aktuellen Stand der Forschung. Nach wie vor wird dieses Thema stiefmütterlich behandelt, und ich habe keine Ahnung, warum. Klar, man weiß, dass auf See der Gleichgewichtssinn gestört ist. Genauer gesagt, sind die Bogengänge in den Ohren betroffen. Aber was da ganz genau passiert, liegt zu großen Teilen noch im Dunkeln. Und wenn es darum geht, den Betroffenen zu helfen, gibt es eine große Auswahl an Medikamenten, die die Übelkeit unterdrücken und das restliche System ein wenig lahmlegen.

Landläufig wird oft argumentiert, dass das Hauptproblem die Augen seien. Sie melden unter Deck auf einem schwankenden Schiff andere Daten, als Bogengänge, Nervenrezeptoren an Gelenken und Muskeln melden. Das führt zu Irritationen im Gehirn und zur Übelkeit. Aber das Problem sind nicht die Augen. Auch nicht die Bogengänge oder Muskeln. Das Problem sind die unterschiedlichen Referenzsysteme, auf die sie sich beziehen.

Und genau da setzt mein Training an. Ich bin davon überzeugt, dass insbesondere die geschlossenen Augen der Schlüssel beim Überwinden der Seekrankheit sind. In den Trainings, die ich bisher gegeben habe, machte ich immer wieder Balanceübungen mit den Teilnehmern. Ich ließ sie auf Wippen balancieren oder auf einem Bein stehen und bemerkte, dass sie sich mit geschlossenen Augen bereits nach wenigen Minuten an den neuen, ungewohnt-wackeligen Untergrund gewöhnt hatten. Der Körper fand seine Balance, ganz ohne die optischen Informationen der Augen. Anschließend musste das Gleichgewichtssystem nur noch trainiert werden, die Informationen, die die geöffneten Augen lieferten, nicht zu nutzen. Sie sozusagen »herauszurechnen«.

Angetrieben von Eriks positiver Entwicklung, forsche ich intensiv weiter. Ein Jahr lang denke ich sogar ernsthaft darüber nach, eine Doktorarbeit über dieses Thema zu verfassen. Merke allerdings, dass dieser Plan mit meinem Leuchtturmleben und einem Kleinkind nicht realisierbar ist. Außerdem haben mir die vergangenen Jahre in Norwegen gezeigt, dass ich eher ein Macher bin. Ich denke zwar gerne und viel, aber eine Promotion bedeutet viele, viele Monate Schreibtischarbeit, mit unzähligen Büchern und Forschungsberichten. Das packe ich nach so vielen Kråkenes-Jahren nicht mehr. Trotzdem sind diese Forschungsmonate keine verlorene Zeit. Zum einen kann ich meine neuen Erkenntnisse in mein Training einfließen lassen, es deutlich effizienter gestalten und wissenschaftlich besser untermauern. Zum anderen werden durch diese Doktorarbeit einige Fernsehsender auf mich aufmerksam. Sie berichten ausführlich über mein Programm und bezeichnen mich mehrfach als »Dr. Seekrank«. Das gefällt mir nicht wirklich, aber es ist eine tolle Werbung und macht mein Training landesweit bekannt. In der Folge steigen die Anfragen, und ich gebe regelmäßig Workshops gegen die Seekrankheit. Und war nicht genau das damals meine ursprüngliche Idee, wie ich am Leuchtturm leben wollte? Mit psychologischen Seminaren und Schulungen?

Von meinen Nachbarn und den alten Seebären aus Kråkenes werde ich für diese Seminare ausgelacht. Vordergründig wegen des Spitznamens »Dr. Seekrank«. Dahinter steht aber eine viel härtere Haltung. Seekrankheit, das ist für diese Haudegen keine Krankheit. Es ist ein Initiationsritus, eine alte, archaische Kultur. Das tagelange Speien über die Reling haben alle Seeleute durchmachen müssen. Daran zu rütteln, ist ein Tabubruch, denn erst durch das Überwinden von Übelkeit, Brechen und den anderen Begleiterscheinungen gehören die Betroffenen zur Gemeinschaft der Seemänner. Wahrscheinlich spielt auch ein wenig Neid eine Rolle: Sie mussten durch diese Hölle gehen, also sollen auch alle nachfolgenden Generationen da durch.

»Der verrückte Deutsche will uns was über die Seefahrt erzählen.« Diesen Satz höre ich einmal zufällig in einer Unterhaltung, ein paar Meter von mir entfernt. Er tut mir weh, weil ich doch einfach nur dazugehören will. Weil ich – noch immer – den Einheimischen etwas zurückgeben möchte. Aber statt Dankbarkeit gibt es nur Gegenwehr. Und mir gehen die Ideen aus, was ich überhaupt noch machen kann, um richtig dazuzugehören.

24

Enigma

Die aufregendsten Tage 2004 beschert uns ein Filmteam, das den Leuchtturm für eine neue Produktion gemietet hat. Als der verantwortliche norwegische Mitarbeiter, der sich um die passenden Locations kümmert, das erste Mal anruft und erzählt, dass er genau solch einen Leuchtturm für einen neuen Film sucht, bin ich erst einmal skeptisch. Seine Stimme ist leicht gelangweilt, seine Aussprache verwaschen. Ich vermute, er hat sich ein Päckchen Snus zwischen Unterlippe und Zahnfleisch geklemmt. Da hier in Norwegen – wie im gesamten skandinavischen Raum auch – das Rauchen sehr verpönt ist, greifen viele Einheimische auf den guten, alten Kautabak zurück. Die kleinen Päckchen klemmen sie sich hinter die Lippe, lutschen ein wenig darauf herum, und das heiß ersehnte Nikotin wird freigesetzt. Nach einer gewissen Zeit hat das kleine Tabakkissen das Nikotin abgegeben und muss wie ein Kaugummi entsorgt werden.

Gesellschaftlich hat es den Vorteil, dass sich niemand am lästigen Zigarettenrauch stören muss und typische Raucherer-krankungen wie COPD oder Lungenkrebs vermieden werden. Es hat aber den Nachteil, dass ungewöhnlich viele Menschen in Unterhaltungen unverständlich nuscheln und die abgelutschten Snus-Kissen irgendwo entsorgen müssen.

So wie der Location Scout klingt, ist meine größte Sorge, dass es sich um irgendeinen halbseidenen Pornofilm handelt, der da auf Kråkenes fyr gedreht werden soll. Titel: »Stürmische Liebe – jetzt mit noch mehr Meer-Jungfrauen« oder so. Aber er kann mir die Sorge nehmen. Es handelt sich um eine seriöse Filmproduktion fürs TV.

Neue Befürchtungen kommen in mir hoch, ob es dann nicht einer der typisch deutschen TV-Filme wird: Vor der Kulisse einer malerischen Küste verliebt sich eine junge attraktive Frau in einen rustikalen Kerl. Sie: aus wohlhabender, adeliger Familie. Er: naturverbundener Züchter von Bioschafen. Doch die beiden müssen erst eine ganze Reihe von Hürden überwinden, die ihnen die Gesellschaft in den Weg stellt. Die Adelsfamilie ist aus Standesdünkel gegen die Verbindung, der Bioschafzüchter hängt noch an seiner Ex-Frau, und zu allem Überfluss sollen die Schafweiden einem Atommülllager weichen. Nach 85 Minuten ist aber alles geklärt, das Paar sitzt Arm in Arm an der Steilküste. Küsse im romantischen Sonnenuntergang. Abspann. *Heute-Journal*.

Doch auch dieses Schreckensszenario kann der Location Scout entkräften. Es geht um die Verfilmung eines Theaterstoffes. Die Darsteller sind Mario Adorf und Justus von Dohnányi. Die Regie führt niemand Geringeres als Volker Schlöndorff, Produzent ist Eberhard Junkersdorf, der bereits so erfolgreiche Literaturverfilmungen wie *Die Blechtrommel*, *Die verlorene Ehre der Katharina Blum* oder *Homo Faber* umgesetzt hat.

Wow! Mein Leuchtturm macht Karriere in der Film- und Fernsehwelt.

Ein paar Monate später, Mitte Mai, ist es dann so weit: Das Team besteht aus zehn bis fünfzehn Leuten und nimmt die Anlage in Beschlag. Adorf und Co haben sich in einem Hotel in Måløy einquartiert und kommen jeden Tag zum Dreh nach

Kråkenes. Ein wenig fühlt es sich so an, als wäre ich nicht mehr Herr in meinem eigenen Haus. Adorf und von Dohnányi werden durch die resolute Produktionsassistentin, die die ganze Zeit mit einem dicken Block durch die Gegend läuft, ziemlich abgeschirmt. Am zweiten Tag muss ich ein paar Unterlagen aus Ordnern im Wohnzimmer holen, in dem sich gerade die beiden Schauspieler vorbereiten. Sofort steht die Assistentin vor mir. »Das ist jetzt schlecht«, sagt sie und macht sich noch etwas breiter. »Die beiden sollten nicht gestört werden.« Hinter ihr sehe ich durch die Tür, wie Adorf in einem Manuskript liest. Er muss die Situation mitbekommen haben, blickt aber trotzdem nicht auf und ignoriert mich einfach.

»Aber ich brauche ein paar Sachen. Und muss hier kurz etwas erledigen.«

»Kann das nicht warten?«

»Schon. Aber dann komme ich nicht mit meiner Arbeit weiter.« Das Argument der Effizienz scheint sie zu überzeugen. Sie tritt demonstrativ beiseite und lässt mich in mein eigenes Wohnzimmer eintreten. Einen kurzen Seufzer schickt sie mir trotzdem noch hinterher, um zu signalisieren, dass ihr mein Erscheinen nicht so richtig gut gefällt. »Hallo zusammen«, werfe ich fröhlich in den Raum. Die beiden Schauspieler geben keine Antwort. Adorf geht durch das Zimmer, den Text in seiner Hand. Von Dohnányi sitzt am Tisch. Kein »Hallo«, kein Nicken, nichts kommt von ihnen zurück.

Kopfschüttelnd widme ich mich also meiner Suche und blättere möglichst leise durch die Ordner, um die beiden nicht zu stören. Immer wieder gucke ich in Richtung der Schauspieler, um mich zu vergewissern, ob meine Kramerei sie bei ihrer Arbeit stört. Dann merke ich, wie Adorf mich mit seinem Blick fixiert. Er kommt drei Schritte auf mich zu und baut sich imposant vor mir auf. Sofort denke ich an seine Rolle als schmieriger Generaldirektor Heinrich Haffenloher in der Serie *Kir Royal* und an seine berühmten Worte, gesprochen in einem Bademantel. *Dann habe ich dich, dann gehörst du mir. Dann bist du mein Knecht. Ich mache mit dir, was ich will. Verstehst du, Junge? Ich bin dir einfach über. Gegen meine Kohle hast du doch keine Chance, begreifst du das denn nicht, mein Junge?*

Doch es kommt anders. »Hallo. Ich bin Mario Adorf. Und es ist wirklich schön, dich kennenzulernen.« Einen kurzen Moment lang checke ich seine Mimik, seine Körperhaltung, lasse noch einmal das Gesagte durch meinen Kopf gehen. Nein, da ist keine Spur von Ironie oder Sarkasmus zu erkennen. Er ist einfach richtig freundlich. »Hallo, ich bin Thomas. Freut mich, dass ihr hier seid. Falls ihr irgendetwas braucht oder ich euch helfen kann, sagt einfach Bescheid.«

Wir plaudern noch kurz weiter. Adorf ist durch und durch Gentleman. Entschuldigt sich, dass er erst jetzt dazu kommt, mich zu begrüßen. Er sei in die Arbeit vertieft gewesen. Mich beeindruckt es, wie zugewandt, höflich und präsent er ist.

Die Tage mit der Filmcrew sind aufregend und wahnsinnig interessant. Mal einen Blick hinter die Kulissen solch einer Produktion werfen zu dürfen, ist schon etwas Besonderes. Das Team arbeitet unglaublich effizient. Wie bei einer gut geölten Maschine greift alles ineinander, jeder weiß, was er zu tun hat, jeder kennt seinen Platz. Es erinnert mich an meine Zeit auf See. Die Mannschaft auf einem Schiff arbeitet ganz ähnlich. Es gibt einen Kapitän, der das Sagen hat, und es gibt diejenigen, die seine Befehle ausführen. Alle sind aber aufeinander angewiesen und wissen auch, dass Alleingänge fatal enden können.

Ich erfahre, dass *Enigma* – so heißt der Film – eine Art Geschenk für Mario Adorf zu seinem 80. Geburtstag ist. Produzent und Regisseur wollten ihm die Gelegenheit geben, in diesem Kammerspiel noch einmal sein ganzes schauspielerisches Talent zu zeigen.

Als Komparsen kann ich sogar noch meinen Bekannten Geirfinn von der Küstengesellschaft vermitteln. Er spielt einen alten Seemann, der den Protagonisten in einem kleinen Holzboot zur Insel bringt, auf der Adorfs Alter Ego im Film zurückgezogen lebt. Geirfinn passt perfekt zu dieser Rolle. In seinem wettergegerbten Gesicht haben die Orkane der vergangenen fünfzig Jahre ihre Spuren hinterlassen. Mit klassischer Wollmütze auf dem Kopf und Ölkleidung am Körper, ist er der Inbegriff des wortkargen, derben Küstenbewohners. Da es eine deutsche Produktion ist, übersetze ich die Anweisungen von Schlöndorff und gebe weiter, worauf er zu achten hat.

Richtig spannend wird es, als einige Außenaufnahmen in der Umgebung des Leuchtturms gemacht werden müssen. Auf einem Hügel oberhalb der Straße wird mit Originalton gedreht. Um keine Fremdgeräusche durch vorbeifahrende Autos zu riskieren, hat die Produktion extra einen Assistenten mit Walkie-Talkie abgestellt, der den Bereich absperrt und eventuell auftauchende Fahrzeuge anhält. Eigentlich kein Problem, schließlich ist der Verkehr hier oben überschaubar, und die Phasen, in denen wirklich gedreht wird, sind kaum länger als fünf Minuten. Alles läuft gut, bis Marit, Aksels Frau, in ihrem Wagen vorbei möchte. Der Assistent erklärt ihr, dass sie ein paar Minuten warten müsse, da gerade gefilmt würde.

»Das kann doch wohl nicht wahr sein«, ereifert sie sich.

Der Assistent redet weiter auf sie ein, versucht ihr klarzumachen, dass die Warterei in wenigen Minuten beendet sein wird, und entschuldigt sich mehrfach für die Unannehmlichkeiten.

Doch Marit bleibt hart, wie der Fels, auf dem gerade gedreht wird. »Ich will jetzt nach Hause. Sie haben doch gar keine Genehmigung, die Straße zu sperren! Das ist unsere Straße!«

Der junge Mann ist sichtlich eingeschüchtert und verunsichert ob der harschen Ansage, die er von Marit bekommt, und versucht, sie weiter zu beruhigen. Sie hat zwar recht mit der Aussage, dass die Filmleute keine Genehmigung angefordert haben. Aber natürlich gehört die Straße nicht Aksel oder seiner Frau, sondern der Gemeinde. Und da der Aufpasser weiterhin den Weg nicht freigeben will, beginnt Marit wie verrückt auf die Hupe zu drücken. Der Dreh auf dem Hügel oberhalb der Straße ist damit erst einmal gestorben, und Marit darf weiterfahren. Sie drückt ein letztes Mal auf die Hupe und braust verärgert davon.

Abends treffe ich Aksel im Dorf. Er ist sichtlich aufgebracht und legt direkt los: »Thomas, ihr könnt doch nicht einfach die Straße sperren. Das ist ein totales Unding.« So leidenschaftlich aufgebracht habe ich ihn bisher nur selten erlebt. Ich vermute, dass sich hinter seinem Frust noch etwas anderen verbirgt als ein paar Minuten Wartezeit auf einer Schotterpiste am Ende der Welt. Aber da kommt keine andere Geschichte von ihm, die diese Empörung rechtfertigen könnte. Es geht ihm wirklich nur um die gesperrte Straße.

»Aksel, ich habe nicht die Straße gesperrt. Die Filmcrew hat lediglich für ein paar Minuten Ruhe gebraucht.«

»So was muss genehmigt werden, Thomas.«

»Das mit der Genehmigung ist schwierig, weil die Filmleute vorher natürlich nicht wussten, wann das Wetter solche Außenaufnahmen zulässt. So was lässt sich doch nicht im Vorfeld planen.«

»Das ist unsere Straße, die könnt ihr nicht so einfach sperren.«

»Das ist nicht eure Straße oder meine Straße. Es ist die Straße der Gemeinde. Und du hast recht, normalerweise braucht man dafür eine Genehmigung. Aber wenn man ein bisschen Rücksicht und Verständnis füreinander aufbringt, dann geht es doch auch so, oder?« Aber Aksel bleibt stur, argumentiert trotzig und zickig weiter. Bis mir der Kragen platzt. »Weißt du, das finde ich gerade richtig doof von dir. Was soll das denn mit den Genehmigungen? Ist das jetzt solch ein Problem, dass Marit ein paar Minuten warten musste? Und was ist eigentlich immer im Herbst, wenn du deine Schafe zurück nach Hause treibst? Da kann man aber deutlich länger nicht die Straße nutzen.«

»Ja, aber das sind ja auch meine Schafe, und es ist unsere Straße.«

»Nein, es ist eben nicht deine Straße. Du bräuchtest eigentlich auch eine Genehmigung.« Aber Aksel lässt sich nicht mehr überzeugen.

»Nein, das sehe ich nicht so. Hier ist eine Grenze erreicht, die ihr überschritten habt.«

Ich winke ab und beende unseren Disput. Wir drehen uns im Kreis.

Beendet ist die Sache aber noch nicht. Zwei Tage später findet ein Treffen im Gemeindehaus statt, von dem ich nur zufällig erfahre. Ich schaue trotzdem dort vorbei und mache den Anwesenden deutlich, dass ich ihre Reaktionen für übertrieben halte und dass sie sich, wenn überhaupt, an die Filmleute halten müssten. Ich hätte denen lediglich den Leuchtturm zur Verfügung gestellt und sie betreut. Letztendlich führt die Versammlung sowieso zu nichts, weil die Crew ein paar Tage später den Dreh beendet. Als ich Schlöndorff von dem Ärger erzähle, bleibt er gelassen. Er hätte für Filmprojekte bereits ganz andere Straßen gesperrt bekommen. Im Ernstfall hätte er es auch hier in Kråkenes geschafft, da könne ich mir sicher sein.

Nach gut einer Woche ist der ganze Spuk vorbei, und ich kann wieder mein normales Alltagsleuchtturmleben leben. Einige Requisiten und Aufbauten, etwa ein großes Holztor auf dem Platz vor dem Leuchtturm, lassen die Kulissenbauer zurück. Ein schönes Andenken für mich. Und vielleicht findet sich ja ein Sammler, der mir sehr viel Geld dafür bezahlt, weil es schon lange genau so etwas sucht.

Ein paar Tage später erscheinen mehrere Berichte in den Medien. Und wieder einmal zeigt sich, wie egal den Menschen hier der Rest der Welt ist. Die lokale Zeitung *Fjordenes Tidende* bringt eine kleine Notiz, nicht viel größer als der tägliche Wetterbericht links unten auf Seite 2. Die landesweit erscheinende Tageszeitung *Aftenposten*, die mit der höchsten Auflage in Norwegen, die bringt eine ganze Doppelseite zu der wichtigsten internationalen Filmproduktion der vergangenen Jahre in Norwegen. Das Bildmaterial stelle ich der Redaktion zur Verfügung. Ich schwanke wie so oft zwischen meinen Gefühlen. Ich bin genervt, verletzt, beleidigt. Ich bin stolz und freue mich. Ich bin irritiert und konsterniert. Ach, Vestland, du raues, zerklüftetes Stückchen Norwegen, wie kann etwas so schön sein und gleichzeitig so stoische Menschen hervorbringen?

Aber neben diesen schönen Tagen mit dem Filmteam kommt es ab 2004 auch vermehrt zu Spannungen zwischen Bettina und mir. Sie beginnt in Oslo eine Ausbildung für eine spirituelle Art der Psychotherapie. Ananda ist da noch nicht ganz zwei Jahre alt, und Bettina ist nun häufiger für mehrere Tage in

Oslo. Ich unterstütze sie, so gut es geht, bin aber inhaltlich von dieser Ausbildung gar nicht überzeugt. Ich halte das für ziemlich großen Quatsch, verspreche aber, ihr all das zu ermöglichen. Diese Phasen sind dann immer wieder sehr anstrengend. Ich versorge Ananda, kümmere mich ums Café und den Leuchtturm und nehme auch noch Fototermine an. Manchmal spüre ich in diesen Tagen eine Erschöpfung, die ich so bisher noch nicht kannte. Immerhin helfen uns inzwischen zwei fleißige und nette Studentinnen im Café und bei Anandas Betreuung. Allein könnte ich das alles gar nicht schaffen.

25

Im Aufbruch angekommen

Die folgenden Jahre sind beruflich sehr erfolgreich für mich. Sie sind anstrengend. Und sie sind weniger harmonisch. Bettina macht ihre Ausbildung und kann sich dadurch immer weniger um den Leuchtturm kümmern. Ich bekomme immer umfangreichere Aufträge für Trainings und Coachings in der Wirtschaft und kann mich dadurch auch nicht immer um den Leuchtturm kümmern. Ganz langsam schleicht sich in unsere Ehe eine latente Anspannung ein, die dazu führt, dass wir uns immer öfter über Kleinigkeiten streiten.

Wir haben inzwischen ein Pärchen eingestellt, das die Zimmervermietung und das Café für uns betreibt. Das hat den Vorteil, dass wir nur noch ein, zwei Mal in der Woche nach Kråkenes fahren müssen und uns dabei noch abwechseln können. Doch die beiden übernehmen sich hoffnungslos, bieten auch Abendessen und andere Dinge an, und letztendlich bleibt mehr Arbeit an Bettina und mir hängen, als uns lieb ist.

Bettina plant mit einem Designer erneut einen großen Umbau der Anlage. Seine Pläne und Skizzen wirken auf den ersten Blick toll und gestalterisch außergewöhnlich. Doch beim genaueren Hinsehen stelle ich fest, dass er keine Ahnung von Handwerk und Bau hat. Seine Ideen passen im wahrsten Sinne des Wortes nicht in unsere Gebäude. Schulterzuckend macht er die Gebäude dafür verantwortlich. Ich spiele also einmal mehr den Baumeister und passe die Ideen des Künstlers an die architektonische Realität an. Wieder einmal mache ich alles selbst und fühle mich komplett alleingelassen. Während ich auf rund 2 000 Arbeitsstunden komme, ist Bettina mit Ananda in Selje und kümmert sich dort um alles. Inzwischen arbeitet sie auch als Therapeutin im Hotel. Dadurch bleibt wenig Zeit und Energie, um am Leuchtturm mit anzupacken.

Nach diesem Kraftakt bin ich fertig mit dem Leuchtturm. Ich übergebe das Geschäftliche offiziell an Bettina, helfe ihr allerdings weiter, wenn sie meinen, inzwischen guten und tragfähigen Kontakt zu Kystverket benötigt oder es etwas zu reparieren gibt. Ich mache auch weiterhin an beiden Häusern die großen Malerarbeiten, für die ich ein Gerüst aufbauen muss. Ich weiß nicht, ob es an der vielen Arbeit liegt, aber ich spüre, wie sich ein Riss zwischen Bettina und mir auftut. Und er wird von Tag zu Tag größer.

Lichtblicke in diesen Jahren sind die langen Besuche meiner älteren Tochter Lara. Sie bleibt einmal für drei, einmal für sechs Monate bei uns und absolviert bei mir zwei Praktika als Fotografin. Diese Monate genieße ich sehr, denn ich habe das Gefühl, dass wir uns in dieser Zeit annähern und zumindest etwas von dem nachholen können, was ich jahrelang versäumt habe. Und es macht mich stolz, dass ich meiner Tochter etwas beibringen darf. Das ist eine Erfahrung, die ich mir viel zu lange verwehrt hatte.

Im Herbst 2006 richten wir das 100-jährige Leuchtturmjubiläum aus. In Anbetracht der Tatsache, dass die Gemeinde ihre Leuchttürme als Kulturgut sieht und voller Stolz immer wieder auf dieses historisch wichtige Erbe verweist, erhoffen wir uns etwas Unterstützung seitens der Gemeinde. Die verwehrt man uns wieder einmal. Die Verantwortlichen haben kein Interesse. Hinter vorgehaltener Hand wird gesagt, dass die Gemeinde sauer ist, weil das Jubiläum nicht von ihr organisiert wird. Ich bin enttäuscht und habe das Gefühl, immer und immer wieder an den gleichen klebrigen Fallstricken hängen zu bleiben. Nie kümmert sich jemand um solche Sachen. Aber wenn ich es dann mache, ist es auch wieder nicht richtig.

Bettina und ich feiern trotzdem ausgiebig und laden alle noch lebenden Leuchtturmwärter, deren noch lebenden Assistenten und die Leute von Kystverket ein. Es wird ein tolles Fest, das wir komplett aus eigener Tasche bezahlen. Aber wir werden reich beschenkt: Die alten Leuchtturmwärter würdigen unser Engagement auf Kråkenes und bezeichnen uns erstmals auch als Leuchtturmwärter. Für sie vielleicht nur ein kleines, symbolisches Detail – für mich ist es eine riesige Ehre.

Natürlich weiß ich, dass ich kein Leuchtturmwärter bin. Wie das Meer braucht mich auch der Leuchtturm nicht – er ist automatisiert. Aber ich habe mir im Laufe der Jahre eine gehörige Portion Wissen angeeignet. Fiele die Automatik aus, könnte ich die Sache wahrscheinlich übernehmen, ohne dass sich unten an der Küste die auf Grund gelaufenen Schiffe stapeln würden. Aber darum geht es gar nicht. Es ist eine Geste! Und der Gedanke, dass diese Urgesteine, diese oft sehr stolzen Haudegen, die Entscheidung treffen, mich in ihre Reihen aufzunehmen, berührt mich im Innersten.

Es ist ein Ritterschlag, eine Auszeichnung. Eigentlich ist es das, was ich so lange hier in Kråkenes gesucht habe: In eine Gemeinschaft aufgenommen zu werden. Gleicher unter Gleichen zu sein. Es fühlt sich großartig an.

Beruflich läuft es immer besser bei mir. Ich gebe Traineeprogramme und bekomme immer mehr Fotoaufträge. Doch durch die viele Arbeit entfernen Bettina und ich uns noch weiter voneinander.

Da das Fotografieren immer mehr wird und ich aus Platzmangel inzwischen Aufträge ablehnen muss, suche ich händeringend nach einem Haus in Selje, in dem ich ein Studio einrichten kann. Im Herbst 2008 finde ich ein passendes Objekt. Eine alte Scheune. Dass es viel Arbeit werden wird, ist mir bereits bei der ersten Besichtigung klar. Doch das Projekt explodiert förmlich. Aus dem geplanten, einfachen Fotostudio wird ein Studio-Galerie-Workshop-Haus mit Bürotrakt, Küche, Bad und Lagerräumen. Wieder mache ich fast alles selbst, aber Gott sei Dank hilft mir der Verkäufer der Scheune. Er heißt Björn, ist ein toller Typ und wird der Bauleiter.

Ich stürze mich über beide Ohren in den Umbau, und obwohl die Arbeit anstrengend ist und ständig neue Probleme auftauchen, habe ich zum ersten Mal das Gefühl, dass ich etwas ganz für mich mache.

26

Illegal

Irgendwann im Sommer 2008 stehe ich im kleinen Polizeigebäude von Selje. Nicht, weil ich etwas ausgefressen habe, auch nicht, weil ich Opfer eines Verbrechens geworden bin, sondern einfach, weil ich mir nach vielen Jahren einen Kindheitstraum erfüllen möchte. Ich will die norwegische Staatsbürgerschaft annehmen und auch rechtlich ganz und gar Norweger werden. Das bedeutet allerdings auch, dass ich meinen deutschen Pass abgeben muss, denn eine doppelte Staatsbürgerschaft gibt es in Norwegen damals nicht. Aber das fühlt sich für mich trotzdem komplett richtig an. Und eigentlich hätte ich das auch schon längst machen können, so gefühlsmäßig, aber irgendwie war immer etwas anderes wichtiger. Jetzt habe ich es endlich geschafft und stehe, mit allen notwendigen Unterlagen – meinem polizeilichen Führungszeugnis und ein paar anderen Urkunden – leicht aufgeregt in dieser Polizeistation.

Anders als in Deutschland kann man einige behördliche Angelegenheiten nämlich direkt bei der örtlichen Polizeidienststelle einreichen bzw. bearbeiten lassen.

»Setz dich doch«, sagt eine Polizistin mittleren Alters zu mir und deutet auf den Stuhl vor ihrem Schreibtisch. Durch das runde, freundliche Gesicht, die kurzen dunklen Haare und die gedrungene Figur wirkt sie gar nicht wie eine Polizeibeamtin, die im Fall der Fälle einen Bankräuber mit Waffengewalt stellt. Wobei die Waffengewalt in Norwegen auch so eine Sache ist.

In diesem friedliebenden Land sind Polizisten nicht automatisch mit Pistolen bewaffnet. Wenn die Beamten Streife fahren, haben sie zwar Pistolen in einem kleinen gesicherten Safe im Streifenwagen, doch sollte sich abzeichnen, dass sie diese Waffe benötigen, müssen sie das per Funk bei der Leitstelle beantragen und auf die Genehmigung warten. Vom Typ her sehe ich die Beamtin aber viel eher in einem kleinen, vollgepackten Buchladen, in dem sie auf Anhieb jedem Kunden das genau passende Buch empfiehlt, als mit einer Schusswaffe in der Hand.

»Was kann ich für dich tun?«

Auch nach fast fünfzehn Jahren in diesem Land genieße ich das selbstverständliche Duzen immer noch sehr. Hier duzt jeder jeden, über alle Hierarchien hinweg. Anfangs fand ich es in meinen Seminaren zwar etwas irritierend, wenn ich die hohen Tiere vom Abteilungsleiter bis zum Direktor mit Mikkel, Sverre oder Aksel ansprach, aber das ging mir ziemlich schnell in Fleisch und Blut über. Ich stelle mir vor, wie es wohl in einer Hamburger Polizeiwache wäre, wenn man sich so ungezwungen und unbekannterweise duzen würde, und schmunzele ein wenig, während ich meine Unterlagen aus der Tasche hole.

»Ich möchte mich einbürgern lassen und Norweger werden«, sage ich.

»Ah, das ist schön. Gefällt es dir so gut bei uns in Norwegen? Hast du alles zusammen, was du dafür benötigst?«

»Ja, ich glaube schon«, sage ich und schiebe ihr die Hülle mit den verschiedenen Formularen und Bescheinigungen über den Tisch. Sie blättert kurz durch die Papiere. »Es fehlt aber noch der Sprachtest. Hast du dafür auch eine Bescheinigung?«

»Nein, den habe ich nicht gemacht«, sage ich in meinem nach fünfzehn Jahren doch ziemlich guten Norwegisch.

Sie schaut mich skeptisch an.

»Ich habe ihn nicht gemacht, weil es komplette Zeitverschwendung ist. Ich bin Psychologe und gebe Kommunikationsseminare für Führungskräfte. Das sollte doch wohl Beweis genug für meine sprachlichen und kommunikativen Kompetenzen sein, oder?«

Sie nickt zustimmend und blättert erneut durch die Unterlagen.

»Und meine Aufenthaltsgenehmigung wollte ich auch verlängern lassen. Die ist zwar noch ein paar Monate gültig, aber wenn ich jetzt schon einmal hier bin, erledige ich das gleich mit.«

Von meinen letzten Anträgen weiß ich, dass die Genehmigung ein rein formeller Akt ist, der im Gegensatz zum Bürokratiewahnsinn in Deutschland unspektakulär abläuft. Antrag ausfüllen, einreichen, ein paar Wochen warten, und dann hat man die Erlaubnis, für weitere fünf Jahre in diesem schönen Land zu leben.

»Ah ich verstehe. Aber wenn du jetzt einen Antrag auf Einbürgerung stellst, brauchst du die Aufenthaltsgenehmigung gar nicht mehr.«

»Brauche ich nicht?«

»Nein, wenn deine Erlaubnis jetzt noch gültig ist, reicht das, denn jetzt stellst du ja den Antrag auf Einbürgerung. Und zwei konkurrierende Anträge im System zu haben, gibt nur Probleme.«

»Das ist ja prima. Bei uns in Deutschland ist das alles viel komplizierter.« Die Polizistin lächelt mich an, vermeidet es aber, sich auf meine Seite zu schlagen und über die deutsche Bürokratie zu lästern.

»Wie lange wird der Einbürgerungsantrag dauern?«

»Ein paar Monate. Vielleicht ein halbes Jahr.« Ich verkneife mir einen skeptischen Kommentar. Aus zahlreichen Gesprächen in den vergangenen fast fünfzehn Jahren weiß ich, dass ein halbes Jahr Bearbeitungszeit eher das absolute Minimum ist.

»Brauchst du sonst noch etwas von mir? Oder war es das schon?«

»Alle Unterlagen von dir sind vollständig. Mehr brauche ich nicht. Ich werde deinen Antrag jetzt weiterleiten, und dann musst du nur noch ein bisschen warten und bist Norweger.«

Ich stehe auf, grinse bis über beide Ohren. »Das ist super! Darauf warte ich schon mein halbes Leben.«

»Dann hat das Warten ja bald ein Ende.«

»Und die Sache mit der Aufenthaltsgenehmigung ist damit auch erledigt?«

»Genau. Darum musst du dich nicht mehr kümmern.«

»Super. Dann freue ich mich darauf, bald Norweger zu werden«, sage ich, bereits halb auf dem Weg raus.

»Ja, darauf kannst du dich freuen«, sagt die Polizistin.

Gut gelaunt gehe ich heim.

»Und? Hat alles geklappt?«, fragt Bettina, die gerade in der Küche steht. »Hat alles geklappt?«, fragt Ananda, die auf dem Küchenboden sitzt und mit einer Puppe spielt. In letzter Zeit hat sie eine helle Freude daran, alles nachzuplappern, was ihr in die Ohren kommt. Ich finde es gut und hilfreich. Wer zweisprachig aufwächst, soll ruhig alles wiederholen, was er so hört. So habe ich damals auch Norwegisch gelernt.

»Ja, alles bestens. Der Antrag zur Einbürgerung ist gestellt. Und in etwa einem halben Jahr bin ich dann ganz offiziell und ausschließlich norwegischer Staatsbürger.« Ich nehme Bettina in den Arm und wiege uns beide, halb tänzelnd, durch die Küche.

»Und die Aufenthaltsgenehmigung? Wolltest du die nicht auch verlängern, du Norweger in spe?«

»Brauchte ich nicht. Die Polizistin sagte, dass das durch den Antrag zur Einbürgerung hinfällig sei.«

»Ach, das ist ja praktisch. Daran könnten sich die deutschen Behörden mal ein Beispiel nehmen.«

»Tja, das ist eben Norwegen. Mein Land!«, sage ich lachend.

Ein gutes halbes Jahr später stehe ich erneut in der Dienststelle der Polizei. Mein Puls ist auf 180, mein Magen krampft sich vor Ärger zusammen, ich habe Wut im Bauch. Und zwar so richtig. In meiner Hand halte ich ein Schreiben des Utlendingsdirektoratet, kurz UDI. Das zentrale Amt für Ausländerfragen hat mir soeben schriftlich mitgeteilt, dass mein Antrag auf Einbürgerung abgelehnt worden sei. Als ich den Umschlag vorhin aus meinem Briefkasten zog, dachte ich an einen schlechten Scherz. Ich las den Brief erneut, und mir wurde klar: Das war kein Scherz. Das war ganz und gar kein Scherz. Das war bitterer Ernst. Also habe ich mich sofort auf den Weg gemacht, um die Sache direkt zu klären.

Hinter ihrem Schreibtisch sitzt erneut die Polizistin, die vor ein paar Monaten meinen Antrag entgegengenommen hat, und ist noch in einem Gespräch mit einer älteren Dame, die mit dem Rücken zu mir sitzt. Den Gesprächsfetzen kann ich entnehmen, dass es um irgendwelche Nachbarn geht, deren Auto anscheinend zu laut ist. Zumindest fühlt sich die Dame durch den dauernden Lärm gestört und möchte, dass dieser abgestellt wird.

Ich schaue auf meine Uhr, hoffe, dass die polizeiliche Aufnahme des Nachbarschaftsstreits möglichst schnell abgeschlossen wird, damit sich endlich um mein Problem gekümmert werden kann. Nervös trete ich von einem Fuß auf den anderen, schaue erneut auf meine Uhr, auf den Brief, auf die Polizistin. Unsere Blicke treffen sich, und ihr Gesicht bekommt schlagartig einen anderen Ausdruck. Leidend, gequält und flehend blickt sie mich über die Schultern der Dame hinweg an. Müsste ich meinen Seminarteilnehmern anhand von Gesichtsausdrücken die unterschiedlichen Emotionen erklären, die Beamtin wäre das perfekte Beispiel für den Ausdruck eines schlechten Gewissens. Kurze Zeit später verabschiedet sich die Seniorin zufrieden und verlässt mit dem guten Gefühl die Wache, dass sich die Polizei ihres lauten Nachbarn annehmen wird.

»Hallo«, sagt die Beamtin hinter ihrem Schreibtisch und winkt mich heran.

»Hei«, sage ich, werfe noch im Stehen das Anschreiben auf ihren Tisch und setze mich. »Ich bin immer noch Deutscher. Mein Antrag ist abgelehnt worden.«

Sie nickt. Ihre Augen wirken in dem runden Gesicht noch etwas größer als beim letzten Mal, und ich befürchte, dass sie jeden Augenblick anfängt zu weinen. »Ich weiß. Ich habe heute auch ein Schreiben bekommen. Wahrscheinlich das Gleiche wie du.«

»Aber was ist denn genau das Problem?«

»Der Antrag wurde abgelehnt, weil du keine Aufenthaltsgenehmigung hast. Die alte ist ein paar Wochen vor der Bearbeitung deines Antrags abgelaufen«, sagt sie mit zittriger Stimme, die jetzt fast ein wenig kindlich klingt. Vielleicht ist das der Grund, warum ich mit fast väterlich erklärendem Tonfall antworte: »Ja. Aber am Tag meiner Antragstellung hatte ich ja noch eine gültige Erlaubnis.«

»Ja.« Hilflos schaut sie mich an.

»Und du hast gesagt, dass ich keinen neuen mehr beantragen müsste. Wollte ich doch.«

»Ja.«

»Und jetzt kann der Einbürgerungsantrag nicht bearbeitet werden, weil die Aufenthaltserlaubnis fehlt?«

»Ja.«

»Na dann verlängern wir jetzt die Genehmigung, und ich stelle dann einen neuen Antrag zur Einbürgerung. Ich habe jetzt so viele Jahre darauf gewartet, da kommt es auf ein paar Monate mehr oder weniger auch nicht an.«

Sie stößt einen langen Seufzer aus. »Das ist das Problem.«

»Was ist das Problem?«

»Deine Aufenthaltsgenehmigung ist abgelaufen. Trotzdem lebst du hier und arbeitest hier.«

»Natürlich. Ich lebe seit fünfzehn Jahren hier.«

»Aber jetzt bist du«, sie macht eine Pause, als müsse sie das passende Wort finden, »jetzt bist du illegal in Norwegen.«

Jetzt habe ich das Gefühl, kreidebleich zu werden, weil mir der Kreislauf wegsackt. »Illegal? Was soll das bedeuten? Wir können doch jetzt eine neue Urkunde beantragen, und dann ist wieder alles gut. Oder?«

»Nein. So einfach ist es nicht. Offiziell musst du nun innerhalb der nächsten vierzehn Tage das Land verlassen. Du wirst sozusagen ausgewiesen.«

»Wie bitte? Aber du hast mir doch gesagt, dass alles gut ist. Ich habe keinen Fehler gemacht. Du hast einen Fehler gemacht. Und dafür soll ich jetzt meinen Kopf hinhalten?«, sage ich wütend. Ihr Blick ist glasig, sie hat wirklich Tränen in den Augen. Aber auch das kann mich gerade nicht mal ansatzweise besänftigen.

»Das war mein Fehler. Und es tut mir wirklich leid.«

»Das hilft mir jetzt nicht weiter.«

»Nein. Aber ich rufe jetzt sofort beim Zentralamt an und erkläre ihnen, dass es meine Schuld ist und nicht deine. Warte mal kurz.«

Sie greift zum Mobilteil des Telefons, wählt eine lange Nummer, wie mir die vielen Tastenpiepser verraten, und verlässt den Raum. Ich muss einmal tief durchatmen, um überhaupt zu verstehen, was hier gerade passiert ist. Noch vor ein paar Minuten war ich froher Dinge und dachte lediglich, dass die Behörde einfach nicht schnell genug arbeiten würde. Jetzt bin ich auf einmal ein ausreisepflichtiger Illegaler. Ohne dass ich daran irgendeine Schuld tragen würde. Der kleine Junge in mir kauert schockiert in der hintersten Ecke meines Kopfes. Um mich abzulenken und aus dem Gedankenkreisel rauszukommen, schaue ich mich ganz bewusst im Raum um. Ich sehe einen Monitor. Ich sehe eine Aktenablage. Ich sehe einen Kugelschreiber auf dem Schreibtisch. Ich sehe ein Plakat an der Wand, das den Betrachter daran erinnern soll, Pausen zu machen. *Hold deg fokusert og effektiv*. Sei fokussiert und effektiv. Eine Pause könnte ich jetzt auch gebrauchen. Oder einen Fokus. Oder einfach meine Einbürgerungsurkunde. Die Situation hier ist mir einfach zu surreal.

Einige Augenblicke später kommt die Polizistin zurück in den Raum, setzt sich an den Schreibtisch. »Also, ich habe gerade mit der Behörde telefoniert und habe keine guten Nachrichten für dich. Sie bleiben dabei, dass du keine Aufenthaltserlaubnis hast. Ich habe ihnen mehrfach gesagt, dass es meine Schuld sei, aber das ist ihnen egal. Man dürfe nicht darauf vertrauen, was die Polizei sagt, hieß es.«

»Ich darf also nicht der Polizei glauben, wenn ich nach etwas frage? Na, das ist ja eine tolle Aussage. Und jetzt? Ich kann doch nicht ausreisen. Ich habe hier eine Frau, ein Kind, eine Arbeit. Da muss man doch etwas machen können.«

Wieder seufzt sie, zuckt mit den Schultern. »Ich weiß es nicht. Vielleicht willst du da auch noch einmal anrufen.« Sie schreibt die Telefonnummer auf einen Zettel und schiebt ihn über den Schreibtisch. »Mehr kann ich nicht für dich tun. Und es tut mir wirklich sehr leid.«

Wie in Trance verlasse ich das Gebäude, gehe über den Parkplatz des örtlichen Supermarktes, die Straße hoch, vorbei am Sportplatz, auf dem eine Jugendmannschaft Fußball spielt, bis ich schließlich an unserem Haus ankomme. Was passiert hier gerade?

»Und, konntest du der Behörde Dampf machen?«, fragt Bettina, als ich meinen Hausschlüssel auf die Anrichte werfe. Schweigend schaue ich sie an. »Was ist passiert?«, fragt sie ungeduldig mit besorgter Stimme.

»Ich soll das Land verlassen. Ich lebe, arbeite, wohne illegal in Norwegen. Meine Aufenthaltsgenehmigung ist abgelaufen.«

»Wie bitte? Ich dachte, es geht um deine Einbürgerung?«

»Ja, das dachte ich auch. Aber weil meine Aufenthaltsgenehmigung abgelaufen ist, werde ich nicht eingebürgert. Und soll außerdem innerhalb von zwei Wochen das Land verlassen.«

»Das geht doch nicht. Das können die doch nicht machen.« Bettinas Augen blitzen vor lauter Energie, die die Nachricht bei ihr auslöst. So viel Interesse von ihr habe ich schon seit Langem nicht mehr wahrgenommen.

»Ja. Bei der Polizei hat man mir falsche Informationen gegeben. Tat der Polizistin auch leid, und sie hat direkt dort angerufen, konnte aber auch nichts machen.«

»Und jetzt?«

»Keine Ahnung. Ich rufe da auch noch einmal an, aber jetzt gerade weiß ich auch noch nicht, wie es weitergehen soll.«

»Aber du kannst ja nicht das Land verlassen. Das wäre ja Irrsinn.«

»Natürlich nicht. Das müssen wir anders lösen.«

Ich schlafe wenig in der folgenden Nacht, wälze mich im Bett umher und grübele, wie ich aus dem Schlamassel wieder rauskomme. Den Schock habe ich überwunden. Jetzt kommt es darauf an, wie ich es schaffe, doch noch an meinen norwegischen Pass zu kommen.

Morgens telefoniere ich mit einigen norwegischen Freunden, die sich mit Politik, Gesetzen und Behörden auskennen, und schildere ihnen meinen Fall. Da unter diesen Freunden ein paar hohe Verwaltungstiere dabei sind, erhoffe ich mir nicht nur ein paar Tipps, sondern insgeheim auch ein kleines Wunder. Vielleicht hat jemand von ihnen einen guten Kontakt zum UDI, nimmt die Sache in seine Hände und verkündet mir schon kurze Zeit später, dass nun alles in Ordnung sei und mein Vorgang auf dem kurzen, kleinen, schnellen Dienstweg erledigt sei. Doch dieses Wunder bleibt aus. Man hat Verständnis für meinen Ärger, man drückt sein Mitleid aus, aber helfen kann mir auch niemand. Als wäre die UDI eine dunkle, gewaltige Macht, möchte sich niemand mit ihr anlegen.

Um den Kopf freizubekommen, fahre ich zum Leuchtturm und hoffe, dass mir dort eine Lösung einfällt. Ratlos laufe ich in der Küche auf und ab, trinke einen Kaffee nach dem anderen und starre hilflos aufs Meer, das sich heute ruhig und gelassen gegen die Felsen wirft, als könnte ich dort eine Antwort finden. Mein Gerechtigkeitssinn dreht Loopings in meinem Kopf. Ich habe nichts falsch gemacht und soll für etwas bestraft werden, auf das ich keinen Einfluss hatte. Das kann nicht sein. Das darf nicht sein. Ich brauche eine Idee.

Das Meer weiß alles, da bin ich mir sicher. Aber ihre Antworten gibt die See nicht so einfach preis. Sie sind gut versteckt in der Tiefe, im Brandungsschaum oder in Wellentälern. Um Antworten zu finden, muss man das Meer verstehen, vielleicht selbst ein Meer werden. Oder eine Welle.

Wie vom Blitz getroffen bleibe ich stehen, starre weiter durchs Fenster, bin aber komplett in meinen Gedanken. Eine

Welle werden, die Welle machen, das ist es. Ich mache jetzt mal die Welle. Und nicht nur eine kleine. Ich mache eine riesige Monsterwelle. Einen richtigen Tsunami werde ich machen. Mal schauen, ob die UDI dem standhalten kann.

Ein paar Stunden später habe ich einen Plan ausgearbeitet, wie ich die ganze Geschichte doch noch zu meinen Gunsten drehen kann. Ich schreibe der UDI einen Brief, lege offiziell Widerspruch ein, schildere ausführlich die Sachlage und wie es zu der jetzigen Situation gekommen ist. Um zu verdeutlichen, dass ich nicht kampflos klein beigeben werde, schildere ich noch ein kurzes Szenario, was passieren könnte, sollte die Behörde sich weiterhin so unkooperativ verhalten.

Andernfalls sehe ich mich gezwungen, an die Öffentlichkeit zu gehen, um andere Menschen vor solchen Überraschungen zu bewahren. Es kann nicht sein, dass man sich auf die Auskunft der Polizei, die den Einbürgerungsantrag annimmt, verlässt, deren Informationen von der UDI aber nicht anerkannt werden. Ich arbeite seit fünfzehn Jahren in Norwegen und habe in dieser Zeit zahlreiche Kontakte zu den meisten landesweit erscheinenden Tageszeitungen aufgebaut. Ich bin gespannt, wie die Redaktionen es finden, dass man sich – laut UDI – nicht auf die Polizei verlassen kann. Das wird bestimmt eine gute Geschichte. Der engagierte Deutsche, der seit fast fünfzehn Jahren in Norwegen lebt, arbeitet, eine Familie gegründet hat, der sich engagiert um ein Kulturgut wie den Leuchtturm in Kråkenes kümmert, möchte die norwegische Staatsbürgerschaft annehmen. Und er wird des Landes verwiesen, weil ihm die örtliche Polizei eine falsche Information gegeben hat. Was wohl die Leser davon halten werden, wenn sie sehen, dass man der Polizei nicht mehr vertrauen kann?

Ein paar Tage lang passiert nach meinem Schreiben gar nichts. Solch eine Angelegenheit schriftlich per Post zu regeln, ist eigentlich der komplette Wahnsinn, weil die gestresste Psyche natürlich so schnell wie möglich eine Lösung herbeiführen möchte, der Brief aber, wie jeder andere Brief auch, durch die Post von A nach B und dann nach C transportiert wird, bevor er beim Empfänger ankommt. Ist der Empfänger eine Behörde, vergeht noch mal einiges an Zeit, bis das Schreiben letztendlich genau dort liegt, wo es auch gelesen und bearbeitet wird.

Um mich ein wenig abzulenken, habe ich mir auf dem Rechner ein Dokument mit allen Infos erstellt und zusammengetragen, wer was wann gesagt hat. So kann ich im Zweifelsfall in der kommenden Woche den Journalisten schnell alles zukommen lassen und laufe nicht Gefahr, irgendetwas zu vergessen. Denn so viel ist sicher: Geblufft habe ich mit meiner Ankündigung nicht. Ich werde meine Kontakte nutzen und bin sogar zuversichtlich, dass der Artikel nicht nur gedruckt wird, sondern sogar etwas bewirken wird. So freiheitsliebend, beizeiten stur und widerspenstig die Menschen in Vestland auch sein mögen, sie sind gleichzeitig sehr korrekt, den Behörden und Ämtern gegenüber grundsätzlich positiv eingestellt. Lesen zu müssen, dass die Polizei einen Fehler macht und ein Unschuldiger dafür büßen muss, wäre sowas wie ein norwegischer Super-GAU, der das Vertrauen in die staatliche Verwaltung nachhaltig erschüttern würde.

Doch zu diesem Artikel kommt es gar nicht. Am nächsten Tag ziehe ich ein wenig überrascht ein Schreiben der Behörde aus meinem Briefkasten. Mit dem Finger reiße ich ungeduldig den Umschlag auf und ziehe mehrere Blatt Papier heraus. Das Anschreiben lege ich ungelesen zur Seite und halte als

Nächstes die hochoffizielle, amtliche Aufenthaltsgenehmigung und Arbeitserlaubnis in der Hand. Nach wenigen Tagen. Und ohne dass ich es überhaupt beantragt hatte. Die Ankündigung, meine Geschichte an die Presse weiterzugeben, hat der Behörde anscheinend eine Heidenangst gemacht. Im Anschreiben entschuldigt sich das Amt für den Fehler und wünscht mir eine gute Zeit. Ich stehe eine ganze Weile mit dem Brief in der Hand regungslos im Raum. Merke erst nach und nach, wie erleichtert ich auf einmal bin und wie frei ich atmen kann. Als ich Bettina davon erzähle, seufzt sie laut vor Erleichterung auf und umarmt mich. Auf einmal fühlt es sich wieder gut an, sie so zu halten. Die Nähe habe ich vermisst.

Ananda kommt neugierig aus ihrem Zimmer gelaufen, um nachzusehen, warum in der Küche solch ein fröhlicher Trubel herrscht. Ich packe sie, nehme sie auf den Arm, und wir drehen uns so schnell es geht im Kreis.

Ich bin nicht mehr ausreisepflichtig, habe wieder meinen Aufenthaltsstatus und kann jetzt einfach in den kommenden Tagen noch einmal den Antrag zur Einbürgerung bei der Polizei abgeben.

Ich bin erleichtert. Überrascht. Und fühle mich gleichzeitig so leer, als hätten die vergangenen Tage all meine Kraftreserven aufgebraucht. Enttäuscht stelle ich fest, dass ich keine Freude über den glücklichen Ausgang empfinde. Es ist, wie es ist. Nicht mehr und nicht weniger. So paradox es erscheinen mag, aber etwas nicht fühlen zu können, kann sehr traurige Gefühle hervorrufen.

Auch Stunden später, am Abend, bewege ich mich wie in Watte gepackt durchs Haus. Hier zu leben, in Norwegen, kommt einer emotionalen Achterbahnfahrt gleich. Ein ständiges Auf und Ab, bei dem es mich schon mehr als einmal überschlagen hat. Im Auto auf der Straße, zu Fuß im Orkan und immer wieder emotional. Es ist furchtbar aufregend. Ich liebe diese Region, mit ihren störrischen Menschen und der Natur, die noch viel störrischer erscheint. Sie haben mir in den vergangenen Jahren die größtmöglichen Glücksgefühle geschenkt. Aber erstmals frage ich mich, ob diese tollen Momente die vielen Kämpfe, die ich führen muss, eigentlich aufwiegen. Ich kämpfe mit dem Wetter, das mir Jahr für Jahr die Farbe vom Leuchtturm schält. Ich kämpfe mit Kystverket, die mir schon so viele Steine in den Weg legten, dass ich damit einen neuen Leuchtturm bauen könnte. Und ich kämpfe mit den Einheimischen, die nett sind, mich aber immer auf Abstand halten. Ich kämpfe mit unangenehmen Gästen, verstopften Rohren und kaputten Glühbirnen. Ich kämpfe um meine Ehe und die Liebe, die uns irgendwo in den letzten Jahren zwischen Renovierungen, Gästebetreuung, Fotoaufträgen und Kindererziehung verloren gegangen ist. Ich kämpfe und kämpfe und kämpfe. Aber wofür eigentlich?

Bereits einen Tag später bekomme ich einen weiteren Beweis des Gefühlschaos, das dieses Land immer wieder in mir hervorrufen kann. Wieder habe ich einen Umschlag der Behörde im Briefkasten. Wieder öffne ich ihn hektisch mit zittrigem Finger. Dann halte ich einen norwegischen Pass in Händen. Meinen Pass.

Es ist der 26. April 2008, und ich bin jetzt ganz offiziell norwegischer Staatsbürger. Innerhalb von einer knappen Woche habe ich meinen Status in diesem Land vom arbeitsberechtigten Deutschen mit Aufenthaltsgenehmigung über den illegalen Ausreisepflichtigen bis hin zum echten Norweger gewechselt. Ärger kommt in mir hoch. Riesiger Ärger. Mein Wunsch, den ich seit Kindertagen mit mir rumtrug, hat sich endlich erfüllt. Aber durch den Stress der letzten Woche kann ich mich gar nicht darüber freuen. Die Behörden haben etwas in mir kaputt gemacht. Und das nehme ich ihnen sehr übel.

Einige Wochen später bekomme ich einen dritten Brief der UDI. Man lädt mich im Namen der Landesregierung zum Einbürgerungsfest ein. Ich quittiere das Schreiben symbolisch mit meinem Mittelfinger und werfe es direkt in den Müll. Ich habe zwar meine Einbürgerung bekommen. Aber auf irgendeine Art und Weise meinen Kindheitstraum verloren. Ich habe nichts zu feiern.

27

Das Super-Studio-Galerie-Workshop-Haus

2010 kann ich, aufgrund einiger weiterer Katastrophen, die Scheune mit einem halben Jahr Verzögerung eröffnen. Ich bin sehr glücklich, was für ein Schmuckstück ich da zusammen mit Björn erschaffen habe. Leider muss ich auch feststellen, dass der Umbau wahrscheinlich der Dolchstoß für unsere Ehe war. Bettina und ich streiten viel. Ich kann sie nicht verstehen, sie kann mich nicht verstehen. Wir schweben im luftleeren Raum und finden wohl nicht mehr zueinander.

Bereits ein halbes Jahr nach Eröffnung hat sich meine Scheune als kultureller Treffpunkt in Selje etabliert. Eine völlig neue Erfahrung nach den eher einsamen Jahren in Kråkenes. Unter anderem richte ich eine kleine, lokale Messe für Betriebe der Region aus. So können sich die örtlichen Unternehmen vernetzen, und ganz nebenbei habe ich auch eine gute Plattform, um meine Coachingangebote vorzustellen.

Ich hoffe, dass diese Messe für viele Teilnehmer ein Erfolg wird – für mich wird sie zum Glücksfall. Der CEO von Coast Seafood, einem Global Player im Handel mit Lachs, spricht mich an. Er möchte die Effizienz und Motivation seiner Mitarbeiter steigern. Wir sind uns von Anfang an sympathisch, und aus diesem Erstkontakt entstehen in den kommenden Jahren unzählige Seminare, Coachings und Programme, die unverschämt gut bezahlt werden.

Obwohl mir Geld nie wirklich wichtig war, genieße ich es ein bisschen, dass ich nun mehr als genug verdiene. Es ist eine Art der Wertschätzung.

28

Dagmar

Das Jahr 2011 ist von vielen Unsicherheiten und Rissen geprägt, von Zerstörung und Umbrüchen, aber auch von Aufbau und Neuanfängen.

Bettina und ich leben uns immer weiter auseinander, und ich überlege schon zu Beginn des Jahres, ob ich nicht ausziehen soll. Mir fehlt jedoch eine echte Alternative. Ein Haus für mich allein zu kaufen, scheitert an den wenigen Angeboten und den recht hohen Preisen. Die Scheune ist endlich fertiggestellt. Den ursprünglichen Zeitplan konnte ich aber nicht halten. Ein abgerissener Bizeps mitten in der Bauphase brachte meinen sowieso schon engen Zeitplan durcheinander. Ich konnte wochenlang nicht weiterbauen, dadurch wurden Fördergelder, die ich für die Scheune beantragt hatte, nicht ausgezahlt. Das sorgte für zusätzliche Verzögerungen. Irgendwann verabschiedete ich mich von meinem Eröffnungstermin, gönnte mir eine Pause und machte alles in Ruhe fertig. Mit viel Beharrlichkeit schaffte ich es schließlich doch noch, das Fördergeld zu bekommen.

Jetzt gibt es die Scheune ein halbes Jahr lang, und sie hat sich als Ort für Ausstellungen, Workshops und Seminare fest im kulturellen Leben von Selje etabliert. Aber dort kann ich nicht wohnen. Im Sommer fasse ich den Entschluss, einen Wohnbereich an die Scheune anzubauen. Erfahrung im Handwerk habe ich inzwischen genug. Als meine Eltern zu Besuch sind, ist mein Vater von der frisch sanierten Scheune schwer beeindruckt. »Das sieht wirklich schwierig aus, was du hier alles gebaut hast, mein Junge«, sagt er zu mir. »Das hast du toll gemacht.«

Ich muss mich zusammenreißen, weil mich dieses Lob im Innersten berührt. Ich bemerke aber, dass es der erwachsene Thomas ist, der diese Freude empfindet, nicht das kleine Kind. Mein Leben hier oben hat mich in den vergangenen Jahren altern lassen, auch optisch. Die viele Arbeit und der Stress haben sich in meinen Körper gegraben. Morgens im Spiegel sehe ich Falten und die ersten grauen Haare. Ich merke auch, dass ich nicht mehr so voller Energie bin wie im Sommer 1994, als ich voller Tatendrang und ein wenig naiv den Leuchtturm mietete. Dafür bin ich innerlich erwachsen geworden. Die Urteile von anderen Menschen interessieren mich nicht mehr so sehr. Ich muss auch meinem Vater nichts mehr beweisen. Ich kann sein Lob auf sehr gesunde Weise annehmen und mich darüber freuen.

Aber mein Vater setzt an diesem Tage noch einen drauf. Ich erzähle ihm von meinen Anbauplänen. »Mit Bettina wird es sich also nicht wieder einrenken?«, fragt er, und in seiner Stimme liegt echte Betroffenheit.

»Ich weiß es nicht«, antworte ich diplomatisch. »Aber ich weiß, dass ich erst einmal ausziehen muss. Vielleicht finden wir dann doch noch einmal zueinander.«

»Nun gut. Wie immer es auch kommen mag, ich würde dir bei deinem Anbau wirklich gerne helfen und möchte 35 000 Euro beisteuern. Die kannst du bestimmt gut gebrauchen, bei all dem, was du dir vorgenommen hast.«

»Das musst du nicht.«

»Ich weiß, dass du meine Hilfe nicht mehr brauchst, das hast du bewiesen. Aber ich möchte es trotzdem. Du würdest mir damit eine Freude machen.«

»Wenn das so ist, nehme ich deine Unterstützung gerne an. Sehr gerne. Danke, Papa.«

Über Jul, also Weihnachten, passiert dann ein Wetterereignis, das es so gar nicht geben dürfte. Das Sturmtief Dagmar rollt als Jahrhundertsturm aus Nordwest auf die Küste zu. Die Böen preschen mit bis zu 65 Metern in der Sekunde auf den Leuchtturm – das sind 230 Stundenkilometer. Die Wetterstation auf dem Mehuken, dem Berg über Kråkenes, misst sogar 85 Meter in der Sekunde. Das ist eine Geschwindigkeit von über 300 Stundenkilometern. Und damit der zerstörerische, totale, unvorstellbare Wetterwahnsinn.

In Verbindung mit einer Sturmflut, die den Wasserstand in der Nacht zum zweiten Juledag noch mal erhöht, türmen sich Wellen von bis zu 20 Metern Höhe auf.

Gott sei Dank haben wir auf dem Leuchtturm gerade keine Gäste. Sturm hier oben ist okay. Ein Orkan: gefährlich, aber auch noch im Rahmen. Aber Böen jenseits der 200 Stundenkilometer sind einfach Irrsinn. Um nach der Lage zu schauen, mache ich mich auf den Weg nach Kråkenes. Eigentlich auch Irrsinn, aber ich habe schließlich eine Verantwortung. Auf der einstündigen Fahrt von Selje wird mein Wagen mehr als einmal zum Spielball der Naturgewalten. Wie eine Abrissbirne donnern Böen aufs Auto, und ich habe Mühe, den Wagen auf der Piste zu halten.

Kurz vor dem Leuchtturm sehe ich Tor auf dem Weg stehen, er muss meinen Wagen schon von Weitem bemerkt haben und passt mich ab. Er steigt ins Auto. »Hei, Thomas. Sieht schlimm aus.«

»Was ist los? Gibt es Schäden?«

»Ja. Musst du dir selbst ansehen.«

»So schlimm?«

»Sieh selbst. Ich gehe wieder rein.«

Ich schaue ihm noch kurz hinterher, beeindruckt, wie geübt er sich durch den Sturm bewegt. Dann fahre ich die letzten Meter zum Leuchtturm hoch. Noch im Auto checke ich die Lage: Das Assistentenhaus steht noch. Das Dach ist auch noch vorhanden. Haupthaus: auch noch da. Aber als ich die Tür zum Haupthaus aufschließe, merke ich sofort, dass etwas nicht stimmt. Der Wind heult durchs Haus. Noch im Reingehen überlege ich, welches Fenster ich Blödmann habe offen stehen lassen, gehe ins Wohnzimmer und bleibe wie angewurzelt stehen. Das Wohnzimmer sieht aus, als hätte eine Bombe eingeschlagen. Eine Schocksekunde lang muss ich das Bild vor mir einordnen, dann ist es klar. Das Unmögliche ist eingetroffen. Eine Riesenwelle muss die gesamte Fensterfront eingedrückt haben und ist durch das Wohnzimmer gepflügt. Das kann eigentlich gar nicht sein, denn die Fenster waren ja zusätzlich noch mit einer Plexiglasscheibe von außen geschützt. Ich kann mir beim besten Willen nicht die Gewalt vorstellen, mit der das Wasser gegen das Haus geschlagen haben muss.

Seit mehr als siebzehn Jahren wohne ich hier und war der felsenfesten Überzeugung, dass dieser Leuchtturm jedem Sturm standhalten kann. In diesem Moment, am ersten Weihnachtstag 2011, stehe ich in einem zerstörten Wohnzimmer und weiß, dass ich mich hier nie wieder sicher fühlen werde. Ich versuche einige Sachen vor Sturm und Wasser zu retten, merke aber, dass dies gerade unmöglich ist. Mir bleibt nichts übrig, als nach Selje zurückzufahren und darauf zu warten, dass der Orkan nachlässt.

In der folgenden Nacht liege ich lange wach und grübele stundenlang. Ich ärgere mich über den Schaden. Ich frage mich, was wohl noch alles durch das Salzwasser zerstört worden ist. Und ich plane bereits die notwendigen Reparaturen. Was mich allerdings wirklich wach hält, ist das Gefühl des Verlustes. Nicht der Verlust von materiellen Dingen, die lassen sich allesamt ersetzen. Aber irgendwas in mir muss diese Monsterwelle mitgerissen haben. Vielleicht ist es das Gefühl, meinen sicheren Ort verloren zu haben. Meinen Felsen in der Brandung. Meine Trutzburg aus Stein, in die ich mich immer zurückziehen konnte. Von der ich felsenfest überzeugt war, dass nichts sie zerstören könnte. Aber das Meer, das ich so liebe, hat mich eines Besseren belehrt. Ich hoffe nur, dass der Orkan noch genug Liebe zum Meer in mir zurückgelassen hat, dass ich das, was noch da ist, reparieren kann. Mit Bettina scheint es nicht geklappt zu haben, ich möchte jetzt nicht auch noch das Meer verlieren.

Am nächsten Tag ist der Orkan weitergezogen. Stürmisch ist es trotzdem noch. Am Leuchtturm begutachte ich die Schäden genauer. Insgesamt nichts, was sich nicht wieder reparieren lässt. Katastrophe?

Ja!

Aber keine Vollkatastrophe.

In der Nacht habe ich mir schon überlegt, wie ich das Fenster kurzfristig abdichten kann, bis ich ein neues organisiert habe. Aus dem Keller hole ich mir eine große Holzplatte, die noch von den Umbauten im Assistentenhaus übrig geblieben ist. Das Problem: Ich muss die Platte von außen anschrauben. Und das kaputte Fenster ist im ersten Obergeschoss. Unter dem Fenster geht es mehr oder weniger direkt 45 Meter in die Tiefe. Dazu der immer noch starke Wind. Was mache ich hier eigentlich?

Bloß nicht zu viel darüber nachdenken. Das muss jetzt gemacht werden.

Ein Seil, das ich über einen Befestigungsanker der Antenne

führe, dient mir als Flaschenzug. Auf der großen Leiter stehe ich dann in mehreren Metern Höhe, ziehe die Platte langsam zu mir hoch. Ihr Gewicht kann ich halten, aber sie bietet dem Wind eine große Angriffsfläche und schwankt bedrohlich zwischen Hauswand und Leiter. Irgendwie schaffe ich es, die Platte vor das Fenster zu ziehen. Meine Arme zittern vor Anstrengung. Nur nicht darüber nachdenken, was passieren könnte, wenn mich jetzt eine Böe erwischt. Schnaufend greife ich nach dem Akkuschrauber. Wenn ich den unten liegen gelassen hätte, wäre es echt ärgerlich gewesen, denke ich und muss über meinen eigenen, so gar nicht passenden Humor lachen. Nachdem ich die erste Schraube in Platte und Fensterrahmen gebracht habe, kann ich endlich durchatmen. Erst jetzt bemerke ich, wie sehr mir die Beine zittern. Schnell befestige ich das Provisorium mit einer Handvoll weiterer Schrauben. Das sollte für die nächsten Tage stabil genug sein. Dann sehe ich zu, dass ich von der Leiter runterkomme. Erst als ich wieder festen Boden unter den Füßen habe und hoch zu meinem fertigen Werk schaue, wird mir wirklich bewusst, wie halsbrecherisch meine Aktion gerade war. Und wie viel Glück ich doch habe, dass ich jetzt hier stehe. Das hätte auch ganz anders ausgehen können. Andererseits: Welche Alternative hätte ich denn sonst gehabt? Manche Dinge müssen gemacht werden. Wer zurück zur Natur will, wer in der Einsamkeit leben möchte, darf von solchen Ausnahmesituationen nicht überrascht sein und sollte sie in seine persönliche Pro- und Contra-Abwägungen einfließen lassen. Und nicht nur als hypothetische Möglichkeit, sondern als reales Ereignis, das früher oder später als echtes Worst-Case-Szenario eintreffen wird.

Ich dachte, dass ich das getan hätte! Schließlich habe ich in den vergangenen siebzehn Jahren schon einige riskante, gefährliche, vielleicht sogar lebensgefährliche Situationen erlebt.

Manche davon habe ich bewusst herbeigeführt, andere passierten, und ich musste reagieren. Aber wenn ich ehrlich bin, hatte ich keines dieser Ereignisse vor meiner Auswanderung nach Norwegen mal gedanklich durchgespielt. Da gab es keinen Orkan, der mich fast in die Luft reißt, weil ich die Satellitenschüssel sichern will. Keinen Gegenverkehr, der mich im Auto von der Fahrbahn einen Abhang runterkickt. Stromausfälle stellte ich mir vor Kråkenes romantisch und vielleicht ein wenig lästig vor. Dass die Romantik aber nach ein paar Stunden ohne Strom verfliegt, dass es echt nervig wird, wenn der Strom einen ganzen Tag lang ausfällt und dass man besser nicht akut erkranken sollte, wenn der Strom auch am zweiten Tag fehlt, das Telefon nicht arbeitet und das Funkgerät auch nicht und man plötzlich begreift, was da alles dranhängt, all das lernte ich erst peu à peu. Ich nahm all das an. Ich zahlte den Preis.

Aber jetzt, am zweiten Weihnachtstag 2011, fühlt es sich anders an. Ich weiß nicht, ob es daran liegt, dass ich älter geworden bin und mir die naive, unbeschwerte Sorglosigkeit abhandengekommen ist. Oder liegt es daran, dass mir der Leuchtturm nicht mehr so viel bedeutet?

Trotz des Windes bleibe ich noch eine ganze Weile draußen stehen. Blicke aufs immer noch aufgewühlte Meer. Denke an das endende Jahr. So viel Veränderungen. Ich habe Bettina verloren. Ich habe meine Scheune gewonnen. Tolle Aufträge sind zu mir gekommen. Vom Leuchtturm habe ich mich entfernt. Das Gefühl von Sicherheit ist mir gestohlen worden. Mein Vater hat mich reich beschenkt. Mit seiner finanziellen Unterstützung, aber vor allen Dingen mit seinen Worten. Und was mit dem Meer vor mir ist? Ich weiß es nicht.

Nach dieser Katastrophe treffe ich ein paar Entscheidungen und lasse weiter los. Bettina hat den Betrieb des Leuchtturms offiziell vor fünf Jahren übernommen. Ich habe mich, aus Verantwortungsbewusstsein, aus Gewohnheit, vielleicht auch aus Stolz, immer um die Reparaturen gekümmert. Damit ist jetzt Schluss. Nicht aus Trotz oder weil ich Bettina irgendetwas heimzahlen möchte. Sondern um ein Stück von mir zu mir zurückzuholen. Die Scheune, der Leuchtturm, meine Seminare, meine Fotos, meine Kinder, Bettina – manchmal kommt es mir so vor, als würden überall Teile von mir machen, tun, arbeiten, kämpfen, lieben, streiten. Aber es sind so viele Teile, dass ich kaum noch weiß, wo ich eigentlich stehe. Und wer dieses Ich überhaupt ist.

Nach Weihnachten beauftragt Bettina Tor mit den Reparaturen am Leuchtturm. Er baut ein neues Fenster ein und legt neue Böden, Bettina streicht dann die Wände neu. So dramatisch Dagmar auch gewütet hat, die Monsterwelle, die den Leuchtturm traf, spülte auf irgendeine Weise auch mich aus der Verantwortung. Das fühlt sich nach Abschied an. Aber auch nach einem freieren neuen Jahr.

Passend zum drohenden Ende unserer Ehe bleibt der Winter turbulent und überzieht die Westküste mit unzähligen Stürmen und einigen Orkanen. Das verzögert auch meinen Anbau an der Scheune. Und dabei müsste ich wirklich dringend aus unserem Haus ausziehen. Wir schlafen inzwischen nicht nur in getrennten Bereichen des Hauses, wir leben auch in getrennten Bereichen des Hauses. Es ist traurig und bitter: Ich wohne in der oberen Etage, sie in der unteren. In dem Haus, was ich zum größten Teil bezahlt habe. Aber selbst die unterschiedlichen Etagen bieten nicht genug Distanz und individuellen Raum, um all das, was uns da gerade passiert, zu verarbeiten.

Im Herbst geht es nicht mehr, Bettina bittet mich auszuziehen. Ich komme ihrem Wunsch nach. Der Anbau ist noch nicht ganz fertig, aber das Kinderzimmer ist bewohnbar und sieht gut aus, und alles andere ist zumindest okay. Im September ziehe ich um und fühle mich sehr frei.

Als Øystein mich in meinem neuen Zuhause besucht, ist er beeindruckt, was ich alles geschafft habe. »Du bist ein wirklich guter Freund, aber als Trauzeuge bringst du kein Glück. Gerade mal zehn Jahre hat die Ehe gehalten«, sage ich mit Galgenhumor.

»Vielleicht schaffen wir beim nächsten Mal ein paar Jahre mehr«, antwortet er.

»Ach warte mal, ich habe da neulich etwas Spannendes gelesen. Da würde ich gern deine Meinung zu hören.« Ich gehe zum Regal, ziehe eine Zeitschrift aus einem Fach, blättere vor, blättere zurück, finde schließlich den Artikel und halte ihn Øystein unter die Nase. Er schaut kurz drauf, schaut wieder zu mir. »Das ist eine deutsche Zeitschrift. Willst du mir vielleicht kurz sagen, was drinsteht?«

»Ah klar. Also kurz zusammengefasst geht es um alte Traditionen unter Seeleuten in Deutschland. Dort wird erwähnt, dass Seefahrerfamilien nie ihre Männer verabschieden, wenn sie zur See fahren. Und sie auch nicht begrüßen, wenn sie zurückkommen. Sie werden vielleicht zum Boot gefahren, aber dann steigt die Frau nicht aus dem Auto. Kein Abschied. Kein Winken. Wenn er abgeholt wird: dasselbe Spiel. Der Autor sagt nun, dass es diese Unverbindlichkeit braucht, um überhaupt mit der recht hohen Wahrscheinlichkeit klarzukommen, dass er nicht wieder zurückkehrt. Als Psychologe finde ich das spannend. Das ist eine sehr ausgeprägte Form eines Vermeidungsverhaltens. Vielleicht sogar schon fast eine Verdrängung. Man verhält sich so, als gäbe es keinen Abschied und kein Wiedersehen. Und damit auch keine Sehnsucht und keinen Schmerz.«

»Das klingt wirklich spannend«, antwortet er.

»Und dann dachte ich an Aksel und die anderen hier. Ich habe immer das Gefühl gehabt, dass sie mir total emotionslos gegenübertreten. Habe es anfangs nicht verstanden, dann auf mich bezogen, schließlich in eine Schublade gepackt, auf der stand: ›So sind sie eben hier‹. Aber mir war nie klar, warum. Glaubst du, das ist bei allen Seemännern so? Überall auf der Welt?«

In Øysteins Augen blitzt es auf. Ich mag seine Begeisterungsfähigkeit, wenn es um spannende Geschichten oder ungewöhnliche Zusammenhänge geht. Ihn hätte ich gerne als Nachbarn gehabt.

»Das ist ein interessanter Gedanke. Und ich kann mir das sehr gut vorstellen. Für das psychologische Fachwissen bist du zuständig, aber wenn ich bedenke, wie die Leute hier in der Region sich so verhalten, dann passt das. Ich meine mich zu erinnern, dass es Viertel in Måløy gibt, in denen 75 Prozent aller Männer einer Generation auf See geblieben sind.«

»Drei Viertel aller Männer nicht mehr da. Das kennen wir aus den Jahren nach dem Zweiten Weltkrieg.«

»Schlimm. Und ich glaube schon, dass das etwas mit den Menschen macht. Sie stumpfen ab, zeigen keine Trauer mehr. Weil überall Trauer ist. Sie zeigen aber auch keine Freude mehr. Vielleicht aus Scham, vielleicht aus Schutz. Ich glaube nicht, dass sie nicht mehr fühlen. Aber sie zeigen auf jeden Fall weniger Gefühle. Das hast du kennengelernt.«

»Das hört sich fast wie die Beschreibung von traumatisierten Menschen an.«

»Sind sie wahrscheinlich sogar. Wenn du deinen Mann verlierst, vielleicht deinen Sohn und der Nachbar auch auf See bleibt, ist das traumatisch. Zumal sich weder die Männer und erst recht nicht die Frauen dagegen wehren konnten. Hier fährt man zur See, etwas anderes gab es früher nicht. Es war Schicksal. Und der Tod ein Damoklesschwert, das immer über ihnen hing. Deswegen darfst du diese emotionale Kälte auch gar nicht persönlich nehmen. Sie können nicht anders. Das ist ein Verhalten, das sich über Generationen in die Seelen eingegraben hat.«

»Ich bin froh, dass du nicht so bist, Øystein.«

»Ich bin auch froh, dass ich nicht so bin.«

2013 lassen Bettina und ich uns scheiden. Getrennt sind wir schon länger. Wir haben es versucht und sind gescheitert. Das ist kein schönes Gefühl, aber es ermöglicht uns beiden, noch einmal von vorn anzufangen und es – unabhängig voneinander – besser zu machen. Nach all den Jahren der harten körperlichen Arbeit genieße ich mein Reich und bin sehr glücklich.

Die Arbeit mit Coast Seafood intensiviert sich weiter, das Traineeprogramm läuft gut, und ich unterrichte jetzt auch die Mentoren in Führungsarbeit.

Zum Ende des Jahres meldet sich eine alte Bekannte bei mir. Gabriela kenne ich aus Studienzeiten. Sie wohnt immer noch in Hamburg, und als ich über Weihnachten meine Eltern besuche, treffen wir uns, werden ein Paar und führen über Jahre hinweg eine Fernbeziehung.

Wir telefonieren viel und sehen uns so oft wie möglich. Drei, vier Mal pro Jahr fahre ich für jeweils zwei bis drei Wochen nach Deutschland, Gabriela kommt ein, zwei Mal im Jahr nach Norwegen. Es ist das, was ich wollte, aber die Fernbeziehung ist anstrengend. Auch für Ananda. Sie ist mitten im Teenageralter, als plötzlich eine neue Frau in meinem Leben auftaucht. Das zu verarbeiten, der neuen Partnerin ihres Vaters einen Platz im eigenen, durch die Pubertät sowieso schon herausfordernden Leben einzugestehen, ist nicht einfach. Und je öfter ich in Deutschland bin, desto stärker spüre ich eine Veränderung in meinem norwegischen Leben.

So, wie es mich damals vor zwanzig Jahren sehr stark und emotional immer wieder nach Norwegen zog, fühle ich jetzt immer häufiger den Drang, nach Hamburg zu fahren. Klar, Thomas, du bist verliebt, und alles zieht dich zu dieser Frau, denke ich mehr als einmal. Nur um dann zu spüren, dass es nicht nur Gabriela ist, die mich in die alte Heimat zieht. Auch wenn mir durch sie und meine häufigen Besuche in Deutschland bewusst wird, was ich in den vergangenen Jahren hier in Norwegen vermisst habe: Konzerte, soziale Kontakte, gute, auch fachliche Gespräche und Partys. All das ist durch Gabriela viel präsenter in meinem Leben. Und insbesondere die Emotionalität und Tiefe der Gespräche, das offene Teilen von Gefühlen hat eine Qualität, die es so nicht im Vestland gibt. Zumindest habe ich so etwas bisher nicht wahrnehmen können.

Vielleicht ist es eine logische Folge dieser Entwicklung, aber ich fühle mich zunehmend einsamer in Norwegen. Weil ich den Menschen hier nicht mehr hinterherlaufe, passiert auch nichts mehr. So viele Jahre habe ich darum gekämpft, aber richtig gut wurde es mit den anderen nie. Mir wird klar, dass ich in fünfundzwanzig Jahren Norwegen etwa viermal zu einem Geburtstag eingeladen wurde. In Deutschland habe ich jetzt in jedem Jahr das Doppelte an Einladungen. Und dabei wohne ich noch nicht einmal dort.

Beruflich habe ich das Gefühl, dass es von Jahr zu Jahr besser läuft. Und wenn ich mir die Teilnehmerzahlen, die Menge an Seminaren und meine Umsätze anschaue, dann weiß ich, dass es nicht nur ein Gefühl ist.

2014 wage ich, gemeinsam mit meinem holländischen Freund Rogier, noch einmal etwas Neues. Wir gründen InTeam-Made, eine Agentur, die außergewöhnliche Teambuildings in der wilden Natur für Führungskräfte anbietet. Und bei uns ist der Begriff »außergewöhnlich« kein werbewirksames Signalwort. Bei uns ist es echt. Bei 15 Minusgraden gehen wir hoch in die Berge, bauen mit den Führungskräften Schneehöhlen und übernachten dort. Raus aus der Komfortzone und zumindest ein klein wenig näher an eine existenzielle Lebenserfahrung. In großer Runde wird dann am nächsten Tag inhaltlich gearbeitet. Ich glaube fest daran, dass solche Grenzerfahrungen wichtig für Menschen in Führungspositionen sind. Solche Erfahrungen erden und ziehen kurzfristig die Aufmerksamkeit weg vom Alltag. Keine Konferenzen, keine Meetings, keine Quartalszahlen. Stattdessen elementare Erfahrungen: Eine Gruppe von Menschen in der für sie ungewohnten Natur, das Lösen von Aufgaben in Bewegung. Da wird schnell deutlich, bei wem soziale Kompetenzen ausgebaut werden sollten.

Rogier und ich haben uns 2009 kennengelernt, als er auf einem meiner Traineeseminare als Aktivitätsleiter agierte. Die Zusammenarbeit war sofort wunderbar. Er ist ein pragmatischer Mensch, der Probleme und Aufgaben sofort angeht und sie schnell und effektiv löst. Dazu hochsensibel, viel psychologisches Verständnis und mit gleich zwei Master-Titeln zertifiziert klug. Mit seiner Frau und den drei Kindern lebt er am Südufer des Nordfjords, in Davik, bietet Outdoor-Abenteuer an und züchtet nebenbei Schafe. Ich glaube, wir verstehen uns so gut, weil er sich hier in Norwegen oft ähnlich verloren fühlt wie ich: kaum enge Kontakte zu den Einheimischen und immer wieder Dorftiere, die viel Widerstand bei seinen Projekten erzeugen.

In den vergangenen Jahren hat sich eine echte und tiefe Freundschaft entwickelt, die weit über InTeamMade hinausreicht. Wir besuchen uns, geben uns gegenseitig Tipps, Halt und Verständnis, wenn es mal wieder schwierig wird, und tauschen – fast schon ein Ritual – Fisch gegen Fleisch. Wenn ich zu ihm fahre, werfe ich Tage vorher die Angel ins Meer und hoffe auf einen guten Fang. Im Gegenzug bekomme ich ein paar Kilo seiner Schafe.

InTeamMade wird nicht unser erstes berufliches Standbein und läuft eher so nebenher. Das allerdings recht erfolgreich: Nach einem tollen Start verfolgen wir das Projekt nicht intensiv genug, damit es richtig groß werden kann. Wir haben einfach zu viele andere berufliche Projekte. Aber es ist ein Herzensprojekt, das ich mit Menschen entwickle, ohne die ich vielleicht schon gar nicht mehr hier wohnen würde.

Vielleicht wirst du doch nicht alt und grau in Norwegen deinen Lebensabend verbringen, denke ich irgendwann 2015, als ich mich dabei ertappe, wie ich zum wiederholten Mal, nur so zum Spaß, im Netz nach Immobilien in Norddeutschland suche. Ein altes Gut oder ein Resthof wären schön. Mit ausreichend Platz für ein Fotostudio und meine vielen Gedanken. Die Internetsuche erschreckt mich, weil meine unverbindlichen Gedankenspiele ganz langsam zum Handeln führen. Dabei weiß ich weder, ob ich wirklich nach Deutschland zurück möchte, noch wann ich in Zukunft vielleicht dazu bereit wäre.

Aber die Idee setzt sich fest, wird größer und führt dazu,

dass ich beginne, mich emotional von meinem Lebenstraum Norwegen zu lösen.

Das ist ambivalent, denn nach den vielen Jahren des Kämpfens habe ich jetzt das Gefühl, endlich die Ernte einfahren zu können. Ich bin beruflich so erfolgreich wie nie zuvor, ich verdiene mehr Geld, als ich ausgeben kann, ich habe ein Haus gebaut, das meines ist und in dem ich ganz für mich sein kann. Aber ist diese Ernte wirklich so wichtig? Ist es nicht viel wichtiger, wohin einen das Herz treibt?

Ich habe zwei wundervolle Töchter, eine in Deutschland, eine in Norwegen. Zu beiden habe ich einen guten, engen Kontakt. Sie sind mir immer nah, egal wo ich wohne und egal wie viele Kilometer zwischen uns liegen.

29

Bygdedyret 4

Anfang 2018 kommt es zu einem großen Einschnitt in meinem Leben: Ich entscheide, mich vom Leuchtturm zu trennen. Ganz offiziell für die Behörden. Ganz emotional für mich. Dieser Prozess dauert über ein halbes Jahr. Ich mache viele Dinge in dem Bewusstsein, sie zum letzten Mal zu machen. Ein Abschied mit Trauer, ein Rückblick auf vergangene Zeit.

So viel erlebt, so viel gesehen, so viel gewachsen. Oft wache ich nachts auf und denke über die Zeit nach. Da mich die Gedanken nicht loslassen, meditiere ich bis zu fünfmal am Tag. Diese Mischung aus tiefster, warmer Dankbarkeit, dumpfer Trauer und kleinen Nadelstichen des Ärgers knockt mich aus.

Es fühlt sich an, als würde ich mich Schicht für Schicht aus den vergangenen zwanzig Jahren schälen.

Ich mache ein paar Bilderserien, Selbstporträts von mir und meinem Leuchtturm, der bald nicht mehr mein Leuchtturm sein wird.

Eine Schicht fällt von mir ab.

Ich verbringe noch einmal eine Woche mit Gabriela und ihren beiden erwachsenen Söhnen auf dem Leuchtturm. Es ist eine schöne Zeit.

Eine weitere Schicht fällt ab.

Ein Fernsehteam von NRK filmt ein Porträt über mich für

Norge Rundt, ein beliebtes Magazin, das seit 1976 interessante Menschen vorstellt. Halb Norwegen sitzt vor der Glotze.

Wieder eine Schicht.

Auch Bettina möchte den Leuchtturm nicht weiterhin betreiben. Es ist mir, es ist uns nicht gelungen, unsere Gefühle festzuhalten. Die für den Leuchtturm. Und die für uns. Ich habe das gespürt, erst ganz leicht nur, mehr eine Ahnung. Irgendwann wurden daraus Befürchtungen. Und ich tat das, was ich immer tue: handeln, kämpfen, irgendetwas machen. Doch vielleicht war das genau der Fehler. Vielleicht hätte ich fühlen, zuhören und mich dem Leben und dem, was es bringt, hingeben müssen. Mich in ein kleines Boot setzen und mich treiben lassen sollen – immer mit dem Urvertrauen, dass diese Liebe mich, uns tragen wird. Durch jeden Sturm.

Aber schlauer wird man immer erst im Rückblick.

Und selbst bei meinem Abschied machen es mir die Behörden nicht leicht. Nach fünfundzwanzig Jahren harter Arbeit und vielen Hunderttausenden Euro Einsatz darf ich die Anlage nicht an einen Nachfolger verkaufen. Ich muss sie an den Staat zurückschenken. Der lokale Wanderverein pachtet den Turm und bekommt in den folgenden Jahren alle Hilfe, um die wir immer gebeten, aber nie bekommen haben: neue Fenster, eine Web-Cam, ein neues Dach, neue Außenverkleidung.

Es gibt Momente, an denen die ganze Palette an negativen Gefühlen hochkommt: Wut, Enttäuschung, Verletzung und auch Abwertung. Aber dann schüttele ich mich und wünsche dem Wanderverein alles Gute. Ich kann und will den Gedanken nicht zulassen, dass der Verpächter mir das alles absichtlich verwehrt hat. Dass ich, aus einem mir unbekannten Grund, nie eine echte Chance hatte. Ich unterstelle einfach Unwissenheit und mangelndes Verständnis. Besser fürs Karma ist es allemal. Doch die bösen, gemeinen Gedanken und Gefühle sind lediglich Momentaufnahmen. Es überwiegt deutlich das Wissen um dieses riesige Geschenk, das ich in den vergangenen fünfundzwanzig Jahren erhalten habe. Erarbeitet habe ich es mir nicht, ein Geschenk kann man sich nicht erarbeiten. Aber ich habe mit viel Kraft, Schweiß und Mühe den Boden dafür bestellt.

Ich habe einen Traum gelebt, den ich in dieser Fülle, Emotionalität und Tiefe niemals zu träumen gewagt hätte. Und ich bin sehr, sehr dankbar! Einunddreißig Jahre alt war ich, als ich mich im Sommer 1994 auf den Weg machte. Ich wollte damals meine Zukunft in die eigenen Hände nehmen, selbstbestimmter leben, freier und am liebsten jeden Tag aufs Meer schauen. Es folgten viele Jahre, in denen ich mich im wahrsten Sinne des Wortes abarbeitete – an Mauern, die die Farbe einfach nicht halten konnten, an Mauern, die Kystverket mir in den Weg baute, an Mauern in den Köpfen der Menschen hier. Und doch war ich frei. Mein Leben auf und mit Kråkenes fyr war ein Prozess, aus dem ich friedvoll mit reiner Seele und viel Freude im Herzen komme. Und jetzt gehe ich weiter. Ich lasse die Freiheit nicht hinter mir, sie umgibt mich, egal wo ich wohne oder welchem Beruf ich gerade nachgehe. Ich trage die Freiheit im Herzen.

Bei einem Abschiedsfest werden wir in den Stand der Leuchtturmwärter ehrenhalber erhoben. Ich halte eine Rede, kann meine Gefühle nicht zurückhalten und heule hemmungslos.

Auch ein Vertreter von Kystverket richtet sichtlich bewegt ein paar Worte an mich. Er betont seine Dankbarkeit für all das, was Bettina und ich für diese Anlage und damit auch für den Kulturerhalt der Leuchttürme allgemein getan haben. »Ihr habt gezeigt, wie man dieses historische Erbe in der neuen Zeit verwalten kann«, sagt er am Ende. Mein Herz wird schwer. Wie gerne hätte ich solche Sätze vor fünf Jahren gehört? Vor zehn Jahren?

Meine Grübelei schlägt allerdings schnell in schallendes Gelächter um, als ich das Geschenk auspacke, das mir überreicht wird.

Es ist ein signiertes Buch aus dem Jahr 2006.

Der Titel: *Fyrfolk.*

Es handelt von den Leuchtturmwärtern an der Westküste.

Ich weiß das, weil ich jedes Foto in diesem Buch geschossen habe. Und weil auf dem Buchdeckel »Thomas Bickhardt« steht.

Die Menschen von Kystverket haben mir völlig ironiefrei mein eigenes Buch geschenkt. Und das Schlimmste daran ist: Es ist mein schlechtestes Buch. Als der Vertreter der Behörde den Fauxpas bemerkt, ist es ihm sichtlich peinlich und unangenehm.

Das Dorftier Bygdedyret gibt es in vielen unterschiedlichen Arten.

Meine Ablösungstendenzen werden Anfang 2020 jäh unterbrochen. Das Coronavirus lässt die ganze Welt stillstehen. Meine Seminare können nicht stattfinden, Gabriela und ich können uns nicht sehen, vieles andere ist mit enormen Auflagen und Vorschriften verbunden. Finanziell komme ich weiterhin gut zurecht und muss mir keine Sorgen machen.

Doch nach ein paar Monaten wird die Zwangspause des normalen Lebens, die anfangs noch erholsam erschien, zur Belastung. In den Medien wird laufend über Maßnahmen, R-Werte und Inzidenzen berichtet. Aber wie sich das alles auf den Einzelnen auswirkt und wie die Gesellschaft das alles langfristig verarbeiten kann und wird, das weiß zu diesem Zeitpunkt niemand.

Was mir hilft und mich durch diese schwere Zeit bringt: Ich bekämpfe Feuer mit Feuer, setze mich in mein Kunststoffboot, das ich mir ein Jahr zuvor gekauft habe, und fahre raus aufs Meer. Da ist es auch still. Aber anders.

»Warum kaufst du dir noch ein Boot?«, fragte mich mein Nachbar. »Ich denke, du willst zurück nach Deutschland.«

»Ich muss«, antwortete ich. »Ist so ein Traum von mir.«

Es macht mich unendlich glücklich, es ist wie das letzte Puzzleteil, das noch fehlte. Ich fische viel, fange Hummer und Tintenfische und beginne, Adler zu fotografieren, jetzt ganz nah und beim Fressen.

30

Es wird wieder ernst

Im Herbst 2023 sitze ich am Hafen von Selje, habe den Coop-Markt im Rücken und schaue auf die Schiffe der Fischer. Langsam pflügen sie durch das Wasser und ziehen Schwärme von Möwen hinter sich her. In meinem Kopf summt Otis Redding leise seinen Soulklassiker.

Sittin' on the dock of the bay.

Nach einem guten halben Jahr in Hamburg bin ich vor einer Woche zurückgekommen, um ein paar Dinge zu klären. Um Urlaub zu machen. Und um zu schauen, wie es so laufen wird, zwischen mir und Kråkenes.

Es ist alles gut.

Manches schmerzt vielleicht noch, aber gehört das nicht zum Älterwerden dazu? Da sind die schönen Erinnerungen. Und die traurigen. Und da ist das Gefühl, dass dieses wilde Land und das stürmische Meer mich geformt haben.

Es ist alles richtig.

Ich habe meinen Frieden gefunden und kann dieses Land, die Region mit ihrer einzigartigen Natur wieder genießen. Und das Meer, das mir immer noch ein Spiegel ist. Ich erkenne mich im Meer: Da ist die aufbrausende Begeisterung, die stürmische Liebe, da ist Lebendigkeit. Es gibt Zeiten der Flaute. Es gibt nebelige Phasen, in denen mir die Orientierung fehlt. Es gibt das Atmen des Meeres, das mich sanft wiegt. Und es gibt die absolute Sicherheit, dass alles immerzu in Bewegung ist, sich verändert und niemals stillsteht.

Es ist alles.

Im Herbst 2023 stehe ich noch einmal in meiner Scheune, die auch leer geräumt noch ein Schmuckstück ist. Meine Sachen sind längst verkauft, verschenkt oder inzwischen in Hamburg, meinem neuen alten Zuhause, angekommen. Ich gehe von einem Raum zum nächsten, und es ist, als würde sich ein Album mit Erinnerungen öffnen.

Ich sehe Ananda, die mit meinen Eltern in der damals noch nicht komplett fertigen Scheune am Frühstückstisch sitzt.

Ich sehe meinen inzwischen verstorbenen Vater, der voller Stolz die Scheune besichtigt, mir für den Anbau Hilfe anbietet und mir wie nie zuvor das Gefühl gibt, als Mensch, als Mann, als Sohn gesehen zu werden.

Ich sehe Lara, die gemeinsam mit mir in dieser Scheune Bilder digital bearbeitet. Ich sehe Lara, die Jahre später ihre preisgekrönten Fotografien in der Scheune ausstellt. Sie ist eine erfolgreiche Fotografin und inzwischen selbst Mutter geworden. Sie hat mich einfach so zum Opa gemacht. Sie geht selbstbewusst ihren Weg und schafft es, dass ich beruhigt älter werden kann. Sie hat ihren Platz im Leben längst gefunden.

Und ich sehe mich selbst – zehn Jahre jünger –, wie ich mich in dieses Projekt stürzte und erstmals das Gefühl hatte, etwas für mich zu tun. Nicht für Gäste, nicht für die Küstenbehörde, nicht für meine Eltern.

Ich gehe in den nächsten Raum, streiche fast zärtlich über die geschliffene Oberfläche eines Balkens. Ich kenne jeden Zentimeter dieses Hauses.

Auch die weniger schönen Erinnerungen erscheinen vor meinem inneren Auge. Die Scheune war sicherlich nicht der Grund, warum Bettina und ich uns trennten – aber an der Scheune wurde deutlich, wie wir uns ganz langsam und anfangs kaum spürbar in unterschiedliche Richtungen bewegten. Der Leuchtturm war unsere gemeinsame Basis. Das Fundament, auf dem wir unsere Beziehung und unsere Ehe aufgebaut hatten. Als der Leuchtturm wegfiel, verloren wir den Halt, trieben hilflos umher. Leider in unterschiedliche Richtungen.

Einen Raum weiter finde ich noch einen Karton voller Seminarunterlagen. Die Workshops und Traineeprogramme für Coast Seafood und das viele, viele Geld, das ich damit verdienen konnte, obwohl ich es nie darauf angelegt habe – all das wurde erst möglich, nachdem ich diese Scheune gefunden und ausgebaut hatte. Und um die Scheune ausbauen zu können, musste ich den Leuchtturm loslassen. Mein Traum vom Leben am Meer begann sich zu verändern, lange schon, bevor ich es merkte. Das Älterwerden macht davor nicht halt. Und erst jetzt verstehe ich, wie richtig das ist. Wer als 50-Jähriger die gleichen Träume hat wie dreißig Jahre zuvor, hat wahrscheinlich ein sehr enges und armes Leben geführt. Eingesperrt von sich selbst und in sich selbst. Erst durch die Veränderung, durch die Transformation, bekommt das Leben Qualität und Weite. Und wieder ist es das Meer, von dem ich das lerne. Es kennt keinen Stillstand, ist weit, tief und voller Schönheit und Leben.

Ich weine, als ich die Scheunentür hinter mir schließe. Aber jede Träne fühlt sich gut an. Befreiend. Wie ein guter letzter Satz in einem guten Buch. Aber jetzt wird das nächste Buch geschrieben.

Ich darf die Scheune mit dem schönen Anbau verkaufen. Ich brauche sie nicht mehr.

Ich träume jetzt anders.

Ich träume jetzt neu.

Für Lara und Ananda

Mein Dank gilt Euch, ohne die dieser Weg
so nie möglich gewesen wäre, im Besonderen:
Øystein
Bettina
Gabriela
Horst

Und ich bedanke mich bei
meinem großen Lehrmeister und Freund:
DEM MEER

Reisender gehe deinen Weg,
bis dein Herz dir sagt,
dass du angekommen bist!

Der Ausblick auf meinen Leuchtturm
live per Webcam:

www.fjt.no/nyheter/i/5Gl5oX/webkamera